Pesquisa de Marketing

Guia para a prática de pesquisa de mercado

Aurora Yasuda

Diva Maria Tammaro de Oliveira

CB036912

Dados Internacionais de Catalogação na Publicação (CIP)
(Câmara Brasileira do Livro, SP, Brasil)

Yasuda, Aurora
Pesquisa de marketing : guia para a prática de pesquisa
de mercado / Aurora Yasuda, Diva Maria Tammaro de
Oliveira. -- São Paulo : Cengage Learning, 2012.

Bibliografia.
ISBN 978-85-221-1208-1

1. Pesquisa de marketing I. Oliveira, Diva Maria
Tammaro de. II. Título.

12-03932   CDD-658.83

Índice para catálogo sistemático:

1. Pesquisa de marketing 658.83

Pesquisa de Marketing
Guia para a prática de pesquisa de mercado

Aurora Yasuda

Diva Maria Tammaro de Oliveira

Austrália • Brasil • Japão • Coreia • México • Cingapura • Espanha • Reino Unido • Estados Unidos

Pesquisa de marketing: Guia para a prática de pesquisa de mercado
Aurora Yasuda e Diva Maria Tammaro de Oliveira

Gerente Editorial: Patricia La Rosa

Supervisora Editorial: Noelma Brocanelli

Editora de Desenvolvimento: Marileide Gomes

Supervisora de Produção Gráfica:
  Fabiana Alencar Albuquerque

Copidesque: Miriam dos Santos

Revisão: Bel Ribeiro e Mônica de Aguiar Rocha

Editora de direitos de aquisição e iconografia: Vivian Rosa

Pesquisa de imagens: Ana Parra

Imagem das abertura dos capítulo: Aleksandr Ugorenkov/Photos.com

Ícones dos quadros

  Resumo: Konstantin Androsov/Photos.com

  Caso Xampu "Beleza+": Aleksandr Ugorenkov/Photos.com

  Pesquisa na prática: Hemera/Photos.com

  Pesquisa é notícia: Francisco Turnes/Photos.com

  Pesquise na Internet: Franck Boston/Photos.com

Diagramação: Cia. Editorial

Capa: Thiago Lacaz

Para informações sobre nossos produtos, entre em contato pelo telefone **0800 11 19 39**

Para permissão de uso de material desta obra, envie seu pedido para **direitosautorais@cengage.com**

© 2013 Cengage Learning. Todos os direitos reservados.

ISBN-13: 978-85-221-1208-1
ISBN-10: 85-221-1208-8

Cengage Learning
Condomínio E-Business Park
Rua Werner Siemens, 111 – Prédio 20 – Espaço 04
Lapa de Baixo – CEP 05069-900
São Paulo – SP
Tel.: (11) 3665-9900 – Fax: (11) 3665-9901
SAC: 0800 11 19 39

Para suas soluções de curso e aprendizado, visite
www.cengage.com.br

Impresso no Brasil.
Printed in Brazil.
1 2 3 4 5 6 7   15 14 13 12

Dedicamos o livro às nossas famílias:

Minoru

Adèle

Davi

Makoto

Vicente

Lucas

Rafael

Raquel

Akemi

Cris

Toshio

Vicente Filho

Hissachi

Chizu

Ana Lydia

Sussumu

Zé Roberto

Vania

Agradecimentos - palavras das autoras

A prática da pesquisa de mercado de mais de 40 anos nos colocou diante de situações e problemas de marketing dos mais complexos, em que muitas vezes foi exigida uma dose muito grande de criatividade para apresentar uma solução de pesquisa de mercado que pudesse efetivamente contribuir para as decisões a serem tomadas.

Inúmeras foram as discussões, tentativas, soluções, acertos e erros que foram consolidando uma prática confiável, levando a uma sistematização e estrutura que pudesse servir de aprendizado e guia, para serem transportadas a outras situações e transmitidas a outras pessoas – sejam elas profissionais, sejam estudantes de pesquisa de mercado, dos mais diversos cursos que inclui a matéria no seu currículo.

A intenção deste livro é a sistematização da prática da pesquisa de mercado, tendo como base os conceitos teóricos aplicados às necessidades e com orientações para torná-la interessante, motivadora e fundamentalmente útil para as decisões a serem tomadas.

Não pretende ser a resposta para todas as suas questões nem muito menos consideramos que seja a verdade absoluta. Todas as colocações deste livro estão fundamentadas na nossa experiência dos vários projetos que conduzimos ao longo de nossa carreira. E precisam ser atualizados considerando-se as grandes e rápidas mudanças no cenário de mercado, que transformam também as necessidades e os problemas e podem solicitar soluções diferenciadas.

Partindo para a visão de uma aplicação prática, nosso objetivo máximo é estimular nos estudantes e jovens das universidades e instituições, de maneira geral, a paixão pela busca do conhecimento do outro, sejam eles o mercado, a marca, os consumidores, os compradores, as pessoas, os cidadãos, as organizações etc. E que isso seja feito por meio da pesquisa de mercado praticada seguindo um rigor técnico e sistemático que garanta a confiabilidade das informações e a sua utilização, apoiando ações transformadoras.

Nossa trajetória na pesquisa de mercado e a produção deste livro não seriam possíveis sem o incentivo e os ensinamentos dos nossos primeiros mestres. Mais que professores e mentores, foram os que conseguiram nos transmitir o amor pela profissão, o nosso interesse pela prática da pesquisa de mercado. São eles Alvaro Marchi, Arthur de Moraes César e Marisa Ferreira Brogiolo que, nos anos 1970 na Axioma, uma unidade de pesquisa da J.

Walter Thompson, confiaram no nosso talento e tiveram a paciência de despender muitas horas com ensinamentos, revisões e críticas.

Mais tarde, nos anos 1980, exerceu uma fundamental importância para a prática da pesquisa de mercado o esforço de treinamento praticado dentro das empresas de referência na ocasião. No nosso caso, os treinamentos dados para os profissionais dentro das Indústrias Gessy Lever, hoje Unilever. As apostilas datilografadas e mimeografadas, preparadas para os treinamentos dados por Jake Schachar e José Edson Bacellar, fizeram época e podemos até hoje reconhecer alguns de seus quadros explicativos na base da nossa exposição de certos assuntos no livro. Numa segunda fase, destacam-se os treinamentos elaborados por uma segunda geração de pesquisadores, na qual também participamos como professores, e que incluíam nomes como Dulce M. Perdigão, Marilene Guillares, Tania Maia, Maria Conceição P. Cunha Filha, Vera Helena Frucci.

Queremos deixar um especial agradecimento a Magali M. Freire, a pesquisadora carioca, que produziu um dos primeiros materiais para treinamento em pesquisa de mercado sob a forma de apostila, adotado para ser usado nos cursos de pesquisa básica da Abep. Esse material foi fundamental e um ponto de partida indispensável para a produção deste livro.

Este livro também não seria possível sem o esforço e a insistência de Marcio Boiajion que, há muitos anos, identificou a necessidade de uma publicação que fosse escrita por profissionais da área e nos estimulou muito a começar a pensar em concretizá-la.

Nossos agradecimentos especiais a todos os colegas pesquisadores de mercado que contribuíram com seus depoimentos, informações, liberação de exemplos e discussões produtivas com relação a conceitos e práticas da pesquisa de mercado.

E para finalizar não podemos deixar de agradecer aos nossos clientes, com os quais aprendemos em conjunto; às inúmeras marcas com que trabalhamos; às centenas de comerciais de TV que ajudamos a concretizar; aos milhares de entrevistados que partilharam conosco suas experiências e sentimentos, sejam eles consumidores, compradores, cidadãos, líderes de opinião, empresários, executivos etc; às centenas de entrevistadores, moderadores e supervisores que apoiaram nosso trabalho; aos alunos de vários cursos e treinamentos que ministramos; e ao pessoal da academia, que nos acolheu e estimulou nossa produção.

Sem os projetos para os quais nos foi depositada a confiança profissional e sem a concretização deles, passando por todas as etapas de realização do trabalho, não seria possível a geração deste conhecimento.

Nosso texto também teve uma revisão cuidadosa de Adèle Nicoló Tammaro de Oliveira e Marina Durand, que tiveram a paciência e a dedicação de muitas horas mergulhadas num assunto bastante distante de seus mundos, tentando verificar se tudo fazia sentido. Os nossos agradecimentos sinceros a elas.

E a Bruna Mota, Eduardo Gomes, Rosi Pacheco, Paulo Sabbag e Carol Lima, da Millward Brown, os nossos agradecimentos pelo apoio no resgate das práticas e na formatação dos gráficos e quadros do livro.

Esperamos que o livro que resultou de toda essa colaboração e esforço, reforçado pelo apoio do pessoal da Cengage, seja útil para aqueles que queiram mergulhar no mundo fascinante da pesquisa de mercado, com tudo que sua prática pode proporcionar em termos de conhecimento do ser humano!

Apresentação

Há 12 anos, começamos no Curso de Publicidade e Propaganda da Faculdade Cásper Líbero um novo modelo de trabalho de conclusão de curso. Conhecido internamente como "Projetos Experimentais", inovamos a sistemática de aprendizado e orientação, o que proporcionaria melhores resultados nos planejamentos de campanhas executados pelos alunos para com seus clientes. Esse novo modelo logo deu resultados, e por meio deles percebemos que com todo o esforço aplicado pelos professores em exaustivas orientações e aplicações de novos conceitos, alcançamos reconhecimento do mercado e da academia. Durante esse período, fomos premiados em diversas categorias, dentre as quais na área de "Pesquisa de Mercado".

No afã de querer implementar novos modelos, surgiu em 2009 a ideia de trabalhar novos caminhos, e apostamos em diferentes abordagens de pesquisa que teria como base os conceitos trabalhados em antropologia: a "etnografia aplicada ao marketing". Por meio dela, fomos aprimorar o nosso conhecimento, e quando percebemos que precisávamos de maior emba-samento do mercado, criamos o "Encontro de Pesquisa Etnográfica", que tinha como objetivo trazer profissionais gabaritados para discutir conceitos, modelos e resultados por meio dessa técnica, que até então se apresentava como nova aos olhos dos futuros publicitários.

Do primeiro convite feito ao encontro de fato, duas profissionais abraçaram a ideia, são elas: Aurora Yasuda e Diva de Oliveira. Desta podemos falar que, por DNA, sua filha Raquel Siqueira, tornou-se também profissional da área e é palestrante nos Encontros de Pesquisa Et-nográfica. Voltando às duas, as quais apresento a partir daqui, fica difícil falar qual foi a con-tribuição que elas deram para a área de Pesquisa de Mercado. Ativas no mercado há mais de 30 anos, foram vários os clientes, investigações, situações, descobertas, reprovações e reco-mendações. É muito difícil perguntar a elas sobre casos de mercados que elas não saibam, não tenham participado, ou não tenham conhecido, sejam eles de sucesso ou não. Elas são teste-munhas da evolução do nosso mercado, nas questões referentes à segmentação, comportamento e tendências. Da busca incessante dessas profissionais que trabalharam ativamente nas asso-ciações de classe, em congressos promovendo e discutindo a pesquisa de mercado, eis que surge agora, o resultado – um livro contando a experiência delas sobre pesquisa.

O livro nasceu desse contato com a academia, e ao estreitarmos os laços por meio dessa série de encontros que nesse ano completou a quarta edição, surgiu a ideia: e por que não um livro? Nos últimos dois anos, elas se debruçaram em frente ao computador e escreveram cada palavra de suas experiências no mercado, às quais, a partir de agora, a academia terá acesso. Digamos que não foi fácil fazê-lo. Dividir o tempo de preparo com as demais tarefas da profissão e da vida pessoal, além de outros afazeres, resultou em algo feito com esmero e dedicação. Eis que ele aparece, e depois de tanto tempo que o mercado exigia algo orientado para a sua necessidade, Aurora e Diva assimilaram a ideia e foram atrás desse sonho, e o resultado vocês poderão ver nas próximas páginas.

A academia não poderia ter melhor contribuição de uma obra que explica definições e conceitos e todo o passo a passo do processo de desenvolvimento da pesquisa de mercado, com a inclusão de disciplinas importantes para o conhecimento do aluno. Além, é claro, da inclusão de aplicações e perspectivas sobre o futuro da profissão, os padrões adotados, entre outros.

O livro é acompanhado de casos importantes sobre a realidade de pesquisa no Brasil e depoimentos de profissionais significativos do mercado.

Trata-se de uma leitura obrigatória para estudantes do curso de Comunicação nas áreas de publicidade e propaganda e relações públicas, para os cursos de Administração orientados para marketing, pós-graduação e profissionais do mercado, e para todos aqueles que queiram conhecer um pouco desse mundo, que é a pesquisa de mercado. A vocês, meninas, como me refiro sempre: Parabéns pelo livro!

Prof. Dr. Rodney Nascimento

Coordenador do Curso de Publicidade e Propaganda,
professor da disciplina de pesquisa de mercado para graduação
e análise de mercado para pós-graduação, da Faculdade Cásper Líbero.

Prefácio

Quando deixei minhas atividades profissionais, há muito tempo, o cenário de pesquisa já tinha mudado muito. O diálogo cliente-pesquisador tinha deixado praticamente de existir. No cliente, a interface era um burocrata que, quando nada sabia, já sabia muito. Cuidava de preços e prazos. Do outro lado, o pesquisador cumpria metas de vendas e vendia o que não sabia fazer. Quase sempre um profissional sênior da agência ou um consultor externo fazia malabarismos para reequilibrar as imperfeições metodológicas para entregar, no prazo exigido, um trabalho pelo menos digno. Mais que a criatividade da pesquisa na busca da solução adequada ao problema do cliente importava a perfeição dos controles "Isos". A pesquisa tinha virado negócio apenas para grandes empresas, num mundo globalizado. A parte gostosa da pesquisa tinha ficado lá fora.

As autoras deste livro começaram quando a pesquisa ainda era diálogo, discussão, leitura e troca profícua de ideias com os clientes e seus pares. Foram bem-sucedidas e sobreviveram, inclusive, nesses tempos duros da burocracia, com um trabalho sério e reconhecido. Decidiram escrever um livro de boas práticas para o exercício da profissão. Um *vade-mécum* útil e necessário.

Você, que está começando, aprenda com elas a bater uma boa bola para que seu dia a dia de trabalho na pesquisa seja gratificante. É um primeiro passo para seu crescimento profissional. Que seja gratificante porque você conhece. Quem sabe você vira um craque e descobre que há sempre tempo e lugar para fazer boa pesquisa e de qualidade.

Arthur De Moraes Cesar – Peruíbe – São Paulo
Participante ativo da área de Pesquisa de Mercado desde 1952
Agraciado com o título de Pesquisador Notável, Abep, 2001

Sumário

1

O que é pesquisa de mercado? E pesquisa de marketing?

A Pesquisa de Mercado é uma das ferramentas de gestão mais importantes para os profissionais de Marketing e gestores de marcas em geral, ajudando na tomada de decisões e na definição de cenários e de tendências de comportamento dos diferentes públicos.

É uma atividade que tem evoluído na velocidade das transformações da nossa sociedade, adaptando-se constantemente às novas necessidades e padrões de comportamento que vão surgindo ao longo do tempo.

Para mim, é um privilégio e uma alegria ser um pesquisador de mercado por mais de 30 anos, nos quais pude conviver e me relacionar com profissionais das mais diversas áreas de atuação e que contribuíram para minha formação pessoal e profissional.

Paulo Carramenha
Managing Director – GFK Custom Research Brasil – São Paulo

Neste capítulo:

- Pesquisa de mercado: escopo, importância e relacionamento com o marketing e outras áreas de conhecimento.
- Definições e conceitos básicos.
- Aplicações da pesquisa de mercado.
- Aspectos práticos da atividade de pesquisa de mercado.

A pesquisa de mercado[1] é fascinante, apaixonante, e, para aqueles que se embrenham nessa verdadeira aventura do conhecimento do ser humano, tem se tornado cada vez mais envolvente e complicada.

É impossível não compartilhar hoje a sensação, expressa por vários autores, de que o "mundo da pesquisa de mercado não está ficando nada simples" (Hague, Hague e Morgan, 2009, p. xi)[2].

Na verdade, é o mundo contemporâneo que está tornando a vida, hoje, mais complexa, o que se reflete nas relações humanas, nos negócios e nas atividades que atuam como suporte para seu desenvolvimento, como a pesquisa.

Uma série de fatores conspira para isso. Enumerá-los já se tornou quase lugar-comum, mas trata-se de conceitos importantes para uma compreensão integrada da pesquisa de mercado, e que serão desenvolvidos no decorrer do livro:

- A força cada vez maior das mídias digitais, como meio e objeto de pesquisa: elas são veículos de acesso à informação, fatores de inclusão social, locais para exercício interativo do conhecimento compartilhado e de expressão de identidade e sociabilidade remodeladas, através das redes sociais e blogs.

- A crescente disponibilidade e importância de fontes secundárias na transformação de dados brutos em conhecimento e inteligência.

- A diversificação dos meios de coleta de dados, incluindo abordagens informais por meio das redes sociais na mídia digital.

- A globalização e o alinhamento das marcas, em razão da presença das organizações em vários países de culturas e línguas diferentes, que exigem a realização de pesquisas internacionais – em que é necessário contemplar simultaneamente avaliações e medidas diferenciadas, mas que precisam ser compatíveis entre si.

- O rápido desenvolvimento de recursos tecnológicos, e formas aparentemente simples de entrar em contato com o público, motivam a tentação de o DIY[3] se tornar cada vez mais presente no mundo dos negócios.

- A necessidade crescente de análises abrangentes, por meio de abordagens multidisciplinares e em que a perspectiva qualitativa passa a ser mais valorizada.

Por isso diz-se tanto que o mal desse início do século XXI não é a falta de dados, mas sim seu excesso, e que o grande desafio é como selecioná-los e interpretá-los de forma integrada.

---

[1] Adotamos neste livro a nomenclatura "pesquisa de mercado", a mais coloquial no meio brasileiro de pesquisa, para designar a atividade de pesquisa aplicada a negócios e instituições de forma geral – aqui englobando pesquisa de marketing, de opinião e de mídia. A distinção entre esses tipos de pesquisa é abordada também no Capítulo 2.

[2] Esse texto, como os demais escritos originalmente em língua inglesa e que não têm tradução publicada em português, foram traduzidos livremente pelas autoras.

[3] DIY = "do it yourself" ou "faça você mesmo". No nosso caso, projetos (enquetes, sondagens, acompanhamento de compras, monitoramento das mídias sociais) criados e aplicados por qualquer pessoa ou organização que se disponha a isso, sem recorrer a profissionais especializados em pesquisa de mercado.

É cada vez mais importante saber trabalhar adequada e sistematicamente todos os dados e informações disponíveis, transformando esse quebra-cabeça em conhecimento que possa gerar ações relevantes – e este é exatamente o objetivo da pesquisa de mercado.

Isso é verdadeiro também para as pessoas comuns – que, de certo modo, se sentem hoje "atoladas" com tantas demandas, tarefas, informações e notícias, como se vê na reportagem que destacamos a seguir, veiculada em uma rádio da cidade de São Paulo.

Pesquisa é notícia
Saiu na mídia

Paulistano se diz pressionado com excesso de notícia
Rádio CBN
Terça, 06/10/2009
Por Milton Jung

Pesquisa desenvolvida pelo Ibope identificou que 53% dos paulistanos se sentem pressionados pelo excesso de informação, e a overdose acaba tirando o tempo para outras atividades que consideram importantes na vida. No estudo dos hábitos de consumo de mídia do paulistano, 93% disseram que o tempo voa e 86% preferiam ter mais tempo para si mesmos.

No ConectMidia, fica evidente o grande número de pessoas que consome informações de diferentes meios de comunicação ao mesmo tempo. Por exemplo, 30% deles acompanham notícias no rádio e na internet, ressalto, ao mesmo tempo. A importância das redes sociais como fonte e troca de conhecimento está evidente, 52% consomem informação nesses serviços e 41% produzem conteúdo.

Extraído do site: <http://colunas.cbn.globoradio.globo.com/platb/miltonjung/2009/10/06/paulistano-se-sente-pressionado-com-excesso-de-noticia/>. Acessado em: 16 ago. 2011.

Só a pesquisa conduzida por especialistas pode trazer, de modo sistemático, imparcial e preciso, o ponto de vista do público e toda a riqueza de percepções do ser humano a respeito do mundo em que vivemos – razão do fascínio que essa busca exerce sobre nós, pesquisadores.

Voltando a citar Hague, Hague e Morgan: "neste crescentemente complexo mundo, precisamos de pesquisa mais do que nunca" (2009, p. xi).

1.1 Conceituação de pesquisa de mercado

Há várias definições de pesquisa de mercado; como nem todas são coincidentes, examinaremos aqui algumas delas e suas implicações.

Segundo a organização Esomar[4], pesquisa de mercado[5] ...

incluindo pesquisa social e de opinião, é a coleta e interpretação sistemática a respeito de indivíduos ou organizações usando métodos estatísticos e analíticos e técnicas das ciências sociais aplicadas para obter insights[6] ou apoiar a tomada de decisão.

Para a Association for Qualitative Research (AQR)[7], ligada à Market Research Society (MRS)[8], a pesquisa de mercado é ...

realizada para prover informações para organizações, ajudando a orientar as decisões e políticas. Regularmente usada nos negócios comerciais, também é empregada pelo setor público e organizações não lucrativas. A pesquisa de mercado frequentemente envolve a coleta de informações sobre como, por que e o que as pessoas compram, mas algumas vezes é usada como um termo abrangente, cobrindo a pesquisa de opinião e alguns tipos de pesquisa social.

Pode-se observar que essas definições de pesquisa de mercado abrangem as atividades ligadas ao marketing, mas não se restringem a este ramo de atuação.

A associação entre a área de pesquisa de mercado e o marketing é recorrente, e tem razão de ser, uma vez que a tradição de pesquisa de mercado, em níveis nacional e internacional, tem sua base e origem em pesquisas estreitamente relacionadas ao marketing de produtos, atendendo a:

- Temas ligados à área de marketing e vendas.
- Produtos de consumo de massa e consumidor final.
- Grandes fabricantes desse tipo de produto.

Grande parte do conhecimento acumulado a respeito de pesquisa de mercado foi construída empiricamente e – por intermédio de projetos patrocinados pelos grandes fabricantes de produtos de largo consumo – em conjunto com os profissionais dessas mesmas empresas, os clientes tradicionais.

Aos poucos e através de algumas décadas, essas fronteiras foram sendo transpostas, passando a pesquisa de mercado a abranger também:

- Temas sociais mais amplos, organizações públicas e governamentais, assim como Organizações Não Governamentais (ONGs), áreas política, de saúde e educação.
- Bens de consumo menos populares, serviços, veículos de comunicação, varejo e produtos específicos (por exemplo, farmacêuticos e agrícolas).

---

[4] Organização Esomar. Disponível em: <www.esomar.org>. Acessado em: 22 jan. 2011.

[5] Em ambos os casos, o termo usado em ingles é market research.

[6] Estes e outros anglicismos que usamos no livro são inevitáveis: ou não existem palavras em português para expressar os conceitos, ou as palavras aportuguesadas soam estranhas no meio empresarial e na literatura.

[7] Association for Qualitative Research (AQR) (Associação para Pesquisa Qualitativa). Disponível em: <www.arq.org.uk>. Acessado em: 22 jan. 2011.

[8] Market Research Society (MRS) (Sociedade de Pesquisa de Mercado). Disponível em: <www.mrs.org.uk>. Acessado em: 22 jan. 2011.

- O consumidor industrial ou organizacional, na área de business to business – B2B.
- E, ainda que de forma incipiente, as pequenas e médias empresas[9], que têm recentemente demonstrado interesse e necessidades nesta área.

Nesse contexto, a denominação "pesquisa de marketing" é muito usada, quase como sinônimo de "pesquisa de mercado". De uma maneira mais precisa, pode-se definir a pesquisa de mercado, no âmbito do marketing, como "parte de um amplo sistema que tem por base a informação, que serve para monitorar resultados, avaliar as estratégias e ações e municiar o marketing para a tomada de decisões" (Fogaça, 2007, p. 47).

Focalizando agora exclusivamente a pesquisa de marketing[10], a definição mais divulgada é a feita pela American Marketing Association (AMA)[11]:

Pesquisa de Marketing é a função que liga o consumidor, o cliente e o público ao Marketing por meio da informação – informação usada para identificar e definir problemas e oportunidades de mercado; gerar, refinar e avaliar ações de Marketing; monitorar o desempenho de Marketing; e aperfeiçoar o entendimento do Marketing como um processo. A pesquisa de *Marketing especifica a informação necessária para a solução dos problemas de Marketing, concebe o método para a coleta das informações, gerencia e implementa o processo de coleta de dados, analisa os resultados, comunica as constatações e suas implicações* (2004).

Para definir o escopo de pesquisa de marketing, tendo por base essa conceituação da AMA, deve-se refletir um pouco também a respeito de como a AMA define "marketing": "atividade, grupo de instituições e processos voltados para a criação, comunicação e entrega de valor para consumidores, clientes, parceiros e a sociedade como um todo" (2007).

É interessante apontar que essa conceituação de marketing, centrada no atendimento ao consumidor, só recentemente foi adotada pela AMA. Sua definição anterior de marketing, que vigorou desde 1985 até 2006, era mais voltada à rentabilidade e aos produtos/serviços, refletindo a antiga concepção do conceito de marketing.

Com essa nova definição de marketing, a AMA, desde 2007, explicita a importância do relacionamento com o consumidor (Customer Relationship Management – CRM)[12] na atual estratégia de marketing das empresas – ênfase que podemos observar, com efeito, na prática.

Segundo Chakrapani e Deal (2011, p. 6) "para ser completamente efetivo, o marketing necessita de informações relevantes sobre o consumidor. A pesquisa de mercado fornece essa informação".

---

[9] Veja a este respeito extenso material do Sebrae, em que se orienta, de forma didática e simples, como os pequenos empresários podem se informar sobre pesquisa de mercado. Disponível em: <www.biblioteca. sebrae.com.br/bds/bds.nsf/D59AC01A81EE8E09032571FE006783DF/$File/NT000B4E76.pdf>. Acessado em: 15 mar. 2011.

[10] Neste caso, o termo usado originalmente em inglês é "marketing research".

[11] American Marketing Association (AMA) (Associação de Marketing Americano). Disponível em: <www.ama-pdx.org>. Acessado em 22 jan. 2011.

[12] CRM acrônimo que se refere à Customer Relationship Management (Gestão de relacionamento com o cliente).

Essas informações, na ótica do *marketing de relacionamento* (ou, em outra nomenclatura muito usada, *centrado no consumidor,* ou ainda, *CRM*), referem-se às necessidades e motivações do consumidor, visando estabelecer uma conexão positiva para fidelizá-lo.

Mais do que levantar os atributos ou vantagens dos produtos ou serviços em si, trata-se de identificar os "consumer insights" que conectam o consumidor ao produto ou serviço e levam em conta seus valores e cultura.

A forma como hoje as empresas se estruturam e encaram os estudos de *branding* e dos signos das marcas também está associada a essa preocupação cultural.

O foco no consumidor – ou, de uma forma ainda mais holística, no ser humano e suas necessidades *enquanto* consumidor – coincide com as tendências atuais dos negócios e com a crescente relevância dada à participação e colaboração das pessoas comuns na criação e construção coletiva de parte do conteúdo comunicado pelas marcas e à noção de interatividade realmente de "dupla mão".

A notícia a seguir exemplifica ações de marketing envolvendo a conexão com consumidores: as peças da campanha de TV foram baseadas em depoimentos reais de consumidores, recrutados nas mídias sociais, sendo a ação sinergicamente alimentada com notícias em vários meios de comunicação e relatos da experiência também nas mídias sociais e sites na internet. A própria notícia que reproduzimos é um post veiculado em um blog especializado em automóveis, que conta com uma comunidade internacional de "fãs".

Outra consequência do foco no consumidor é a ênfase atual no seu comportamento, em especial nos pontos de venda. O comportamento do consumidor é influenciado por inúmeros aspectos culturais e psicológicos, tanto no plano individual como no social, como esquematizado na Figura 1.1.

Particularmente, tem sido muito estudado o processo de decisão de compra, compreendendo o reconhecimento do problema, a busca de informação, a avaliação das alternativas, a decisão de compra e o comportamento pós-compra. (Pinheiro et al., 2006)

Figura 1.1 Aspectos que influenciam o comportamento do consumidor.

Pesquisa é notícia
Saiu na mídia

Ford Connect: as descobertas dos quatro consumidores em uma página especial (já no ar!)*
18h30 – 27/05/2011
Patricia Salles

"É hora de mostrar os primeiros resultados do Ford Connect, campanha que está sendo realizada para mostrar a Ford como ela é, ou seja, pelos olhos de pessoas comuns como você. Para começar, quatro consumidores foram escolhidos em uma página no Facebook, entre os mais de 2.500 inscritos, em apenas dez dias, para viver altas aventuras que estão sendo mostradas em missões surpreendentes, registradas em vídeo

Conforme prometido, este quarteto mais que fantástico visitou a fábrica da Ford em Camaçari (Bahia), foi conferir como andam os serviços em um distribuidor da marca e, ainda na capital paulista, pode ver como funciona uma linha de montagem em outra unidade de produção da Ford, a de São Bernardo do Campo. Os melhores momentos foram registrados em vídeo, assim como os que envolvem um passeio cheio de adrenalina ao lado de um dos pilotos de testes da Ford, Luiz Grecchi, pelas pistas do Campo de Provas de Tatuí.

Pois bem, nas próximas semanas o *hotsite* Ford Connect vai estar recheado de vídeos que mostram cada uma destas tantas missões, que contaram com a participação desses quatro carismáticos personagens, que são os consumidores reais, além dos 18 influenciadores de internet e, como não poderia deixar de ser, do principal produto da Ford, seus carrões: Ford New Fiesta, New Edge, Focus Titanium, EcoSport e Fusion Hybrid.

Aproveite e clique em (http://www.fordconnect.com.br) para seguir direto para o *site* que está estreando hoje! Você também pode seguir as aventuras do Ford Connect na fanpage da Ford no Facebook (www.facebook.com/FordBrasil). Acompanhe as tantas emoções que vão rolar nas próximas semanas. O blog da Ford te avisa sobre mais novidades."

Extraído do site: <http://ford.jalopnik.com.br/conteudo/ford-connect-as-descobertas-dos-4-consumidores-ja-estao-no-ar>. Acessado em: 10 jul. 2011.

* A campanha Ford Connect (hotsite) não está mais no ar.

1.2 O papel da pesquisa de mercado

Em um mundo em constante transformação e incertezas a respeito de economia e negócios, a necessidade de pesquisa de mercado torna-se ainda mais premente.

A importância desta pesquisa, neste sentido, tende a aumentar em contextos em que o mercado está sujeito a condições como: mudanças de suas características, situação econômica instável ou flutuante, competição intensificada ou evolução rápida da tecnologia (McQuarrie, 2006).

A pesquisa de mercado precisa ser encarada muito mais como um investimento em conhecimento que um gasto, pelo retorno que pode ser obtido em termos de redução dos riscos das decisões, as quais a pesquisa pode subsidiar.

No entanto, a despeito da redução de riscos ser uma das principais funções da pesquisa de mercado, é importante enfatizar que a pesquisa *subsidia* a decisão, mas não a *substitui* nem *exime* os gestores das empresas e instituições da *responsabilidade* da decisão.

Os principais papéis da pesquisa de mercado no mundo empresarial e social situam-se em quatro vertentes:

- Papel descritivo: coleta e seleção de dados e fatos.
- Papel diagnóstico: transformação dos dados em informação relevante, conhecimento e inteligência para as empresas, por meio de análise.
- Papel preditivo: como usar os dados e informações na implementação das ações, projetando possíveis consequências futuras.
- Papel criativo: auxiliar na obtenção de insights a respeito de caminhos e oportunidades.

Ereaut (2003, p. 14) enfatiza a existência do que chama de "duplo papel"[13] do pesquisador de mercado, por meio de sua capacidade analítica, que se destaca na mediação e interface entre o cliente solicitante da pesquisa e o público-alvo, "traduzindo", para cada uma das partes, o universo da outra (Figura 1.2):

Figura 1.2 Duplo papel do pesquisador.

Fonte: Adaptado de Ereaut (2003, p. 15).

- Em sua condição de *pesquisador,* ele tem obrigação de ser *imparcial* e coletar da forma mais neutra possível as impressões do público pesquisado.

---

[13] "Dual role" no original inglês.

Pesquisa é notícia
Saiu na mídia

Diretoras do IBOPE Inteligência e da Millward Brown criam guia de pesquisa de branding
Material faz parte de publicação da ABA

O Comitê de Branding da Associação Brasileira de Anunciantes (ABA) lançou em agosto, durante o Fórum ABA Branding, realizado em São Paulo, o Guia de Melhores Práticas. A publicação é dividida em quatro volumes: Guia Prático de Pesquisa de Branding, Guia de Melhor Prática de Proteção de Marca, Como Contratar uma Empresa de Design Gráfico e Guia de Identidade Visual e Naming, além do Glossário Essencial de Branding.

O Guia Prático de Pesquisa de Branding* foi elaborado pela diretora de marketing e novos negócios do IBOPE Inteligência, Laure Castelnau, e pela diretora de desenvolvimento de negócios da Millward Brown, Aurora Yasuda, e tem como objetivo orientar as empresas no desenvolvimento de projetos de pesquisa para a implantação ou monitoramento de modelos de *branding*. "Não havia referências no mercado e nem nas universidades. A intenção deste guia é alinhar as informações básicas para servir como orientação sobre o assunto. A pesquisa é fundamental para o planejamento e implementação da identidade visual e *naming*, que são disciplinas básicas de um trabalho de *branding*", conta Aurora Yasuda.

A primeira etapa de trabalho do Comitê de Branding da ABA foi a realização de uma pesquisa para identificar o conhecimento do mercado sobre o assunto. "A partir do resultado dessa pesquisa, surgiu a necessidade de criação dos guias. O estudo identificou que poucas empresas possuíam estrutura dedicada ao *branding* e sequer detinham conhecimento a respeito das práticas de *branding*", diz Laure Castelnau. "Esse material é, sobretudo, para empresas que pensam em montar um modelo de *branding* e também para as universidades."

A diretora do IBOPE Inteligência destaca a importância da pesquisa no processo de *branding*. De acordo com ela, não existe um modelo pronto de pesquisa de *branding*. "A pesquisa deve ser ad hoc e adaptada ao estágio do processo de *branding* em que a empresa está." A diretora da Millward Brown completa: "A solução deve ser adequada para cada objetivo", afirma Aurora.

Extraído do site: <www.ibope.com.br/calandraWeb/servlet/CalandraRedirect?temp=6&proj=PortalIBOPE&pub=T&nome=home_materia&db=caldb&docid=CE7C998E93592DD5832579020072E445>. Acessado em: 5 set. 2011.

* Guia prático de pesquisa de branding está disponível no blog www.aurorayasuda.com

- Ao mesmo tempo, o pesquisador, como *parceiro*, conhecedor dos objetivos do cliente e de sua estrutura organizacional, munido das informações a que chega pelos dados coletados do público, tem como missão também maximizar sua *utilização* pelo cliente e de *orientar* suas ações.

O que nos encanta como profissionais e faz que a atividade de pesquisa de mercado seja tão interessante e produtiva é essa complexidade de níveis de atuação do pesquisador e esse olhar privilegiado sobre o mundo que nos cerca.

Os universos abarcados pela pesquisa de mercado são amplos e referem-se, basicamente, a três níveis de atuação: junto aos contextos, aos consumidores e ao *mix* dos produtos/serviços, como explicitado na Figura 1.3.

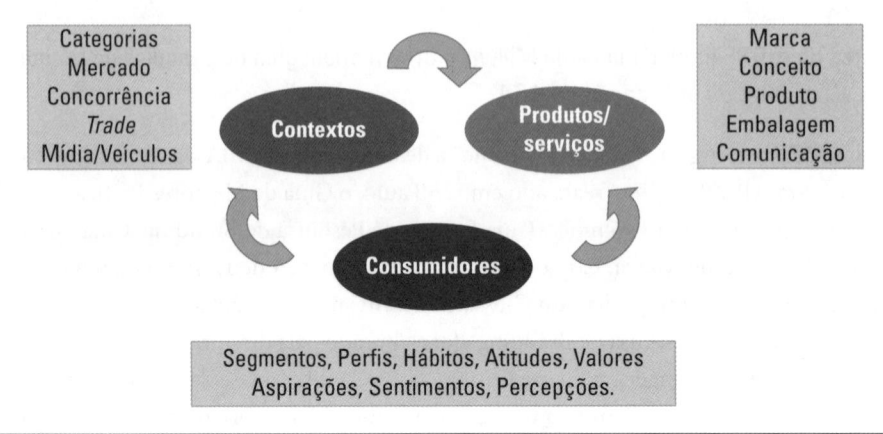

Figura 1.3 Níveis de atuação da pesquisa.

Fonte: Oliveira e Pupo (2005).

A área de pesquisa de mercado está em constante evolução e atualização, com a criação de áreas de investigação e interesse; a chamada pesquisa de *branding* é um exemplo de campo específico que teve um grande desenvolvimento, sendo alvo de estudos pelas empresas de pesquisa e clientes, como ilustrado no quadro da página 9.

1.3 Atuação da pesquisa de mercado

A atuação da pesquisa de mercado é ampla, em várias áreas do conhecimento e, especificamente, no campo do Marketing. Como colocado por Hague, Hague e Morgan (2009), necessitamos de dados e informações em todos os modelos de negócios que empregamos em gestão empresarial, e em marketing em particular. Os autores exemplificam, de forma bastante didática, como a pesquisa de mercado pode ser aplicada a alguns dos modelos mais utilizados.

Esse é o caso da matriz criada por Ansoff, que trata do estudo de produtos e serviços novos ou já existentes cruzados com mercados novos ou já existentes; a forma como a pesquisa de mercado pode trabalhar nesses contextos é exemplificada na Figura 1.4.

A pesquisa de mercado também pode fornecer informações importantes em todos os quadrantes da tradicional – e bastante discutida no momento, em contraposição a modelos ditos mais atualizados – abordagem dos "4 Ps" de marketing (produto, place/distribuição, propaganda/promotion, preço) como mostra a Figura 1.5.

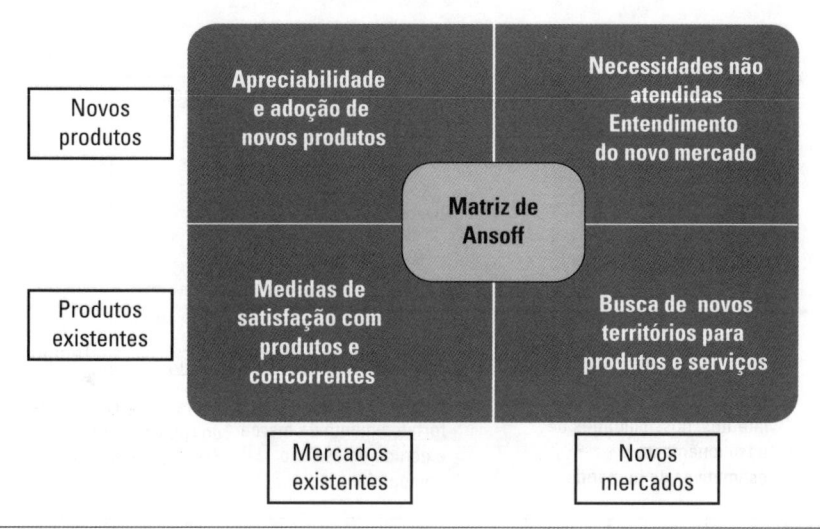

Figura 1.4 Matriz de Ansoff.

Fonte: Adaptado de Hague, Hague e Morgan (2004, p. 4).

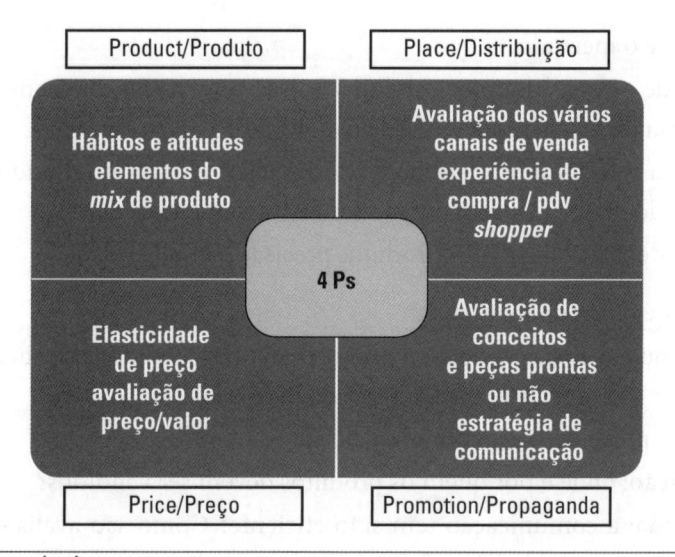

Figura 1.5 4Ps de marketing.

Fonte: Adaptado de Hague, Hague e Morgan (2009, p. 6).

A pesquisa de mercado pode, além disso, atuar nas fases decisivas do Ciclo de Vida dos Produtos ou Serviços de Levitt, como exemplificado na Figura 1.6.

A realização de pesquisas de mercado pode ajudar a responder a uma série de questões ligadas a negócios. Vamos listar[14] algumas delas, como exemplo, sem esgotar o assunto:

---

[14] Lista inspirada, entre outras fontes, em material didático da Abep, criado por Magali Freire.

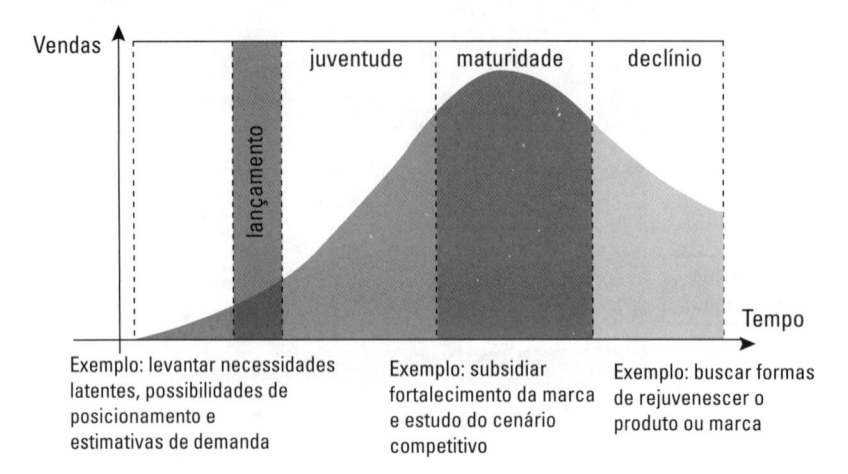

Figura 1.6 Ciclo de vida do produto/serviço.

Fonte: Adaptado de Hague, Hague e Morgan (2009, p. 5).

- Questões sobre o mercado:
  - Que tipo de pessoas usam os produtos ou serviços? Quais os segmentos de público mais relevantes? Quais os hábitos de uso?
  - A demanda pelos produtos/serviços está aumentando ou diminuindo? Por quê? Qual o significado disso? Como acompanhar historicamente?
  - Os canais de distribuição dos produtos precisam ser alterados?

- Questões sobre o *mix* de marketing:
  - **Produto**: que ideia de produto apresenta maior probabilidade de sucesso? A empresa deve lançar um novo produto? Há espaço para isso?
  - **Preço**: que preço deve ser cobrado pelos produtos?
  - **Distribuição**: onde e por quem os produtos devem ser vendidos?
  - **Propaganda**: a comunicação tem sido eficiente? Como são avaliados e percebidos caminhos e peças publicitárias? Qual a melhor mídia?

- Questões gerais sobre desempenho:
  - Qual é a participação no mercado/market share? Qual o volume do mercado em moeda e volume?
  - Os clientes estão satisfeitos com os produtos ou serviços? Que atitudes eles geram?
  - Como o público percebe a marca, empresa ou organização?
  - Qual o conhecimento e lembrança da marca e produtos/serviços?

- Questões sobre os concorrentes:
  - Objetivos – o que os concorrentes parecem buscar: lucratividade imediata, crescer em market share, liderar tecnologicamente?
  - Estratégias que seguem – preços e/ou custos mais baixos, qualidade, atendimento? Ações orientadas para curto ou longo prazo?

A pesquisa de mercado tradicionalmente esteve ligada às capitais e centros urbanos de expressão, e, também, aos negócios de empresas de grande porte.

Têm sido observadas, no entanto, muitas iniciativas ligadas à área de pesquisa em cidades do interior paulistano que concentram alto poder aquisitivo. Esse é o caso ilustrado pela reportagem reproduzida a seguir.

Pesquisa é notícia
Saiu na mídia

TOP OF MIND DE ITAPETININGA (*)
Premiação será dia 10 de agosto
Jornal *Correio de Itapetininga*
Ed. 334 – 05/08/2011
Vera Lúcia Candiani

Está confirmada para o próximo dia 10 de agosto, às 20 horas, a cerimônia de premiação das empresas Top of Mind de Itapetininga. O evento acontece no anfiteatro do SESI. Esta é a segunda edição do Top of Mind de Itapetininga, pesquisa que aponta as empresas e marcas mais lembradas pela opinião pública. Realizado pelo Jornal *Correio de Itapetininga* e pelo Infocorreio Pesquisas, e com o apoio da Associação Comercial, do SESI e da TVI. Segundo os organizadores, o número de empresas é 50% maior do que na primeira edição, que contabilizou 60 participantes.

Este ano, o evento terá palestra abordando um tema que aflige todas as empresas e a sociedade: O consumo sustentável no Brasil e a decadência do hiperconsumismo. Nomes que são referência no segmento, como Raquel Siqueira, Evandro Piccino e a itapetiningana Jôse Fogaça devem marcar presença no evento. Além disso, os três assinam artigos na revista *Top of Mind* 2011/2012, que será lançada na ocasião.

Neste ano, foram realizadas 600 entrevistas em todas as áreas da cidade (norte, sul, leste, oeste, centro e zona rural), sendo que a aplicação ocorreu em 60 setores censitários, segundo base de informações 2007 do IBGE. A margem de erro para este trabalho é de 4% para mais ou para menos, com um intervalo de confiança de 95%, segundo os cálculos da estatística do Infocorreio.

(*) Seleção de trechos da reportagem.

A pesquisa de mercado, algumas vezes, é feita focalizando temas sociais relevantes e abarca, direta ou indiretamente, possibilidades que remetem a quase todos os verbos e complementos verbais mencionados no quadro a seguir.

Pesquisa na prática

Um pouco de gramática: verbos que definem as inúmeras aplicações de pesquisa de mercado – e exemplos de possíveis complementos verbais relacionados:

Identificar .... Problemas, oportunidades, critérios.
Definir .... Conceitos, caminhos, potencial.
Descrever .... Processo de decisão, usos, ambientes.
Explorar .... Percepções, reações, sentimentos.
Gerar .... Hipóteses, explicações, alternativas.
Avaliar .... Atratividade, potencial, identificação.
Selecionar .... Produtos, conceitos, peças de propaganda.
Testar .... Preferências, alternativas, lucratividade.
Medir .... Crescimento, volume, frequência.
Priorizar .... Segmentos, necessidades, oportunidades.
Monitorar .... Tendências, concorrência, eventos.
Acompanhar (*tracking*) .... Investimentos, satisfação, lembrança.

Fonte: adaptado de McQuarrie (2006, p. 30).

O trabalho relatado a seguir é um bom exemplo de projeto amplo, usando metodologia qualitativa e quantitativa, e que, tratando de um segmento específico de público – os idosos/maiores de 50 anos – pode fornecer subsídios interessantes para muitas empresas e instituições (como, por exemplo, fabricantes de produtos de uso pessoal, partidos políticos, veículos de comunicação, editores de livros ou revistas, serviços de saúde, empreendimentos turísticos e de lazer, órgãos públicos etc.).

Pesquisa é notícia
Saiu na mídia

Nossos avós não são mais os mesmos (*)
Meio & Mensagem
Indicadores/Tendências de Consumo Millward Brown – 23/01/2012(**)

Os perfis e hábitos desse grupo se transformaram tanto que é preciso mudar paradigmas.

O segmento da população denominado idoso é uma parcela significativa que tem recebido destaque dos programas sociais e de saúde, mas ainda é pouco conhecido e considerado nos seus aspectos culturais, sociais e no que se refere aos seus comportamentos de consumo.

A Recherche Pesquisa e Consultoria, empresa do grupo Millward Brown, fez uma pesquisa qualitativa com foco no público chamado 50+(***). Os resultados reforçam os valores dessa geração formada pelos nascidos nas décadas de 1950 e 1960, chamada de *baby boomers*, que chega à maturidade. Muitos já são avós, mas se diferenciam muito das gerações nascidas em 1930 e 1940 pelos momentos de grandes transformações culturais, sociais, políticas e tecnológicas que presenciaram.

O estereótipo do idoso do passado traz a imagem de "velhos arcados"; com mobilidade comprometida, caseiros, de cabelos brancos e que passam o tempo cuidando dos netos. O trabalho da Recherche mostra que essas imagens retratam mais o nosso imaginário sobre essas pessoas do que a realidade atual. Quem tem mais de 50 anos é ativo, está online, nas ruas, nas academias, viajando pelo mundo. Dedica-se a estudar, trabalhar e tem uma vida afetiva ativa.

Pesquisar esse público específico se coloca como uma necessidade para o entendimento das suas necessidades, aspirações e atitudes que possam direcionar ações de comunicação e de marketing. A Millward Brown, em parceria com a ECGlobal, montou um estudo junto aos frequentadores das redes sociais perguntando sobre os avós, para verificar seu perfil na percepção dos netos.

Nessa pesquisa, pedimos aos entrevistados (a grande maioria jovens) que escolhessem um dos avós que considerassem referência, seja em termos de contato, relacionamento, empatia ou admiração. Os resultados indicam um dado muito significativo: as avós têm maior popularidade do que os avôs. Foram escolhidas por 76% dos jovens.

A percepção dos entrevistados confirma a pesquisa qualitativa. Os elementos valorizados por esse perfil refletem tanto a busca de prazer e lazer, numa situação em que vivem sós ou com o cônjuge, pois os filhos já não moram mais com eles. Nesse cenário, a ocupação com os netos torna-se uma possibilidade de fonte de satisfação.

Percebe-se uma ampla procura por alternativas, em termos de atividades, procurando preencher, de forma agradável e produtiva, o tempo ocioso que eles têm nessa fase da vida e que podem ser bem vivenciados com as boas condições de saúde. Novos horizontes se abrem, envolvendo uma vida cultural mais ativa e atividades em grupo que podem ser alcançadas por meio da internet, se juntando a comunidades virtuais como uma forma de inclusão social, além de trazer modernidade e atualização ao seu cotidiano.

De acordo com os netos, 30% dos avós escolhidos como referência têm uma vida afetiva e namoram. São pessoas que se mostram preocupadas com a saúde e bem-estar: 87% cuidam da aparência e 62% fazem caminhadas. Apesar de muitos deles serem aposentados, 36% trabalham fora todos os dias da semana e 82% trabalham cuidando dos afazeres da casa (lavar, cozinhar, limpar etc). O nível de vida social também é ativo, especialmente no que se refere a viagens com a família e com os amigos, segundo 77%. Já 34% declaram realizar atividades culturais, como visitar museus e exposições de arte. Usar celular é um hábito presente em 42% dos avós de referência.

Os avós atuais são resultado de vivências com base em rápidas evoluções culturais, sociais e tecnológicas. Representantes da geração ativa, os idosos de hoje continuam a ser agentes de grandes transformações, chamando a atenção do mercado para a importância e o significado que esse grupo representa para as marcas e para a comunicação.

(*) seleção de trechos e sumário de alguns dos aspectos cobertos

(**) Maiores detalhes disponíveis nos blogs das autoras em www.divaoliveira.com e www.aurorayasuda.com

(***) "Researching 50+ - A Bricolage Approach" – paper de Raquel Siqueira – AQR/QRCA Conference – Praga – 2010

1.4 Quem coordena e executa as pesquisas de mercado?

Nas instituições que são clientes ou usuárias, as necessidades de pesquisa podem ser coordenadas por profissionais ligados a uma série de áreas distintas: marketing, vendas, informação, desenvolvimento de produtos etc.

No Brasil, no momento atual, não há uniformidade quanto à estrutura organizacional ou nível hierárquico em que estão alocadas as pessoas ou equipes responsáveis pela coordenação das pesquisas de mercado das empresas clientes.

A própria denominação dos setores ou departamentos envolvidos é bastante diversa e reveladora – encontramos, por exemplo, Pesquisa de mercado, Pesquisa e informação de mercado, Consumer insights, Conhecimento do consumidor, Gestão da informação, Inteligência do consumidor, Consumer understanding, Inteligência de mercado, Inteligência competitiva, entre outras.

Independente da estrutura e denominação adotadas, os profissionais da empresa cliente necessitam de um contínuo progresso de identificação, coleta, análise, armazenamento e disponibilização das informações integradas para os decisores (também chamados algumas vezes de clientes internos).

Particularmente, a denominação *Inteligência de mercado* tem sido usada para designar esse processo contínuo de processamento, utilização das informações e implementação de ações, incluindo também o monitoramento da concorrência. Deve-se esclarecer, porém, que esta conceituação ainda não é de consenso no meio empresarial e o tema está em discussão.

As empresas clientes precisam lidar com informações provenientes de várias fontes, como as constantes da Figura 1.7. Entre elas, a pesquisa de mercado tem um papel de destaque, como uma das principais referências de subsídios para o marketing e para o processo de inteligência de mercado, como aqui foi conceituado.

Como é, na prática, a execução dos projetos de pesquisa de mercado?

As grandes empresas, usuárias tradicionais de pesquisa de mercado, em geral, contam com profissionais ou áreas responsáveis pelas pesquisas e que coordenam sua execução. Os projetos são executados, de forma mais frequente, por empresas de pesquisa ou, mais raramente, com recursos internos.

As empresas fornecedoras de pesquisa no Brasil são de vários portes, havendo desde pequenos empreendedores até grandes redes multinacionais de pesquisa.

Há empresas de pesquisas que chamamos de "full service" – que, como o próprio nome diz, têm condições de fazer praticamente todas as etapas de pesquisa – e empresas especializadas em alguns tipos de serviços, como trabalhos de campo, processamento, serviços on-line, salas de espelho duplo para realização de pesquisas qualitativas etc. Algumas vezes esses serviços especializados são terceirizados pelas empresas de pesquisa responsáveis pelos projetos.

Alguns procedimentos e critérios são recomendáveis quando da escolha de fornecedores de pesquisa de mercado.

É interessante avaliar, dentre outros aspectos:

• Tradição, credibilidade, princípios éticos e reputação da empresa e profissionais responsáveis.
• Afiliação a associações profissionais, como Abep e Esomar.

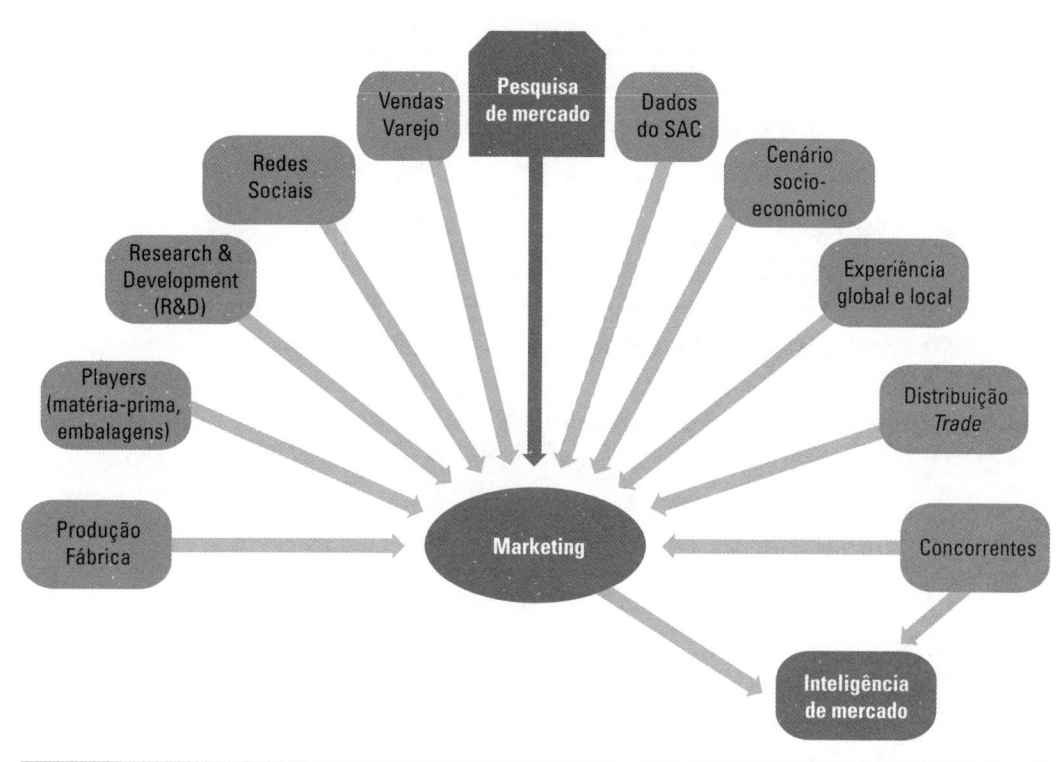

Figura 1.7 Papel da pesquisa no contexto de informações.

Fonte: Adaptado de Oliveira e Pupo (2005).

- Capacidade analítica: habilidade em entender o brief[15] e objetivos, chegando a recomendações pertinentes e acionáveis.
- Conhecimento técnico a respeito de metodologias de pesquisa: adequação do planejamento às necessidades do projeto.
- Flexibilidade, experiência e disposição para bom entendimento dos negócios do cliente.
- Disponibilidade de acesso durante a realização dos trabalhos.
- Eficiência da comunicação, mantendo o cliente informado do que ocorre durante o processo de planejamento e execução dos trabalhos.
- Qualidade visual e de conteúdo da proposta e relatórios.
- Tempo proposto para o desenvolvimento das pesquisas, adequado para a completa realização das tarefas do projeto.
- Custo compatível com as tarefas propostas; boa relação custo–benefício.

Quanto ao último quesito, é importante considerar que os preços devem ser competitivos, mas este não pode ser o principal critério: custos muito abaixo do praticado pelas empresas de mercado do mesmo porte inspiram atenção.

---

[15] Neste livro, vamos usar a nomenclatura "brief", por ser a mais utilizada em pesquisa de mercado; alguns profissionais usam o termo "briefing", com exatamente o mesmo significado.

Pesquise na internet

Pesquise em um mecanismo de busca, como o Google, o verbete "empresas de pesquisa" e selecione três delas para comparar em termos de serviços e tipos de pesquisa oferecidos. Escolha empresas com propostas diferenciadas (por exemplo, empresas que prestam todos os tipos de serviços, que são especializadas em algumas áreas ou técnicas etc.).

Verifique no site da Abep*, no diretório de empresas filiadas, de que regiões e cidades do Brasil elas são, e qual a distribuição das empresas quanto à localização. Discuta com os colegas os possíveis motivos que levam a essa distribuição geográfica.

*Disponível em: <www.abep.org>. Acessado em: 22 jan. 2012.

Resumo

O que é pesquisa de mercado? E pesquisa de marketing?

* Pesquisa de mercado engloba a pesquisa de marketing, mas é mais ampla, na medida em que abrange a área de opinião e mídia, além de outros campos de atuação do conhecimento nas Ciências humanas.
* Missão: transformar dados em informações relevantes e acionáveis.

Aplicações

* Fornece conhecimento sobre o consumidor e o mercado.
* Antecipa tendências.
* Identifica alternativas, estratégias e oportunidades.
* Especifica informações para a solução de problemas.
* Reduz incertezas, diminui os riscos.
* Fornece apoio às decisões, mas não substitui a decisão.

Atividade de pesquisa de mercado

* Profissionais de pesquisa na empresa cliente: clientes internos.
* Inteligência de mercado x pesquisa de mercado – área em definição.
* Empresas de pesquisa – locais e multinacionais.
* Full service.
* Serviços especializados.

2
Tipos de pesquisa

Os profissionais de pesquisa de mercado talvez sejam os mais "completos" de toda a indústria de serviços de marketing. Enquanto em agências de publicidade você encontra o redator, o atendimento, o planejamento, o mídia, etc., o profissional de pesquisa é, ao mesmo tempo, Marketing, Vendas, R&D, Operações e Financeiro. Além disso, é uma atividade altamente democrática em conhecimento e formação. Temos excelentes "pesquisadores historiadores", economistas, engenheiros, antropólogos, entre tantos outros. Essas características, associadas ao fato de ser uma profissão que produz conhecimento todos os dias, credenciam a pesquisa a ser um campo de atuação altamente sedutor para os jovens de hoje.

– Felipe Mendes.
Managing Director, Ipsos Marketing.

Neste capítulo:

- Conceituação geral dos principais tipos de pesquisa de mercado que podem ser realizados.
- Critérios e razões da classificação dos diversos tipos de pesquisa.
- Quadro abrangente das modalidades de pesquisa, de acordo com as várias formas de classificação dos projetos.

O universo de pesquisa é bastante amplo. Pode-se pesquisar praticamente tudo o que venha a despertar interesse em termos de manifestações humanas, do ponto de vista social, cultural e econômico.

Podem ser pesquisados, por exemplo, os comportamentos manifestos e as escolhas das pessoas ou dos agrupamentos sociais, as intenções e motivações latentes ou não conscientes, assim como vontades, percepções, aspirações e desejos de uma forma geral.

Nem tudo isso poderia ser entendido como pesquisa de mercado[1] propriamente dita, mas o consumo de bens e serviços acaba permeando todas essas relações em uma sociedade capitalista.

O estudo dessas manifestações em suas várias facetas pode ser – e é efetivamente – bastante importante para quem trabalha com marketing, consumo e com o ser humano de uma forma geral.

Existem muitas formas de catalogar os vários tipos de pesquisa, e os autores diferem bastante em suas tentativas de classificação.

Agrupamos aqui os tipos de pesquisa segundo alguns critérios de classificação, para fins didáticos, visando uma compreensão abrangente da questão:

- Escopo geral: pesquisas acadêmicas *x* aplicadas.
- Origem da informação: dados primários *x* secundários.
- Metodologia: quantitativa *x* qualitativa.
- Formato: observação *x* declaração/perguntas.
- Propriedade da informação: ad hoc *x* sindicalizadas.
- Temporalidade: pontuais *x* contínuas.
- Público: consumidor/B2C *x* negócios/B2B.
- Meio de coleta de dados: pessoal/presencial *x* remoto – telefone *x* computador *x* internet *x* celular/mobile *x* message.
- Etapa de desenvolvimento do produto/serviço: planejamento estratégico e diagnóstico *x* avaliação de elementos do *mix* e comunicação *x* monitoramento e mensuração do desempenho.
- Área de conhecimento: marketing *x* temas sociais – opinião e política.

Os conjuntos a que chegamos com essa classificação não são excludentes entre si, e cada projeto em particular pode ser qualificado segundo todos os critérios listados.

---

[1] Utilizamos preferencialmente a nomenclatura "pesquisa de mercado" em lugar de "pesquisa de marketing", embora ambos os termos não designem exatamente a mesma coisa, como foi explicitado no Capítulo 1.

2.1 Escopo geral – pesquisa acadêmica *x* aplicada

A primeira distinção que deve ser feita é entre a pesquisa acadêmica e a pesquisa aplicada.

As pesquisas *acadêmicas* são de cunho científico e se desenvolvem dentro de instituições voltadas a ensino e pesquisa, como universidades. Sua finalidade básica é gerar conhecimento e reflexão sobre a área na qual se inserem.

As pesquisas *aplicadas* têm um foco pragmático e mais dirigido, sempre visando um uso prático da informação gerada.

A pesquisa de mercado é uma forma aplicada de pesquisa, talvez uma das mais conhecidas do público.

Ereaut (2003, p. 7) coloca, a esse respeito, que a "pesquisa acadêmica pode ou não ser feita para ser aplicada na resolução de problemas ou questões específicas, enquanto a pesquisa de mercado o é, por definição".

As pesquisas de mercado e acadêmica são muito diferentes em sua concepção básica, embora até possam compartilhar alguns métodos de coleta e formas de trabalhar com os dados.

Certamente, ambas partilham o rigor no planejamento e execução dos projetos. Se a pesquisa acadêmica exige um embasamento teórico e científico, a comprovação da eficácia da pesquisa de mercado se dá de forma pragmática: o melhor termômetro para sua avaliação é a utilidade que as informações têm para o cliente que solicitou a pesquisa, assim como o desempenho de vendas dos bens de consumo pesquisados.

Esse aspecto leva a outra grande diferença, também apontada por Ereaut (2003, p. 7), ao ponderar que "a pesquisa de mercado difere fundamentalmente da pesquisa acadêmica, especialmente por ser executada no interesse de alguém que não o pesquisador".

Por isso, falar em "dono da informação" (como no item 2.5) faz todo sentido em pesquisa de mercado.

2.2 Origem da informação – dados primários *x* secundários

Os dados que formam a base sobre a qual as informações são trabalhadas em pesquisa podem ser divididos, de uma forma geral, em dados primários e secundários.

Dados primários são fruto de pesquisas elaboradas para atender a necessidades específicas dos interessados.

Eles são obtidos através de pesquisa realizada especificamente com a finalidade de coletá-los. São dados de que não se dispunha anteriormente, e, na maior parte das vezes, usam o contato direto com o público pesquisado, seja pela observação ou por métodos de perguntas (item 2.4).

A iniciativa de realização dessas pesquisas, em geral, parte das empresas ou instituições clientes que as solicitam, mas algumas vezes os estudos são feitos por conta das empresas de pesquisa ou agências de publicidade, como se verá no item 2.5 (propriedade da informação).

Já os *dados secundários* existem ou estão disponíveis quando precisamos deles.

Podem ser acessíveis pelo público em geral (como os dados dos censos do IBGE – Instituto Brasileiro de Geografia e Estatística –, por exemplo), ou privativos da empresa ou instituição (por exemplo, pesquisas anteriores, banco de dados de SAC – Serviços de Atendimento ao Consumidor etc).

Alguns pontos precisam, ainda, ser esclarecidos quanto à questão da origem dos dados em pesquisa:

- Ao contrário do que o nome poderia sugerir, os dados secundários não ocupam uma posição inferior ante os primários.
- Os dados secundários são particularmente importantes como matéria-prima de desk research, um procedimento que vem sendo cada vez mais adotado como componente dos projetos de pesquisa de mercado.
- Não se pode ignorar, também, as informações casuais, que chegam até o pesquisador sem que tenha havido um empenho ou intenção em coletar dados a esse respeito (por exemplo, uma nova marca de automóvel da qual tomam conhecimento ao vê-lo nas ruas).
- É importante apontar que tanto os dados primários como os secundários, para ser considerados como importantes fontes de informação nas pesquisas, devem ser:
  - relevantes;
  - corretos;
  - imparciais;
  - confiáveis.

Referências a dados secundários têm tido uma presença cada vez maior em matérias jornalísticas, como forma de enriquecer as reportagens e fornecer elementos de apoio para as afirmações nelas constantes.

Há reportagens que contam tanto com dados primários, obtidos de pesquisas especialmente feitas para o veículo de comunicação, como com dados secundários, para enriquecer as colocações e basear os argumentos defendidos nas matérias.

Este é o caso da matéria a seguir, que foi capa da revista *Exame*. Além do desenvolvimento do tema, reportagens com autoridades e alguns consumidores, nesta notícia há menção a uma pesquisa própria e também a alguns dados secundários de apoio:

Pesquisa é notícia
Saiu na mídia

Um país que rasga dinheiro (*)
Alexandre Moschella e Alexa Salomão
Revista *Exame* – 10/8/2011 – matéria de capa

A maioria dos brasileiros não sabe quanto paga de juro e mantém os planos de compra mesmo se as taxas subirem. Metade admite que não consegue poupar para comprar à vista. Num momento em que os consumidores estão mais endividados que nunca, fica a pergunta: essa postura pode pôr em risco o crescimento da economia?

Para entender a atitude do brasileiro em relação ao crédito e tentar vislumbrar as consequências econômicas dessa atitude, a EXAME encomendou uma pesquisa ao instituto Ipsos. Os dados impressionam. Dois em cada três entrevistados ignoram o valor da taxa de juro de seus financiamentos. Cerca de 60% deles disseram que vão fazer mais empréstimos até o final do ano. E quase metade dos entrevistados afirmou que o que interessa em sua decisão de comprar é o tamanho da parcela mensal e não o preço final do produto.

"Os brasileiros fazem mais empréstimos – e pagam caro" (fontes citadas: Anefac, Banco Central, Banco Mundial, Bradesco, LCA, OCDE e Serasa): (**)

- O crédito no Brasil cresceu acima da média dos países emergentes e desenvolvidos nos últimos 5 anos – *em relação ao PIB* (dados internacionais-2009)
  - Brasil – 61%
  - América Latina – 42%
  - Brics – 35%
  - Países do euro – 24%
  - EUA – 4%
- O endividamento dos brasileiros vem crescendo e atingiu um nivel recorde – *% da renda anual* (exclui o crédito imobiliário)

- 2006 – 18%	- 2007 – 20%
- 2008 – 24%	- 2009 – 27%
- 2010 – 28%	- 2011 – 30%

(*) Trechos selecionados da reportagem.

(**) Reproduzimos aqui números constantes de alguns dos gráficos que ilustram a notícia

2.3 Metodologia – quantitativa *x* qualitativa

A metodologia empregada no desenvolvimento das pesquisas pode, basicamente, ser quantitativa ou qualitativa, e este é um claro divisor de águas.

Hague, Hague e Morgan (2009, p. 8) são taxativos: "uma importante classificação da informação, decorrente de pesquisa de marketing, independente do tipo de mercado, é entre pesquisa qualitativa e quantitativa".

Tanto as pesquisas quantitativas como as qualitativas podem ser de vários tipos, de acordo com os outros critérios de classificação das pesquisas.

Os dois grandes grupos – pesquisas qualitativas e pesquisas quantitativas – são bastante distintos entre si, começando pelas perguntas que se propõem a responder e os objetivos a que podem atender, chegando a aspectos formais de coleta de dados, análise e apresentação dos resultados.

Os diferenciais entre as pesquisas quantitativas e qualitativas são abordados especificamente no Capítulo 6, e as pesquisas qualitativas são tratadas mais profundamente no Capítulo 7.

Resumidamente, estas são as principais características dos dois métodos:

- Pesquisa *quantitativa*:
  - Estruturada e com base numérica.
  - Ênfase na *medição* e *quantificação*.
  - Objetivo central: quantificar os dados e generalizar os resultados a partir de uma amostra do universo de interesse para o trabalho.

- Pesquisa *qualitativa*:
  - Aberta, flexível e menos estruturada.
  - Ênfase no *entendimento*.
  - Objetivo central: compreensão holística dos motivos que estão subjacentes aos comportamentos manifestos.

2.4 Formato – perguntas/declaração *x* observação

A maioria das pesquisas é feita com base nas *declarações* do público que está sendo pesquisado, quer o método seja quantitativo ou qualitativo.

A forma de coletar os dados, neste caso, é baseada no esquema clássico de *pergunta* x *resposta*: o entrevistado assume um papel passivo, fornecendo os dados conforme são solicitados pelo entrevistador. Isso ocorre de forma mais patente no caso da pesquisa quantitativa, em que os questionários são estruturados, mas também pode ocorrer nas qualitativas, que têm um enfoque mais aberto e não diretivo.

O formato de pergunta *x* resposta implica a valorização da expressão verbal do entrevistado e, como Desai (2003, p. 3) aponta, "o que se assume é que as pessoas podem contar o que você precisa saber".

O formato pergunta *x* resposta, no entanto, nem sempre é suficiente para o entendimento de todos os dados necessários para a compreensão das questões pesquisadas. Uma compreensão mais aprofundada e completa pode ser obtida através dos métodos que envolvem a *observação*.

Em alguns projetos são utilizados os dois formatos – pergunta *x* resposta e observação. Isso é coerente com a ascendente busca pela multidisciplinaridade no planejamento das pesquisas, de forma a ter uma visão mais abrangente a respeito dos temas que estão sendo pesquisados.

A observação não é nova em pesquisa de mercado. Na realidade, os primeiros estudos feitos nos EUA e Europa na década de 1930 envolviam a auditagem de vendas e estoques no varejo em intervalos periódicos e, segundo Hague, Hague e Morgan (2009, p. 2), "havia certa desconfiança de que um questionamento direto poderia produzir respostas desonestas e, por isso, as primeiras pesquisas de mercado foram baseadas fortemente na observação".

A situação evoluiu e os métodos de pergunta *x* resposta dominam há um bom tempo. A despeito disso, há muito espaço para as técnicas baseadas na observação, ocorrendo, atualmente, uma crescente valorização e mesmo retomada desses métodos.

A observação, em pesquisa de mercado, pode ser feita de várias formas, tanto por pessoas, que registram os comportamentos, como por máquinas, câmeras ou scanners (como os dos caixas dos supermercados e dos domicílios participantes de painéis, que registram as vendas/compras efetivas), em situações reais ou simuladas.

Alguns exemplos de abordagens de várias naturezas, baseadas na observação:

- *Store audit e home audit*: contagem de estoques, registro das compras e das vendas no varejo ou lares (por instrumentos mecânicos automatizados), em várias categorias de produtos. As visitas às lojas ou aos lares são repetidas a intervalos predeterminados, por longos períodos de tempo. Dessa maneira, formam-se bancos de dados que permitem verificar o movimento da participação relativa das marcas, segundo vários parâmetros: geográficos, demográficos, por canal de distribuição, por períodos de tempo etc. Há empresas especializadas nesse tipo de serviço, como a Nielsen e a Kantar WorldPanel.

- Técnicas qualitativas baseadas na *Etnografia*: observação nas situações de consumo e compra de produtos e serviços; o mesmo ocorre na *Netnografia* ou *Webnografia*, ramo da Etnografia, que é a observação das atividades das pessoas na internet e nas redes sociais.

- *Câmeras de vídeo* em supermercados, restaurantes, shopping centers e outros pontos de venda e consumo: podem mostrar o comportamento real dos consumidores nessas situações.

- Técnica de *Cliente Oculto* ou "*Mistery Shopping*", usada para testar a experiência de compra e consumo por parte do consumidor em situações e locais reais, como em lojas, restaurantes, hotéis e outros tipos de prestadores de serviços. O pesquisador se faz passar por um cliente e, ao ser atendido, analisa diversos fatores, como atendimento, disposição dos produtos nas lojas, preços e formas de pagamento, serviços oferecidos etc.

Há uma série de aspectos técnicos e éticos envolvidos na observação (Capítulo 15). Até que ponto a presença do observador afeta a autenticidade dos dados? É ético as pessoas não saberem que estão sendo observadas? Quais as consequências para as lojas e, especialmente, para os vendedores, se forem mal avaliados em uma entrevista de "cliente oculto"?

2.5 Propriedade da informação – ad hoc *x* sindicalizadas

Essa classificação envolve os aspectos comerciais da atividade de pesquisa de mercado, o pagamento pela pesquisa e a propriedade das informações resultantes da análise dos dados.

As ad hoc, pesquisas que em geral são personalizadas e realizadas de acordo com a demanda, atendem a necessidades específicas de um determinado cliente. São planejadas para responder a questões a respeito das quais se necessita de informação. O cliente deve fornecer um brief, em que relata suas necessidades e recebe uma proposta de pesquisa, especialmente desenvolvida para esse caso pela empresa de pesquisa (ou, mais raramente, pelo departamento de pesquisa interno do cliente). Da mesma forma, são criados instrumentos personalizados de coleta, e os trabalhos de campo são desenvolvidos especificamente para essa pesquisa.

Os resultados de uma pesquisa ad hoc são de propriedade exclusiva do cliente que encomendou a pesquisa, e há um acordo de confidencialidade e não divulgação dessas informações por parte da empresa de pesquisa.

Algumas empresas de pesquisa desenvolvem projetos com *estruturas padronizadas,* tornam-se proprietárias da metodologia que criaram e a comercializa, com marcas relativas àquela metodologia. Essas pesquisas são feitas sempre com base em uma mesma estrutura, para possibilitar comparações e alimentação de base de dados. Mas são ainda pesquisas do tipo ad hoc, na medida em que os resultados são de propriedade exclusiva do cliente e recebem customizações e adaptações para cada caso em particular.

Já as pesquisas *sindicalizadas* são caracterizadas pelo uso compartilhado de ao menos uma parte das informações por um conjunto de clientes.

Essas pesquisas podem ser de vários tipos, como, por exemplo:

- *Omnibus*: levantamentos quantitativos, realizados simultaneamente para um grupo de clientes, com a mesma amostra de pessoas. Cada um dos clientes paga pelo número de perguntas que inclui naquele questionário, recebendo em caráter privativo somente as informações relativas às perguntas que comprou. Num mesmo questionário o entrevistado responde sobre questões relativas a diferentes assuntos, categorias e áreas. Como Chakrapani e Deal (2011, p. 16) apontam, "a razão chave para participar de um estudo Omnibus é o acesso a uma amostra potencialmente grande com um custo mínimo".

- Pesquisas *multiclientes*, na maioria das vezes, versam a respeito de assuntos de interesse geral ou sobre segmentos específicos de consumidores. A empresa pode vender cotas antes da realização de uma pesquisa como esta ou comercializar a divulgação dos resultados após sua conclusão; neste caso enquadram-se, entre outras, as pesquisas de tendências e as qualitativas de cenário contextual.

- *Projetos próprios*, feitos por iniciativa das empresas de pesquisa, e à sua custa em termos financeiros, para divulgação da empresa e/ou produtos e técnicas de sua propriedade. Esses trabalhos geram visibilidade, serviços de divulgação, como apresentações e workshops nas empresas dos clientes, inserções na mídia, artigos nos sites e eNews, matérias nos blogs e white papers[3].

2.6 Periodicidade – pontuais *x* contínuas

As pesquisas *pontuais* são realizadas apenas uma vez, atendendo a uma demanda específica em termos de informação (do cliente ou grupo de clientes, da empresa de pesquisa etc.).

Pesquisas *contínuas* são realizadas por um período mais longo, e os dados dispostos sob a forma de uma tendência na linha do tempo ou acumulados, gerando acompanhamento dos aspectos pesquisados por períodos de tempo determinados.

Podem ser elaborados vários tipos de pesquisas contínuas:

---

[3]Trata-se de relatórios criados pelas empresas de pesquisas ou associações de pesquisadores e disponibilizados para o público, contendo resultados de interesse dos clientes atuais e potenciais – em geral são elaborados com o uso de técnicas de propriedade das empresas de pesquisa, daí o interesse em divulgá-los.

- *Painéis de domicílios e/ou consumidores* – pesquisas realizadas em visitas regulares, nos mesmos domicílios e com as mesmas pessoas entrevistadas, durante um período de tempo determinado para verificar a compra efetiva dos produtos de consumo frequente (com todos os detalhes e especificações com relação à marca, tamanho de embalagens, sabores, aroma etc.). As pesquisas podem ser elaboradas focalizando um ou mais aspectos ou temas específicos para avaliar a evolução de eventuais mudanças comportamentais durante o período de tempo em que o painel é feito. Os painéis podem ser considerados sindicalizados em sua comercialização.

- *Outros tipos de painéis*, focalizando áreas e atividades diversas, como varejo/lojas; audiência de mídia (na qual a referência é o Ibope Mídia, e a audiência é mensurada de forma eletrônica e real time (tempo real) pelo people meters (medidor de audiência), acoplados às televisões dos domicílios); painel de internautas (feito pelo Ibope Nielsen Online) e painéis para avaliar necessidades sociais em pesquisa política etc.

- *Omnibus*, pesquisas que, em geral, as empresas de pesquisa oferecem e repetem periodicamente, com o mesmo tipo de público, e os clientes podem programar suas inserções de perguntas.

- *Pesquisas ad hoc específicas em ondas, ou trackings*, para acompanhamento ou monitoramento do desempenho de um determinado produto ou serviço, após seu lançamento.

- *Monitoramento das redes sociais*, levantando a evolução de comentários espontâneos do público, envolvendo produtos e marcas nas redes sociais na internet ou outros meios, como twitter.

2.7 Público – consumidor/B2C *x* negócios/B2B

Grande parte das pesquisas de mercado é realizada com o público consumidor dos produtos e serviços – *Business to Consumer* – B2C –, e o referencial empírico construído na área é baseado fortemente nesse tipo de público.

As pesquisas *Business to Business* – B2B são realizadas tendo como alvo o ambiente de negócios. Esses tipos de pesquisas são um universo à parte, e referem-se às relações entre empresas. Alguns exemplos: fabricantes, atacadistas e varejistas que comercializam seus produtos; fabricantes ou prestadores de serviços e seus clientes da área empresarial; empresas e os movimentos da concorrência.

Muitos dos aspectos desse relacionamento entre as empresas podem ser medidos ou testados, como, por exemplo: comunicação, atendimento, expectativas quanto aos produtos e serviços oferecidos, promoções, itens relativos aos pontos de venda, política de incentivos e descontos, pesquisa de satisfação etc.

McNeil (2005, p. 4), reforçando que o público a ser pesquisado na abordagem B2B é fundamentalmente diferente, aponta que "o ponto principal para nós lembrarmos é que na pesquisa B2B o consumidor é o consumidor no contexto de negócios e não o 'homem das ruas', o consumidor que pode ser entrevistado no contexto da pesquisa B2C".

Os métodos e objetivos gerais utilizados em pesquisas B2B são semelhantes aos usados nas B2C, mas há algumas particularidades importantes, principalmente em termos de amostra e da definição de quem deve ser consultado na pesquisa:

- O público a ser consultado é bastante diverso, podendo compreender desde os consumidores empresariais – decisores de compra, pessoal técnico, de compras e vendas – até líderes de opinião, como jornalistas, economistas, cientistas políticos e especialistas na área de atuação da empresa cliente.

- Quanto aos decisores de compra, a pesquisa não deve focar somente a alta diretoria, pois muitas vezes a influência de pessoas das áreas técnicas e comerciais é muito relevante.

- Usualmente, a opinião de mais de uma pessoa na mesma empresa tem que ser considerada para conseguir cobrir todos os aspectos do brief e dos objetivos da pesquisa.

- As amostras frequentemente precisam ser reduzidas, porque o universo de empresas consumidoras é limitado – os métodos usuais de amostragem empregados em B2C precisam ser repensados para B2B, e a abordagem necessita ser qualitativa, em muitos casos.

- Na maior parte das vezes, a coleta de dados tem que ser feita por meio de entrevistas individuais em profundidade, dada a dificuldade de acesso ao público empresarial, em vez da utilização das tradicionais discussões em grupo, o método mais usual em pesquisa qualitativa.

- A opção de abordar os profissionais por meios remotos tem sido crescentemente mais utilizada, como a quali on-line.

- O preparo do entrevistador que conduz a coleta de dados deve ser mais cuidadoso, pelo fato de o assunto ser específico e por se tratar de entrevistados diferenciados do consumidor comum.

- Em áreas mais técnicas, há mesmo a necessidade de certa familiaridade com os termos e conceitos do ramo de atividade que está sendo pesquisado.

Tem sido frequente associar no mesmo projeto de pesquisa uma abordagem B2B e B2C. Isso ocorre pela crescente complexidade de alguns produtos e serviços, como os ligados à tecnologia que, ao mesmo tempo, têm um uso crescente no cotidiano das pessoas comuns e também são usados pelas empresas (por exemplo, a telefonia móvel).

Assim, é necessário, em alguns casos, ouvir tanto os consumidores finais individuais como os empresariais – e aqui abranger profissionais diversificados, como pessoas que atuam nas áreas técnicas e comerciais dos fabricantes, empresas que vendem os produtos e as que dão suporte técnico.

Sumarizando, Hague, Hague e Morgan (2009, p. 8) apontam que se necessita de métodos diferenciados e mesmo um outro olhar ao trabalharmos com o complexo mundo do marketing B2B: "o tamanho das amostras é menor e o aprendizado do pesquisador pode vir tanto do julgamento e interpretação como do rigor do método".

2.8 Meios de coleta de dados – presenciais *x* remotos

Independentemente do método utilizado e de se tratar de uma abordagem quantitativa ou qualitativa, as pesquisas podem ser classificadas com base nos diferentes meios utilizados para coleta de dados, obtidos do público que faz parte da amostra.

A abordagem *pessoal* (também chamada de presencial ou face a face) e a *anotação manual* são os procedimentos tradicionalmente mais usados em pesquisa e fazem parte do referencial da área.

As entrevistas pessoais e a anotação manual, porém, vêm perdendo espaço para o *registro eletrônico* e os *métodos remotos*, como as pesquisas por *telefone* e os métodos on-line.

O uso da *internet* como meio de coleta de dados tem tido um crescimento notável nos últimos anos e, mais recentemente, os *meios móveis* de pesquisa (por *celular* e *message*) ganham destaque internacionalmente.

Os meios de coleta de dados, nos universos quantitativo e qualitativo, são abordados em profundidade no Capítulo 8.

2.9 Etapas de desenvolvimento – produtos, serviços e temas sociais

Considerando-se a fase em que se encontra o desenvolvimento do produto, serviço, marca ou tema social em questão, são demandadas informações e tipos diferentes de estudos.

Distinguem-se três etapas diferenciadas no desenvolvimento do marketing, que geram necessidades também diferenciadas em termos de informações e pesquisas:

- *Planejamento estratégico e estudos iniciais*, em que a necessidade maior é na linha de diagnóstico.
- *Desenvolvimento e avaliação de elementos do* mix *e comunicação*, imediatamente antes do lançamento, com necessidades mais táticas.
- *Monitoramento e mensuração do desempenho* real, após o lançamento.

Os vários tipos de estudos indicados para cada uma dessas fases estão desenvolvidos detalhadamente no Capítulo 13.

2.10 Área de conhecimento envolvida – marketing *x* outros contextos

O conhecimento e a expertise em pesquisa de mercado apoiam-se na tradição de pesquisas na área de marketing e, mais especificamente, no marketing dos bens de consumo de massa.

Acompanhando o desenvolvimento do mercado, o universo de atuação das pesquisas foi se estendendo para os bens duráveis, serviços e produtos tecnológicos. Foram também criados setores de especialização importantes, como as pesquisas relativas à indústria automobilística, farmacêutica, agrícola e tecnologia, entre outras.

Em todas as áreas citadas são utilizados os mesmos princípios e métodos das pesquisas de mercado voltadas ao consumo de massa, com algumas particularidades em razão do público envolvido e os assuntos específicos.

Nesses campos de atuação o foco sempre é a visão *empresarial* de *marketing* e *inteligência competitiva*, abarcando campos afins, como vendas, promoção, áreas técnicas de desenvolvimento das empresas (R&D) e as *pesquisas de mídia* (que medem e qualificam a audiência dos vários canais de mídia, em termos de horários, perfil dos espectadores etc.)

2.10.1 Área empresarial *x* social

Uma distinção relevante refere-se às pesquisas alheias ao universo empresarial e ao *marketing comercial*. Esta é a situação das *pesquisas sociais e de opinião* ou da área de *marketing social* – que envolvem, entre outros assuntos, levantamentos sobre a opinião pública, assim como pesquisas a respeito das necessidades das comunidades e grupos sociais.

Abarcam também as pesquisas feitas por iniciativa dos órgãos públicos, instituições governamentais e terceiro setor (ONGs – Organizações Não Governamentais).

As *pesquisas políticas*, como um segmento diferenciado das pesquisas sociais, em termos de objetivos e procedimentos, também devem ser aqui incluídas.

Embora muitos dos pesquisadores que atuam na área social não se reconheçam como "pesquisadores de mercado", a similaridade entre as áreas é patente, em termos de técnicas, estrutura e procedimentos básicos. Tenciona-se, em ambos os campos, estudar os relacionamentos, percepções e desejos humanos, com toda sua complexidade e implicações nos níveis cultural, social e econômico.

A principal diferença está no foco de estudo:

- No marketing social e nas pesquisas nessa área, as pessoas são estudadas *como cidadãs*.
- No marketing comercial, as pessoas são estudadas *como consumidoras ou compradoras*.

A finalidade das pesquisas de mercado e das pesquisas sociais também é diferente, em termos de aplicações e questões específicas que devem ser respondidas pelos projetos.

Os temas relativos à pesquisa social podem ser amplos, como, por exemplo, as atitudes das pessoas diante de questões polêmicas como o papel dos governos no controle do consumo de drogas e na educação das crianças, ou o que as pessoas esperam das autoridades e empresas em termos de práticas sustentáveis.

Em outros casos, os projetos podem ter objetivos bastante específicos, como, por exemplo, levantar as necessidades da população de um bairro ou comunidade na área de saúde ou de transporte público.

Outra abordagem bastante empregada em pesquisa social é o levantamento da demanda de políticas públicas, sociais e de infraestrutura, averiguando expectativas ou verificando a reação das pessoas a determinadas iniciativas, planejadas ou implantadas.

A avaliação de programas sociais implantados por governos ou ONGs também é uma necessidade crescente em termos de pesquisa social.

Pesquisa é notícia
Saiu na mídia

Percentual de discriminação é superior ao de racismo
Yéssica Lopes
Diário Popular – Pelotas – RS – 12/08/2011

Um relatório realizado pelo Instituto Pesquisas de Opinião (IPO) mostrou, em números, o que muitos pelotenses presenciam diariamente em seu cotidiano. O preconceito, seja ele racial, sexual, social ou de faixa etária, mostra-se carente de debate e amadurecimento em uma sociedade que desconhece a palavra ou finge não importar-se com suas consequências.

Tais dados indicam que, individualmente, a autodeclaração de racismo e discriminação é bem menor do que a experiência de já ter presenciado uma cena com tais preconceitos. Além disso, pode-se perceber que aqueles que se declaram com cor preta ou parda são os mesmos que dizem ter sofrido algum tipo de discriminação e, também, presenciado situação semelhante.

O percentual de racismo na pesquisa (2,2%) mostra-se inferior ao de discriminação (17,5%). A socióloga Elis Radmann, do IPO, diz que isso ocorre porque o conceito de discriminação inclui a racial e vai além.

O relatório da pesquisa – A pesquisa que tratou de questões sobre discriminação e racismo foi realizada entre 22 e 30 de junho com uma amostra de 400 pessoas da zona urbana de Pelotas que autodeclararam sua raça ou cor. Tudo isso de acordo com a declaração utilizada pelo Instituto Brasileiro de Geografia e Estatística (IBGE) dividido em cor branca, preta, parda e amarela e raça/etnia indígena.

2.10.2 Pesquisa política

A *pesquisa política* abrange questões amplas, como as expectativas e necessidades dos cidadãos em várias esferas – saúde, educação, transporte, habitação etc. – e como os governos e partidos políticos podem atender a essas demandas.

Pode, assim, fornecer subsídios para o planejamento estratégico das políticas públicas dos governos e partidos, a curto, médio e longo prazos. De uma forma mais abrangente, trata-se de fornecer informações para embasar as ações do marketing político, no sentido de acompanhar, avaliar e fundamentar a tomada de decisões.

A *pesquisa eleitoral* abrange campanhas e candidatos, e é uma das formas mais visíveis de pesquisa na área política, compreendendo áreas importantes como:

- Mensurar a intenção de voto dos eleitores e acompanhar a evolução dos candidatos nesse sentido, na etapa pré-eleições.
- Analisar a percepção da população sobre governos em curso, avaliando em especial sua popularidade.

- Levantar necessidades e demandas da população.
- Identificar conflitos, lideranças e apoios políticos.
- Subsidiar campanhas, estabelecimento de programas, metas e estratégias de partidos e governos.
- Avaliar candidatos, propostas e campanhas eleitorais.
- Avaliar programas sociais e políticas públicas.

Com esse tipo de informação, os estrategistas dos partidos e governos podem, além de planejar as campanhas, identificar e corrigir problemas surgidos no decorrer delas, assim como reagir de forma rápida às investidas dos opositores (Cavallari, 2000).

De forma análoga ao que ocorre no marketing comercial, no político é importante estar informado dos movimentos dos concorrentes. As mudanças no cenário são muito rápidas nos períodos de campanha eleitoral, e é necessário um monitoramento diário.

Pesquisas periódicas de avaliação dos programas exibidos pela TV no horário eleitoral gratuito são parte da rotina dos grandes partidos, subsidiando os próximos passos da campanha e as respostas imediatas às propostas e intervenções dos partidos e candidatos concorrentes.

As pesquisas de intenção de voto são as mais comentadas pela população e veículos de comunicação, atraindo a atenção geral na época de eleições.

São pesquisas quantitativas, com uma série de parâmetros amostrais e normas de divulgação estabelecidas pelos órgãos públicos. (Veja no site da Abep, disponível em: <www.abep.org>.)

Pesquisa é notícia
Saiu na mídia

Ibope e Datafolha divulgam últimas pesquisas de intenção de voto (*)
Publicada em 02/10/2010 às 21h53
O Globo – BBC – globo.com

O Ibope e o Datafolha divulgaram neste sábado as últimas pesquisas de intenção de voto para as eleições de domingo, e os números ainda mostram um cenário indefinido quanto à possibilidade de o pleito ir a segundo turno.

Segundo o Ibope, caiu a vantagem de Dilma Rousseff em relação aos demais candidatos: ela teria 47% das intenções de voto, contra 29% de José Serra (PSDB) e 16% de Marina Silva (PV).

Já no levantamento que leva em conta apenas os votos válidos – descontados brancos e nulos – Dilma somaria 51%, contra 31% de Serra e 17% de Marina, aponta o Ibope.

O candidato vence em primeiro turno quando obtém mais de 50% dos votos válidos. Como a margem de erro é de dois pontos percentuais, para cima ou para baixo, não é possível concluir pelos números do instituto se Dilma poderá vencer o pleito neste domingo.

Pesquisa do Datafolha apresenta cenário semelhante. A candidata petista se manteve com os 47% do levantamento anterior (realizado entre terça e quarta-feira), enquanto Serra subiu um ponto percentual, para 29%. Marina cresceu de 14% para 16%.

Contados apenas os votos válidos, Dilma teria 50%, contra 31% do candidato tucano e 17% da Marina, indica o Datafolha.

A margem de erro de ambos os levantamentos – que foram realizados entre sexta-feira e sábado – é de 2 pontos percentuais.

Extraído do site: <http://oglobo.globo.com/pais/mat/2010/10/02/ibope-datafolha-divul-gam-ultimas-pesquisas-de-intencao-de-voto-922687820.asp>. Acessado em: 12 ago. 2011.

(*) Seleção de trechos da reportagem.

Além das pesquisas de intenção de voto, uma grande série de temas e tipos diversos de material publicitário pode ser abordado nas pesquisas políticas, entre os quais se destacam:

- Caminhos criativos, estratégia discursiva, slogans e jingles.
- Logotipos, símbolos e fotos dos candidatos.
- Estratégias e propostas dos partidos, candidatos e adversários.

Pesquisa na prática

As pesquisas políticas tratam do quê?

As pesquisas políticas são planejadas para responder a questões como:

- O que os eleitores/cidadãos querem?
- O que é importante para eles? Como são seus valores?
- Quais são as prioridades para a comunidade?
- Que segmentos / tipos de pessoas é preciso atingir com a campanha eleitoral?
- Por que os eleitores votaram em determinado candidato e não em outro?
- Por que rejeitam determinado candidato?
- O que fazer para que votem em um candidato?
- Como valorizar os itens da plataforma da campanha?
- Como avaliar os efeitos das ações tomadas?
- No que a comunicação pode melhorar?
- Como falar com o público?

Podem ser feitas pesquisas qualitativas em três momentos das campanhas:

- No estágio inicial, na triagem e definição de candidatos: avaliação do potencial dos aspirantes para concorrer e da imagem que transmitem. É feita uma avaliação da imagem que o candidato transmite para que o pesquisador possa contar com o auxílio de técnicas projetivas.
- No planejamento estratégico: avaliam-se os pontos fortes e fracos do candidato e de seus adversários, subsidiando aspectos como foco, mensagem e linguagem.
- Ajustes durante o curso da campanha; monitoramento das reações dos eleitores à propaganda do candidato e concorrentes, assim como fatores externos que possam interferir na aceitação da campanha e da mensagem.

Pesquisa é notícia
Saiu na mídia

Nos bastidores das campanhas, pesquisa qualitativa capta "emoção" do eleitor (*)
Pesquisa 'quali' não busca estatísticas e geralmente é feita em grupos.
Resultados ajudam a definir estratégias, discursos e até jingles.
Maria Angélica Oliveira Do G1, Globo.com, em São Paulo – 28/9/08

As pesquisas qualitativas são pouco divulgadas para o público e – menos ainda – alardeadas pelos candidatos. Nos bastidores das campanhas, no entanto, ajudam a definir os caminhos da disputa... Ao contrário da pesquisa quantitativa, aquela que revela a intenção de voto, ou seja, qual percentual da população pretende votar em determinado candidato, a qualitativa não busca índices, não se preocupa com estatísticas. O objetivo é captar o "sentimento", a "emoção" do eleitor.

"Ela é feita quando se quer ter uma profundidade de informação, chegando até ao caso extremo das razões inconscientes que um eleitor tem para tomar decisão de voto por um e não por outro candidato. São usadas técnicas, de maneira que você consegue se aprofundar nessas questões, nessas opiniões que ainda não são racionalizadas por ele", explica Márcia Cavallari, diretora executiva do Ibope Inteligência.

As pesquisas qualitativas podem ser usadas para aprofundar questões que tenham surgido em uma pesquisa quantitativa. A "quanti" aponta que algo está acontecendo; a "quali" pode mostrar o porquê.

Fonte: *G1* – Globo.com – <http://g1.globo.com/Eleicoes2008/0,,MUL775852-15693,00.html>. Acessado em 3 mar. 2011.
(*) Seleção de trechos da reportagem.

O grande desenvolvimento da pesquisa política em várias regiões do Brasil trouxe, como consequência positiva, o surgimento de oportunidades para empresas de pesquisa espalhadas pelo país. Com isso, o setor de pesquisa alcançou capilaridade em todo o interior do Brasil, e as empresas estabelecidas nas capitais de vários estados ganharam visibilidade.

Pesquisa é notícia
Saiu na mídia

Popularidade de Lula continua em alta (*)
Pesquisa Exatta mostra que 84% dos pernambucanos aprovam a administração do Presidente da República.
Diário de Pernambuco – 12/07/2009

A avaliação da administração do presidente Lula (PT) permanece num patamar elevado em Pernambuco. Pesquisa Exatta, realizada entre 30 de junho e 3 de julho e publicada com exclusividade pelo Diário de Pernambuco, mostra que nada menos que 84% dos eleitores pernambucanos aprovam o governo do petista.

O resultado é a soma dos 47% que os consideram ótimo e 37% que o apontam como bom. A opção "regular" foi citada por 12% e apenas 4% classificam o governo como ruim (2%) ou péssimo (2%).

Vale destacar que nesse quesito nenhum dos 2.000 entrevistados (todos cidadãos de 16 anos em diante, portanto, capacitados para votar) deixou de se posicionar ou não soube responder.

O resultado demonstra que a imagem da gestão tem, em Pernambuco, fôlego de sobra para os 18 meses que faltam para o encerramento dos dois mandatos consecutivos de Lula à frente do governo federal. Aponta ainda para um cenário favorável ao candidato a ser apoiado pelo Palácio do Planalto na corrida pela sucessão presidencial em 2010 – no caso, a ministra chefe da Casa Civil, Dilma Roussef (PT). Afinal, faltando menos de um ano para a deflagração oficial da campanha ... os números que revelam a aprovação da atual administração podem ser convertidos em apoio eleitoral. Principalmente se o apelo de continuidade for bem trabalhado.

(*) Seleção de trechos da reportagem.

Finalizando, e a título de sumário dos conceitos abordados neste capítulo, faremos a classificação de uma pesquisa fictícia de acordo com os parâmetros aqui utilizados.

Resumo

Tipos de pesquisa

Vamos imaginar um trabalho feito por meio de entrevistas pessoais e com questionário estruturado para um fabricante de bebidas. A finalidade é subsidiar o lançamento de nova marca de cervejas e, para isso, estudar os hábitos de consumo da categoria.

Pretende-se levantar informações sobre as seguintes áreas: quem consome cervejas (perfil do consumidor), com que frequência consomem, onde consomem, que marcas consomem, preferem e razões.

Esse projeto poderia ser assim classificado:

- Escopo geral: pesquisa aplicada.
- Origem da informação: dados primários.
- Metodologia: quantitativa.
- Formato: declaração/perguntas.
- Propriedade da informação: ad hoc.
- Periodicidade: pontual.
- Público: consumidor.
- Meio de coleta de dados: pessoal/presencial.
- Etapa do desenvolvimento: planejamento estratégico.
- Área de conhecimento: marketing.

3

Etapas da pesquisa

Trabalhar com e em pesquisa é um privilegio. Amplia, aprofunda, detalha e diversifica o horizonte de conhecimento. Estamos sempre estudando um novo assunto, um novo segmento, uma nova forma de ver a questão. Aprendemos a ouvir verdadeiramente, a analisar e a transmitir de forma clara, objetiva e neutra tudo o que aprendemos para um uso produtivo e benéfico a toda a sociedade. É o pesquisador quem tem o privilégio de ser o porta-voz do cidadão em seus mais diversos segmentos, transmitindo ao industrial, prestador de serviço, governante etc., as necessidades, as preocupações, os anseios, os sonhos, abrindo as portas e fomentando soluções para uma sociedade mais desenvolvida, mais evoluída, mais satisfeita e mais feliz.

– Rubens Hannun
Sócio Diretor da H2R Pesquisas Avançadas – São Paulo

Neste capítulo:

- Fluxo geral de desenvolvimento das pesquisas de mercado.

- Conceituação das várias etapas do processo, desde o levantamento inicial do problema a ser estudado até a implementação das decisões tomadas com base nos resultados obtidos com o projeto.

- Tarefas e finalidades específicas de cada uma das etapas.

O processo que envolve toda pesquisa de mercado, qualquer que seja sua natureza e metodologia, tem uma estrutura básica semelhante.

Desde a origem da pesquisa, na definição do problema, até a decisão final por parte do cliente e consequentes ações, o fluxo de trabalho passa por quatro etapas consecutivas, como apontado na Figura 3.1:

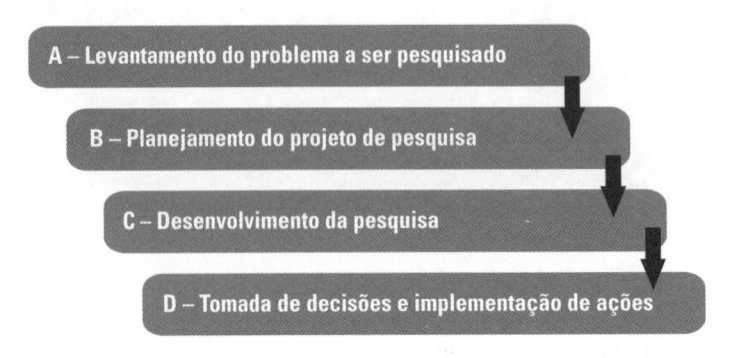

Figura 3.1 Etapas da pesquisa.

A primeira e a última dessas etapas – definição do problema e tomada de decisão, com implementação de ações – são usualmente da alçada da empresa ou organização que exerce o papel de cliente e solicita a pesquisa.

Já o planejamento e o desenvolvimento do projeto competem às empresas de pesquisa, no que ocasionalmente são acompanhadas de perto pelo cliente.

Muitas vezes existe um trabalho conjunto, com assessoria mais direta da empresa de pesquisa, na fase de definição inicial do problema, ou seja, na fase de construção do brief.

A presença das empresas de pesquisa tem sido cada vez mais frequente também nas discussões quanto às tomadas de decisão, após a comunicação dos resultados e recomendações.

O fluxo usualmente seguido no desenvolvimento dos projetos de pesquisa de mercado é representado na Figura 3.2.

A concretização das pesquisas de mercado segue passos sucessivos, cada um deles com tarefas e finalidades específicas:

A – Fase de levantamento inicial do problema

1º *Passo*: Definição do problema de pesquisa: *Qual a real necessidade e os motivos que levam a solicitar essa pesquisa? Qual é a questão central que precisa ser respondida com a pesquisa? O que vai ser feito com os resultados em termos de ação? Quais são as limitações em termos de prazo e budget (orçamento)?*

- Elaboração do *brief de pesquisa* (tema abordado no Capítulo 4):
  - background e questões a serem respondidas com o projeto;
  - objetivo central e áreas de abordagem;
  - público-alvo da pesquisa, para determinação da amostra;

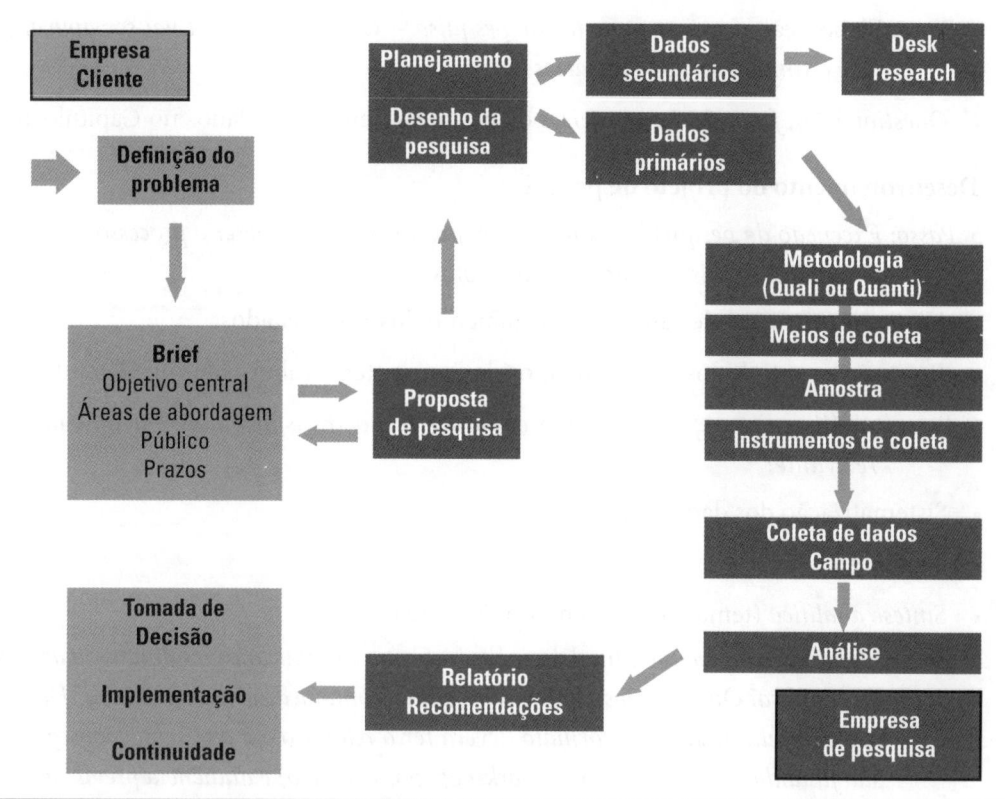

Figura 3.2 Fluxo dos projetos de pesquisa de mercado.

Fonte: Adaptado de Oliveira e Pupo (2005).

- padrão de Ação;
- prazos e verba.

- *Proposta* de pesquisa – o retorno do brief, com o planejamento básico, pré-aprovação da pesquisa (tema abordado no Capítulo 4).

B - Planejamento pós-aprovação do projeto – o desenho da pesquisa

2º Passo: Abordagem metodológica – *Qual o tipo de pesquisa mais adequado para o problema definido no primeiro passo?*

- *Natureza dos dados a serem coletados*:
  - *secundários – Como estruturar uma desk research inicial?* (tema abordado no Capítulo 5);
  - *primários – De que forma serão coletados os dados?*
    - *método* – qualitativo ou quantitativo (tema abordado nos Capítulos 6 e 7);
    - *meios de coleta de dados* (tema abordado no Capítulo 8).

3º Passo: Definição da amostra – *Junto a quem vai ser realizada a pesquisa? Como vai ser o procedimento amostral?*

- *Amostra* (tema abordado no Capítulo 9).

4º Passo: Elaboração dos *instrumentos de pesquisa – Como a pesquisa vai ser aplicada? Que estímulos serão necessários?*

- *Questionários, formulários* e *roteiros* da pesquisa (temas abordados no Capítulo 10).

C - Desenvolvimento do projeto de pesquisa

5º Passo: Execução da pesquisa – campo – De que forma vai decorrer o processo de coleta dos dados? Quais vão ser os fornecedores?

- *Normas e instruções* de campo e recrutamento dos entrevistados.
- *Execução e controle* dos procedimentos de campo (temas abordados no Capítulo 11).

6º Passo: Análise da pesquisa – Como os dados serão transformados em informação relevante?

- Sistematização dos dados coletados.
- Tabulação.
- *Síntese analítica* (tema abordado no Capítulo 12).

7º Passo: Elaboração do *relatório final* da análise – *Como comunicar os resultados da análise da pesquisa? Que recursos serão usados para a comunicação dos resultados? Haverá uso de multimídia? Que formato deverá ter o relatório e a apresentação, segundo sua finalidade (informativo ou workshop, por exemplo) e audiência prevista?*

- *Exposição da análise dos resultados.*
- *Conclusões e recomendações* (temas abordados no Capítulo 12).

D - Tomada de decisão por parte do cliente

8º Passo: Processo de *tomada de decisão – Que ações deverão ser implementadas, de posse dos resultados e recomendações da pesquisa?*

Resumo

Etapas da pesquisa

Levantamento do problema a ser pesquisado	Planejamento do projeto de pesquisa	Desenvolvimento da pesquisa
• Brief • Proposta	• Origem dos dados: 　• secundários 　• primários • Metodologia 　• quantitativa ou qualitativa • Meios de coleta • Amostra • Instrumentos de coleta	• Execução do campo • Exposição dos resultados • Análise • Relatório

Brief e proposta de pesquisa

Há pessoas que consideram a análise como a fase final do projeto, quando deve ser escrito o relatório. Entretanto, a análise deve iniciar o processo de planejamento de uma pesquisa. Ela é feita ao definirmos os objetivos e a finalidade da pesquisa. É a reflexão que temos de fazer para definir o que vamos investigar, de que maneira vamos abordar o problema, como investigar, a quem entrevistar. É nessa fase que vamos definir que perguntas devem ser feitas para responder às questões que nos propomos a fazer.

Esta análise inicial irá garantir o sucesso de nossa investigação, será fundamental para a elaboração de um relatório que atenda aos objetivos da pesquisa e permitirá a aplicação dos resultados à sua finalidade.

– Eugênia Paesani
Instituto Sarah Bernhardt – ISB – São Paulo

Neste capítulo:

- Quando se deve decidir pela pesquisa?
- Definição e relevância de se ter um bom brief; detalhamento dos itens que um brief deve conter e as questões importantes a serem consideradas.
- Detalhamento da proposta de pesquisa e sua importância como documento contratual do projeto.

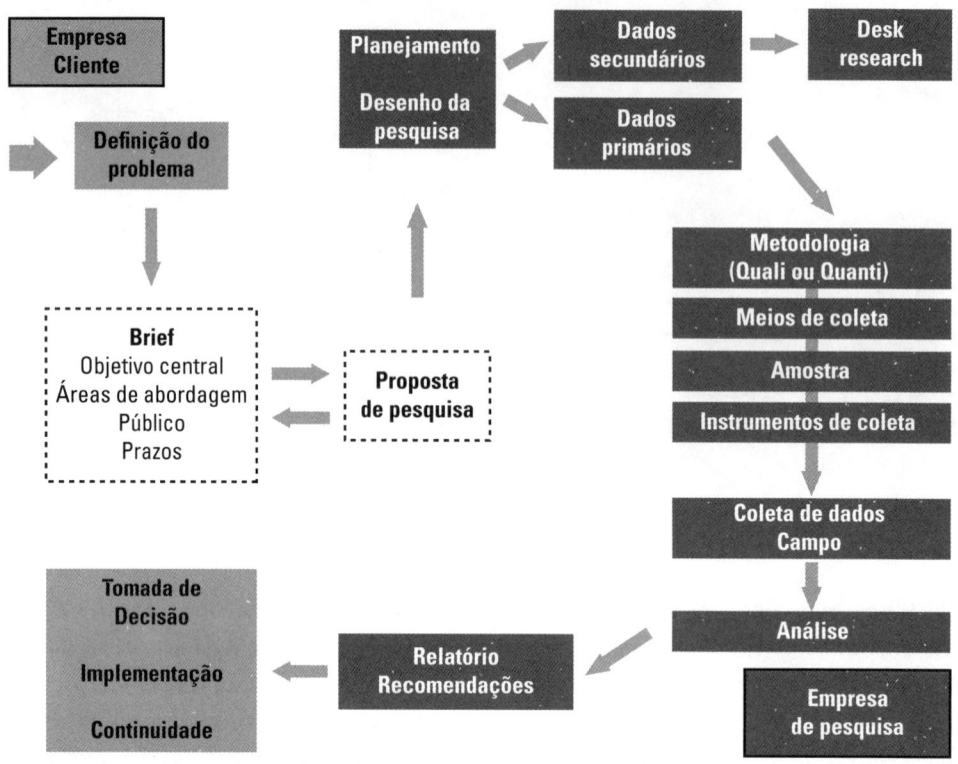

Fonte: Adaptado de Oliveira e Pupo (2005).

Antes mesmo de iniciar a redação do brief, há uma primeira pergunta a ser respondida pelo gestor que está demandando por informação: deve ou não ser feita uma pesquisa de mercado nesse caso específico?

O passo inicial, portanto, sempre é indagar: vale a pena fazer a pesquisa? O problema em foco realmente demanda a realização de uma pesquisa de mercado? Será que o problema apresentado pede a realização de uma pesquisa específica feita para atender a esses objetivos?

Segundo José Fogaça (2008, p. 77)

... a decisão sobre a realização de estudos de mercado se inicia com a necessidade de conhecimento específica de cada empresa – O que preciso saber? Como vou obter o conhecimento? – e termina com sua adequação às possibilidades do negócio – O que é possível realizar, considerando custos, prazos?

A Figura 4.1 mostra, de forma bastante didática, o fluxo de perguntas que devem ser feitas e respondidas para que se tome a decisão de pesquisar ou não.

Caso este exercício não seja feito de forma bastante consciente e profissional, muito provavelmente os resultados da pesquisa poderão não atender a seus objetivos, porque:

- Concluiu-se que a pesquisa é muito cara no sentido de que "o valor da informação não compensa o investimento feito".
- As informações chegaram depois que a decisão já foi tomada.

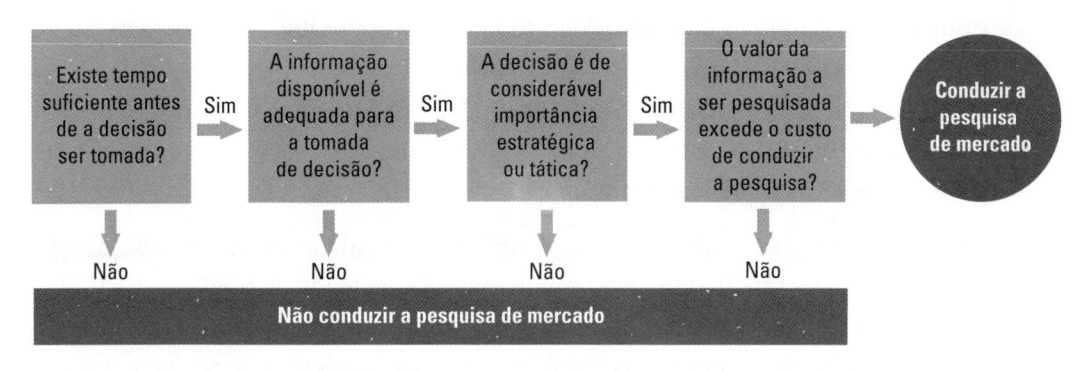

Figura 4.1 Fluxo de perguntas na decisão de realizar a pesquisa.

Fonte: Adaptado de Zykmund (2006, p. 18)

- Descobriu-se que já havia conhecimento dessas informações com base em dados secundários.
- O problema exigia uma decisão estratégica que deveria ser tomada independentemente da opinião dos consumidores.
- O consumidor não tinha opções de estímulos adequados ou economicamente viáveis para avaliação.

4.1 O brief de pesquisa de mercado

4.1.1 Definição e importância de se ter um brief

Brief[1] é o instrumento pelo qual o cliente solicita uma pesquisa e serve de guia para orientar a melhor forma de executá-la, de modo a responder às preocupações, dúvidas, problemas, objetivos e questões de negócios.

Planejar a pesquisa escrevendo um brief é um bom exercício para decidir se é o caso de se *investir na realização da pesquisa*; se a informação vale o *custo/investimento* envolvido na pesquisa e se podemos esperar o *tempo* necessário para sua execução.

No exercício de se escrever um brief, muitas vezes acontece de não se conseguir definir com clareza quais são os próximos passos ou as ações a serem tomadas em função dos resultados. Esta dúvida indica que algumas questões importantes devem ser examinadas antes de partir ou não para a execução da pesquisa. O que pode acontecer algumas vezes:

- A questão, de fato, pode não ser realmente um problema de pesquisa a ser solucionado com base nas informações vindas dos entrevistados. Pode ser mais uma *questão de decisão*.

---

[1] Conforme mencionamos em nota no Capítulo 1, optamos por usar aqui a nomenclatura "brief", por ser a mais utilizada em pesquisa de mercado; alguns profissionais usam o termo "briefing", com exatamente o mesmo significado.

- O problema não está definido de forma clara e adequada.
- Os resultados servem mais como um "nice to know", "é bom saber", que não leva a uma ação, e, portanto, não vale o preço/valor pago pela informação.
- O *Padrão de Ação* não está claro ou não foi totalmente concordado pelos vários elementos envolvidos no problema. Qualquer resultado levará a uma discussão em que a pesquisa não poderá ajudar na tomada de decisão.

A qualidade da pesquisa, a utilidade dos resultados e a acuidade das recomendações geradas pelas informações são diretamente proporcionais à qualidade do brief.

Um brief de qualidade deve ser um documento com exposição clara das razões pelas quais determinadas informações são necessárias; quais os problemas de marketing que a empresa ou marca está enfrentando; quais as questões de negócios envolvidas e as hipóteses com relação às possíveis ações a serem tomadas com base nos resultados.

4.1.2 Detalhamento dos itens que um brief deve conter

Antes de entrar no detalhamento do brief, algumas considerações gerais ainda devem ser feitas:

- O ideal é que o profissional de marketing ou da área do cliente que é o solicitante da pesquisa *escreva o brief* com base em algumas discussões preliminares com os profissionais de pesquisa de mercado da empresa – ou, quando não houver esses profissionais, com colegas de sua área ou assessores externos (de consultoria de marketing, agência de propaganda, ou de empresas de pesquisa).
- O brief não deve ser superficial, mas também precisam ser evitados os detalhes desnecessários. Deve-se facilitar a compreensão, colocando foco no centro do problema – e descobrir qual a *questão central* que gerou a discussão sobre a necessidade dessa pesquisa.
- Não considerar todas as possibilidades ou todas as opções. Devem-se excluir algumas, com base em experiência anterior, aprendizados da empresa e julgamento, para que o projeto não se torne muito complexo sem necessidade. *Eleger aquilo que efetivamente é crucial.*
- Nas questões e objetivos a serem respondidos, é preciso pensar sempre na relação custo--benefício. A pesquisa deve se concentrar no *público-alvo prioritário* para o problema, aquele *que pode representar maior risco.*

Um bom brief deve conter o detalhamento de uma série de itens. O preenchimento de todos esses itens é um bom início para se ter um brief de qualidade e que realmente auxilie no planejamento e execução da pesquisa:

- Definição do problema de marketing e/ou de negócios.
- Objetivos da pesquisa.
- Questões específicas.
- Público-alvo.
- Análises a serem consideradas, quando cabíveis.
- Prazos.
- Recursos/investimentos e de onde serão gerados.

A – Definição do problema de marketing

Primeiramente, é preciso definir o cenário de marketing e o alcance do problema, indicando quais são as decisões que serão tomadas com base na pesquisa e como se espera utilizar a informação.

Todas as questões de negócios e as preocupações do marketing devem estar especificadas.

Deve-se montar um quadro geral sobre a marca e a sua posição no cenário competitivo, qual seu posicionamento, quais são seus concorrentes diretos e indiretos, quais as principais tendências de evolução das marcas e da categoria.

Caso – Xampu "Beleza+"

Passos de elaboração do brief: Problema

- As vendas do xampu "Beleza+" estão caindo.
- Há perda de competitividade no mercado.
- A marca de xampu "Beleza+", que teve um crescimento significativo logo após o lançamento, está sofrendo agora uma forte ameaça da concorrência, que lançou uma marca com posicionamento similar a um preço mais competitivo (a marca "Beleza mais ou menos", declarada me-too de "Beleza+").

B – Objetivos da pesquisa

Deve-se definir de forma muito clara qual o principal objetivo da pesquisa e o que se pretende descobrir, com base no problema de marketing e/ou negócio apresentado.

Não se trata de listar as perguntas. Uma lista de perguntas pode ajudar a estruturar e entender o objetivo, mas deve ser colocada no item seguinte do brief ("questões específicas" ou "áreas de abordagem").

O objetivo da pesquisa tem relação maior com o problema de marketing e as necessidades de informação para aquele momento do desenvolvimento da marca. (Veja o Capítulo 13: Aplicações de pesquisa no desenvolvimento de produtos, serviços ou temas sociais.)

O detalhamento claro dos objetivos da pesquisa é importante para definir a metodologia da pesquisa, a amostra e demais aspectos que deverão orientar a execução da pesquisa e, principalmente, a análise dos resultados com as recomendações das ações a serem tomadas.

Caso – Xampu "Beleza+"

Passos de elaboração do brief: Objetivos da pesquisa
- Levantar a percepção dos consumidores quanto à marca e categoria.
- Identificar as forças e fraquezas da marca diante da concorrente direta.
- Verificar a real competitividade em relação à concorrência direta, quais são os grandes diferenciais de posicionamento que podem justificar o preço maior de "Beleza+" e trazer subsídios para planejar uma nova campanha de comunicação.

C – Questões específicas (ou áreas de abordagem)

Neste item serão listadas as principais questões a serem levantadas para o projeto que possam auxiliar no entendimento do objetivo principal da pesquisa.

Trata-se de uma forma de subsidiar a definição da estrutura do questionário ou do roteiro (no caso de uma pesquisa qualitativa).

No entanto, *nunca deverão* ser as perguntas propriamente ditas do questionário. Existem recursos técnicos para a formulação final de perguntas, visando atingir determinados objetivos. Nem sempre as perguntas diretas e focadas nos objetivos respondem de forma adequada ao problema.

Caso – Xampu "Beleza+"

Passos de elaboração do brief: Questões específicas
- Quem usa a marca?
- Qual o seu perfil demográfico?
- Quais são seus hábitos de uso: frequência, quantidade, para quê?
- Quais são seus hábitos de compra: onde compra, quantidade, frequência.
- Qual a opinião sobre a marca? No que a marca é superior às outras?
- Razões de uso da marca.
- Quem abandonou a marca: qual marca passou a usar? Por quê?
- O que acha do preço? Se fosse mais barato, compraria?
- Marcas que pretende comprar da próxima vez? Por que pretende comprá-las?

Orientação: *a lista de perguntas mostra os principais questionamentos para entender a perda de venda da marca "Beleza+". No entanto, é preciso organizá-las posteriormente, já na fase da coleta de dados, de forma que os resultados tragam efetivamente um diagnóstico da situação.*

D – Público-alvo

Deve-se definir o grupo ou o subgrupo que deverá ser usado como referência para a tomada de decisão. A definição do grupo prioritário, secundário etc. deve orientar o dimensionamento do tamanho da amostra e até mesmo a forma de selecionar e localizar este público.

Deve-se, neste momento, fazer questionamentos do tipo: serão consideradas as usuárias da categoria? As usuárias ou as não usuárias da marca? As consumidoras que já usaram a marca e não voltaram a usar? Os clientes do serviço? Os que abandonaram o serviço? Precisa-se de uma análise pelas usuárias mais leais?

Deve-se estabelecer uma definição para cada grupo ou subgrupo que se pretende focalizar para tomar a decisão. Por exemplo: como definir as usuárias leais, as ex-usuárias ou pessoas que abandonaram a marca ou serviço etc.

As variáveis, ou as perguntas consideradas nas definições, devem constar no questionário final que será aplicado na pesquisa.

Caso – Xampu "Beleza+"

Passos de elaboração do brief: Público-alvo

- O público-alvo da pesquisa deverá ser formado por mulheres de 15 a 60 anos de idade, das classes sociais A, B, C e D, que usem xampu e que decidam qual a marca de xampu que compram.
- Como público secundário, a pesquisa deve incluir os homens, de 15 a 60 anos de idade, das classes sociais A, B, C e D, que usem xampu e que decidam a marca de xampu que usam.
- Usuárias da marca de xampu "Beleza+" devem ter uma análise mais detalhada.
- Definição de usuária – declaração de marca mais frequente.

E – Análises solicitadas

Trata-se, aqui, de definir segmentos ou grupos de análise para estabelecer o tamanho de amostra e a tabulação de resultados.

Deve-se indicar, por exemplo, se a análise deve ser feita separando-se os entrevistados por idade e em quantas faixas etárias.

Se vamos ter três faixas de idade, precisaremos de uma amostra mínima de 300 casos para ter 100 entrevistas em cada faixa etária.

Caso a análise seja feita também por sexo, precisamos considerar a variável sexo no cruzamento das tabelas e um número mínimo em cada grupo: masculino e feminino.

Caso – Xampu "Beleza+"

Passos de elaboração do brief: Análises solicitadas

* Como se pretende analisar os homens como um segmento separado, precisamos de uma amostra separada para este público.
* A análise por idade e classe econômica deverá ser feita em separado para os homens e para as mulheres. Ou seja, vamos ver os dados separados por mulheres jovens e com mais idade, e também por homens jovens e com mais idade.

F – Padrão de Ação

Padrão de Ação é um dos itens-chave do brief. Uma pesquisa terá sua utilidade reduzida sem uma definição do Padrão de Ação; portanto, será uma pesquisa com informações para se tomar conhecimento – ou "nice to know" –, sem ações imediatas a serem implementadas.

A definição do Padrão de Ação responde basicamente às perguntas: "Para que precisamos da informação?", "O que vamos fazer com a informação?", "Qual o próximo passo?", "Qual a decisão a ser tomada?".

Se não conseguimos responder a essas perguntas, a realização da pesquisa deve ser repensada para que o investimento envolvido na pesquisa não seja questionado.

Nem sempre, porém, as pesquisas precisam desta definição. É possível não ter um Padrão de Ação muito claro e definido nas fases muito iniciais do desenvolvimento da marca, quando o marketing precisa de informações básicas e gerais de caráter bastante exploratório. De qualquer modo, não podemos cobrir TUDO. Precisamos de uma priorização e uma resposta à pergunta básica: Para que preciso desta informação?

O Padrão de Ação deve ser definido de forma clara, com indicadores quantitativos sempre que possível e o envolvimento e comprometimento dos vários setores incluídos no processo de decisão.

Num teste de produto, por exemplo, deve haver uma concordância com o Padrão de Ação nas áreas de marketing, de desenvolvimento de produtos, de comunicação, de vendas – enfim, TODOS os diretamente envolvidos na alteração a ser feita no produto.

Além de especificar quais os indicadores quantitativos ou as variáveis que apoiarão na decisão, devem-se especificar os níveis de significância, considerando os objetivos do estudo. Por exemplo, se o objetivo é a troca da fragrância de um sabonete por um ingrediente de melhor qualidade na explosão da fragrância cítrica, o resultado da avaliação do sabonete em teste deve ser significativamente superior (nível de significância 0.05) em relação ao produto atual no atributo "o perfume cítrico é agradável".

O *Padrão de Ação, portanto, deve ser atingível*. Devem-se eliminar os impossíveis. Se o caso for barateamento de fórmula, por exemplo, o Padrão de Ação deve exigir um empate, e nunca uma superioridade em relação à formulação atual. No entanto, o Padrão de Ação não é uma "camisa de força". É preciso deixar sempre uma margem para flexibilidade, quando e onde for possível.

Se não for possível definir o Padrão de Ação, então uma reflexão deverá ser feita: será que o problema foi bem definido? Será que não está claro? Será que o problema não existe?

Caso – Xampu "Beleza+"

Passos de elaboração do brief: Padrão de Ação
Padrão de Ação: a pesquisa deverá fornecer elementos para um reposicionamento da marca. Inicialmente serão consideradas apenas ações no nível de comunicação, não se tencionando modificações em termos de produto em um primeiro momento.

G – Prazos

Um projeto de pesquisa de mercado deve ser considerado dentro do fluxo de desenvolvimento do trabalho de definição do produto, serviço ou tema social, e é preciso sempre considerar se sua realização implica a necessidade de uma busca de informações com o consumidor.

Deve-se lembrar de que cada etapa da pesquisa envolve prazos que precisam ser planejados com antecedência, para que os resultados cheguem a tempo para a tomada de decisão.

Existem algumas situações em que o prazo pode ser reduzido ou maximizado sem prejudicar a qualidade da informação; mas, em geral, essas situações não são frequentes, e sempre convém considerar que a realização da pesquisa está sujeita a uma série de condições sobre as quais não se tem muito controle: condições climáticas (como, por exemplo, muita chuva, muito frio), greves de transporte, problemas com rede de telefonia e internet etc.

Existem situações em que os prazos estão atrelados às condições de teste e não podem ser reduzidos por razões óbvias. Por exemplo, num teste de produto que deve ficar em uso durante 30 dias não pode ter a coleta de dados encerrada em 15 dias.

Caso – Xampu "Beleza+"

Passos de elaboração do brief: Prazos
Limitações de prazo: considerando que a revisão de metas e ações da empresa para o próximo exercício fiscal deverá estar pronta em 90 dias, o prazo máximo para a entrega de resultados da pesquisa é de 45 dias.

H – Recursos/investimentos

Cada etapa da pesquisa envolve custos, sejam eles calculados em termos de recursos internos, ou em custos a serem pagos a um profissional externo ou empresa de pesquisa.

No processo de planejamento do trabalho de marketing, os recursos necessários já devem ser considerados e estimados. *A fonte dos recursos deve estar definida*. O orçamento/budget para a pesquisa deve ser planejado com antecedência.

Uma pergunta para decidir sobre o uso ou não dos recursos para a pesquisa é: *o valor da informação compensa o investimento para obtê-las?* Ter muito claro qual a ação que será tomada e quais são os riscos de não ter a informação são a chave para avaliar se o investimento na pesquisa vale a pena.

É importante considerar que não há muito como reduzir os custos de uma pesquisa, mas *eles podem variar significativamente em função do seu desenho e planejamento*.

Neste sentido, é essencial que seja feita uma *análise criteriosa de prioridades* para não tornar a pesquisa inviável, porque estamos buscando muito mais informação do que realmente precisamos para aquele momento e para aquele problema específico.

Caso – Xampu "Beleza+"

Passos de elaboração do brief: Recursos/investimentos
Recursos: a verba para a realização da pesquisa estará alocada no budget de comunicação da marca "Beleza+", como parte da previsão orçamentária do presente exercício fiscal.

Finalmente, estamos com o brief de pesquisa montado para o reposicionamento da comunicação do fictício xampu "Beleza+"; é hora de checar se todos os itens estão coerentes, discutir com o time interno e passar à fase de solicitação de propostas de pesquisa – utilizando os serviços de uma empresa de pesquisa ou, mais esporadicamente, pessoal interno da empresa.

Caso – Xampu "Beleza+"

Brief de pesquisa de mercado – reposicionamento da comunicação do xampu "Beleza+"
Problema:
- As vendas do xampu "Beleza+" estão caindo.
- Há perda de competitividade no mercado.
- A marca de xampu "Beleza+", que teve um crescimento significativo logo após o lançamento, está sofrendo agora uma forte ameaça da concorrência, que lançou uma marca com posicionamento similar a um preço mais competitivo (a marca "Beleza mais ou menos", declarada me-too de "Beleza+").

Objetivos da pesquisa

- Levantar a percepção dos consumidores quanto à marca e à categoria.
- Identificar as forças e as fraquezas da marca diante da concorrente direta.
- Verificar a real competitividade em relação à concorrência direta, quais são os grandes diferenciais de posicionamento que possam justificar o preço maior de "Beleza+" e trazer subsídios para planejar uma nova campanha de comunicação.

Questões específicas

- Quem usa a marca?
- Qual o seu perfil demográfico?
- Quais são seus hábitos de uso: frequência, quantidade, objetivo?
- Quais são seus hábitos de compra: onde compra, quantidade, frequência.
- Qual a opinião sobre a marca? No que a marca é superior às outras?
- Razões de uso da marca.
- Quem abandonou a marca: Qual marca passou a usar? Por quê?
- O que acha do preço? Se fosse mais barato, compraria?
- Marcas que pretende comprar da próxima vez? Por que pretende comprá-las?

Público-alvo

- O público-alvo da pesquisa deverá ser formado por mulheres de 15 a 60 anos de idade, das classes sociais A, B, C e D, que usem xampu e que decidam qual a marca de xampu que compram.
- Como público secundário, a pesquisa deve incluir os homens, de 15 a 60 anos de idade, das classes sociais A, B, C e D, que usem xampu e que decidam a marca de xampu que usam.
- Usuárias da marca de xampu "Beleza+" devem ter uma análise mais detalhada.
- Definição de usuária – Declaração da marca mais frequente.

Análises solicitadas

- Como se pretende analisar os homens como um segmento separado, precisamos de uma amostra separada para este público.
- A análise por idade e classe econômica deverá ser feita em separado para os homens e para as mulheres. Ou seja, vamos ver os dados separados para mulheres jovens e mais com mais idade, e também para homens jovens e com mais idade.

Padrão de Ação: a pesquisa deverá fornecer elementos para um reposicionamento da marca. Inicialmente serão consideradas apenas ações no nível de comunicação, não se tencionando modificações em termos de produto em um primeiro momento.

Limitações de prazo: considerando que a revisão de metas e ações da empresa para o próximo exercício fiscal deverá estar pronta em 90 dias, o prazo máximo para a entrega de resultados da pesquisa é de 45 dias.

Recursos: a verba para a realização da pesquisa estará alocada no budget de comunicação da marca "Beleza+", como parte da previsão orçamentária do presente exercício fiscal.

4.2 A proposta da pesquisa

Completado o brief pelos solicitantes da pesquisa, chega o momento de formalizar o desenho da pesquisa e todas as suas especificações. O mais comum é que sejam contratadas, para isso, empresas de pesquisa, que apresentam sua proposta com base no que foi estabelecido no brief.

A proposta de pesquisa é o documento formal, emitido pelo pesquisador, em que se apresenta, por escrito, aos solicitantes o planejamento inicial do projeto. Em geral é elaborada pelas empresas de pesquisas contatadas ou, de forma mais rara, pelo departamento interno de pesquisa, quando existente.

Muitas vezes o cliente solicita a mesma proposta para alguns fornecedores diferentes. Há então uma concorrência, em que o cliente escolhe a proposta que melhor atenda a seus objetivos.

A proposta de pesquisa tem tripla função:

- Apresentar as sugestões técnicas do instituto para o planejamento do projeto.

- Informar ao cliente sobre os investimentos de custos e tempo envolvidos na execução da pesquisa sugerida.

- Representar o documento formal de contrato dos serviços. Por esta razão, tem que ser colocado claramente tudo que está sendo estabelecido, técnica e comercialmente.[2]

Os elementos básicos do planejamento sugerido devem constar da proposta, de forma bastante clara, mostrando a compreensão do problema e as soluções propostas em termos de metodologia de pesquisa.

A proposta representa o "retorno do brief" e as sugestões do pesquisador ou da empresa de pesquisa para chegar a respostas para as principais questões do cliente.

A proposta baseia-se, dessa forma, no que foi delimitado no brief para definir o tipo de pesquisa recomendado, devendo esclarecer todas as etapas e preocupações relativas à sua execução.

Não deve haver aspectos dúbios na proposta. Se alguns dos itens do brief não chegarem de forma clara ao pesquisador, que deve fazer a proposta, esse deverá buscar esclarecimento com o solicitante. Se isso não for possível e não houver informações disponíveis para complementar o quadro contextual, deve ser explicitado na proposta que alguns dos pontos do planejamento deverão ser discutidos posteriormente, em caso de aprovação do projeto.

A relação íntima entre o brief e a proposta fica clara no Quadro 4.1, em que são detalhadas as etapas de decisão a respeito de como o problema de marketing deve ser abordado na pesquisa e as principais questões envolvidas:

---

[2]Todas as responsabilidades e obrigações das empresas (contratante e contratada) devem ficar claras na proposta. Além disso, é altamente recomendável que se tenha um contrato formal, no caso de aprovação da proposta, até mesmo quanto à possível terceirização de algumas das etapas do trabalho, prazo de validade dos custos e possíveis responsabilidades e correções se houver atrasos no prazo acordado.

Quadro 4.1

Fase/estágio	Tarefa	Principais questões ou tópicos
Brief	Definição do problema e objetivos	• Qual o problema de marketing que se apresenta? • Que questão principal a pesquisa deve responder? • O tema e a questão são pesquisáveis?
Brief	Identificação de áreas de abordagem	• Que questões específicas são mais pertinentes? • Essas questões podem ser resolvidas com os recursos de tempo e verba disponíveis?
Brief e/ou Proposta	Especificações: técnicas, público-alvo, prazos	• Abordagem única ou soma de técnicas? • Pesquisa qualitativa ou quantitativa? • Que meio de coleta de dados será usado? • Dados primários ou secundários? • Quem se deve abordar, qual é o público-alvo? • Que fontes consultar, se há dados secundários? • Qual é o mercado principal, qual a área geográfica?
Proposta	Desenho da pesquisa	• Background ou histórico e antecedentes. • Objetivos da pesquisa e áreas de abordagem. • Metodologia sugerida e amostra. • Forma de apresentação das informações e análises. • Cronograma das várias etapas da pesquisa. • Custos.

Fonte: Adaptado de McQuarrie (2006, p. 21).

A proposta de pesquisa deve compreender basicamente as seguintes áreas:

Background

- Nessa introdução, também chamada por alguns de "Histórico e antecedentes" ou "Situação de Base", são expostos os dados conjunturais que levaram à necessidade da pesquisa.
- Além da especificação do problema em si, podem constar menções a dados de mercado, pesquisas anteriores, informações sobre o produto/serviço, objeto da pesquisa, seu posicionamento, dados da concorrência, comunicação recente etc.
- Padrão de Ação – que decisões serão tomadas com base nos resultados da pesquisa, o que será feito com a informação.

Objetivos centrais

- Explicitação dos principais objetivos da pesquisa.

Áreas de abordagem

- Listagem dos principais pontos que deverão ser levantados na pesquisa, sob a forma de itens ou perguntas.

Metodologia e amostra

- Detalhamento dos procedimentos sugeridos para obter as informações definidas nos itens anteriores.

- Tipo de pesquisa a ser realizada (método qualitativo ou quantitativo, por exemplo), metodologias complementares.

- Forma de coleta de dados (pessoal, telefone, correio, internet).

- Procedimentos e técnicas específicos, detalhando tipo e duração do questionário, estímulos a serem utilizados, tipo de roteiro no caso de qualitativa, etc.

- Tamanho e composição da amostra, incluindo o tipo de público, critérios para sua definição, as variáveis que serão consideradas e as praças onde a pesquisa será realizada.

- Técnicas e procedimentos de amostragem, quando cabível.

- Mecanismos de controle para assegurar a qualidade dos dados.

Relatórios e análise

- Forma de apresentação das informações e relatórios, e como serão disponibilizados (por exemplo, apresentação oral, workshop, videoconferência, relatórios impressos ou digitais, sumários executivos, tabelas, cópias digitais dos relatórios etc.).

- Processamento e tipo de análise de dados nas pesquisas quantitativas (por exemplo, tabulação simples, análises multivariadas, modelos matemáticos etc.).

Cronograma

- Detalhamento das várias fases da pesquisa, em ordem sequencial, desde a aprovação até a exposição dos resultados finais, considerando possíveis feriados.

- Datas limite para cada uma das etapas e para o fornecimento de material por parte do cliente (por exemplo, estímulos como peças ou produtos a serem testados).

Custos

- Preço final (e detalhamento de sua composição, se cabível).

- Forma de pagamento.

- Validade dos custos e eventuais correções.

Informações adicionais

- Aqui podem ser colocadas outras informações, tais como as credenciais da empresa de pesquisa, profissionais envolvidos, terceirização de partes do projeto e outras que a empresa julgar relevantes.

Três aspectos revestem-se de primordial importância nesse momento: assegurar uma profunda *compreensão do problema* que originou o processo da pesquisa, a escolha da *metodologia* de pesquisa mais indicada e os procedimentos correspondentes, e a *viabilidade* da pesquisa na questão de prazos e custos.

McQuarrie (2006, p. 19) reforça a necessidade de "dispender algum tempo identificando e articulando o problema de decisão subjacente que torna a pesquisa necessária", como primeiro passo do planejamento do projeto.

A escolha do método ou métodos a serem empregados no projeto parte de um conhecimento aprofundado das possibilidades e limitações de cada um deles e sua adequação àquela pesquisa em particular.

Salientam-se, na escolha da metodologia, os objetivos que se pretende alcançar (voltando, então, ao brief), além do tipo de público, por que meio de acesso pode ser pesquisado e as características do material que vai ser pesquisado.

A qualidade da proposta de pesquisa é muito importante, quer seja uma sondagem do cliente em uma concorrência inicial de preço, que depois será complementada em caso de aprovação, quer já seja uma proposta mais definitiva e completa.

Como postulam Hague, Hague e Morgan (2009, p. 27), a proposta é mais do que a descrição da pesquisa e do preço, é o cartão de visita da empresa que a preparou: "o conteúdo, a estrutura e a qualidade da proposta podem representar mais de 50% da decisão de aprovar o trabalho com essa empresa de pesquisa".

4.3 Casos para exercícios

A seguir colocamos dois casos que devem ser transformados, cada um deles, em briefs de pesquisa e depois em propostas (se for o caso).

Os casos mostram como muitas vezes o material e o contato com o cliente chegam para o profissional de pesquisa. Frequentemente fica difícil entender qual o problema de marketing ou do negócio, o cliente quer saber tudo de uma só vez e precisamos de um exercício com muitas perguntas para se chegar à decisão de fazer ou não a pesquisa e a elaboração de um brief.

As marcas e categorias detalhadas nos casos são fictícias. Para tornar o problema mais realista e facilitar a discussão, considere uma categoria e uma marca real e conhecida do seu cotidiano.

Tarefa 1: Discuta com seus colegas e seu professor os seguintes pontos em relação a cada um dos casos:

- Está claro qual o cenário de marketing? Qual é o problema de marketing que a marca enfrenta? Qual é efetivamente o problema do negócio?
- Quais desses questionamentos precisam de uma pesquisa? Quais seriam os objetivos da pesquisa?
- As questões são resolvidas com uma única pesquisa?
- Avalie cenários mais amplos: a economia, a tendência da categoria etc.
- Verifique se há dados já coletados ou publicados para responder a alguma das perguntas. Caberia nesse caso algum tipo de busca na internet? Se sim, o que seria possível buscar?
- Monte um plano de diagnóstico do problema incluindo o planejamento de pesquisas para responder às questões do caso. Quais pesquisas devem ser realizadas, em qual sequência etc.

Tarefa 2: Discuta os casos com colegas e seu professor; para cada um deles, considere uma questão extraída do caso e monte um Brief de pesquisa, observando os seguintes pontos ou questões:

- Qual o problema prioritário?
- Qual o público prioritário?
- Qual a definição do objetivo da pesquisa?
- Há budget ou verba para a execução?
- Qual o prazo disponível para a tomada de decisão? Há tempo para fazer a pesquisa?
- O que se vai fazer com a informação? Qual ação será tomada?

Caso 1 : Escola "MUNDO INFANTIL".

"A escola de educação infantil – MUNDO INFANTIL – precisa revisar seu plano estratégico, MAS fundamentalmente precisa de uma pesquisa para responder:

- Por que o número de matrículas novas tem se reduzido a cada ano, apesar de verificar que os alunos continuam na escola até o término daquela fase escolar?
- O que leva os pais a escolher as escolas para os filhos?
- O que eles buscam ou esperam das escolas?
- Quais são suas necessidades, expectativas com relação à educação. Ou seja, o que devemos oferecer para torná-los mais satisfeitos e atrair novos alunos?
- O que deve ser mudado na escola?
- Os professores ou a linha pedagógica da escola estão adequados?
- O que deve ser feito para continuar crescendo?
- Quaisquer outras perguntas que possam responder com a pesquisa para montar o plano estratégico para que a escola consiga reduzir este nível de perda de alunos que vem acontecendo a cada ano."

Caso 2 – Marca de massas – subsídios para reposicionamento

"Nossa empresa é fabricante de massas (secas e congeladas), que apresenta um portfólio de marcas variadas, cada uma delas atuando em um segmento específico de mercado.

Na empresa, temos uma área nova no Marketing, voltada para inovações de mercado envolvendo novos produtos ou marcas, comunicação, embalagens, promoções, materiais de merchandising, produto, comunicação, etc.

Temos vários projetos de inovação a serem acionados. Não há muito budget e temos muita pressa dos resultados.

Precisamos de alguma pesquisa ou um programa de pesquisas que nos mostre prioridades, identificando brechas e oportunidades mais viáveis e de maior potencial.

Já temos uma linha de produtos/marcas básicas, precisamos otimizá-la aproveitando oportunidades para lançamento que vá ao encontro das necessidades do consumidor.

As áreas exploradas seriam as mais diversas, como mencionamos: novas embalagens, novos formatos, cores, produto, aromas, promoções, materiais de merchandising, comportamento do consumidor no domicílio e nos pontos de venda (supermercado) etc. Não só para a categoria que já atuamos, mas também para outras possíveis.

Nosso objetivo é analisar o máximo de metodologias e pesquisas, quando partiremos para o desenho do planejamento contatando os fornecedores e solicitando orçamentos.

Gostaríamos muito de receber um feedback de vocês".

Resumo

Brief e proposta de pesquisa	Brief – aspectos relevantes	Itens da proposta
• O brief e a proposta são muito importantes em todo projeto de pesquisa, pois são documentos formais que detalham o processo como um todo. • A elaboração do brief leva a uma reflexão detalhada, até mesmo sobre a necessidade e oportunidade de pesquisar o tema em pauta.	• No brief especificam-se itens fundamentais, desde o problema que gera a necessidade de pesquisa, seus objetivos, até a definição do público-alvo. • Requisitos como prazo em que a informação deve estar disponível e a origem dos recursos também são explicitados. • O Padrão de Ação é um dos itens mais relevantes, pois orienta os próximos passos de posse da análise dos resultados da pesquisa.	• A proposta responde às demandas do brief, com o detalhamento do planejamento básico da pesquisa: • Histórico e antecedentes. • Objetivos centrais. • Áreas de abordagem. • Metodologia e amostra. • Padrão de Ação. • Relatórios e análises. • Prazos e custos.

Desk research – dados secundários

Janeiro, domingo, férias... casa em Ubatuba cheia de filhas, genros e netos mas, mesmo assim, quando recebo o convite para escrever algumas linhas sobre pesquisa de mercado, acho um tempo para refletir e chego a uma conclusão interessante. Por que eu gosto tanto de pesquisa? Porque nós nos parecemos muito, e nos damos bem como grandes amigas.

Eu e a pesquisa temos tantas características em comum que nem sei se fui eu que encontrei a pesquisa ou se foi ela que me capturou ao longo da vida. Somos curiosas, gostamos de ir fundo nos assuntos, juntamos, pensamos, analisamos todas as possibilidades e concluímos: o que é dito e o que é não dito também. Ah! e também aconselhamos.

Em alguns momentos da vida, precisamos juntar os assuntos (novos e antigos), comparar, refletir, buscar informações de diferentes fontes (primárias e secundárias) e, então, traçado o quadro geral, pensar na meta a ser alcançada e na estratégia a ser seguida – isso é uma desk research, que é útil para a pesquisa de mercado mas, principalmente, pode ser muito importante para nossas vidas.

Vera Ligia Pompeu de Toledo
– Especialista em Projetos de Inovação – Ubatuba – São Paulo

Neste capítulo:

- Conceituação e importância dos dados secundários e da desk research.
- Necessidade e importância da adequada seleção de fontes.
- Discussão a respeito da utilização da internet como fonte de dados secundários.

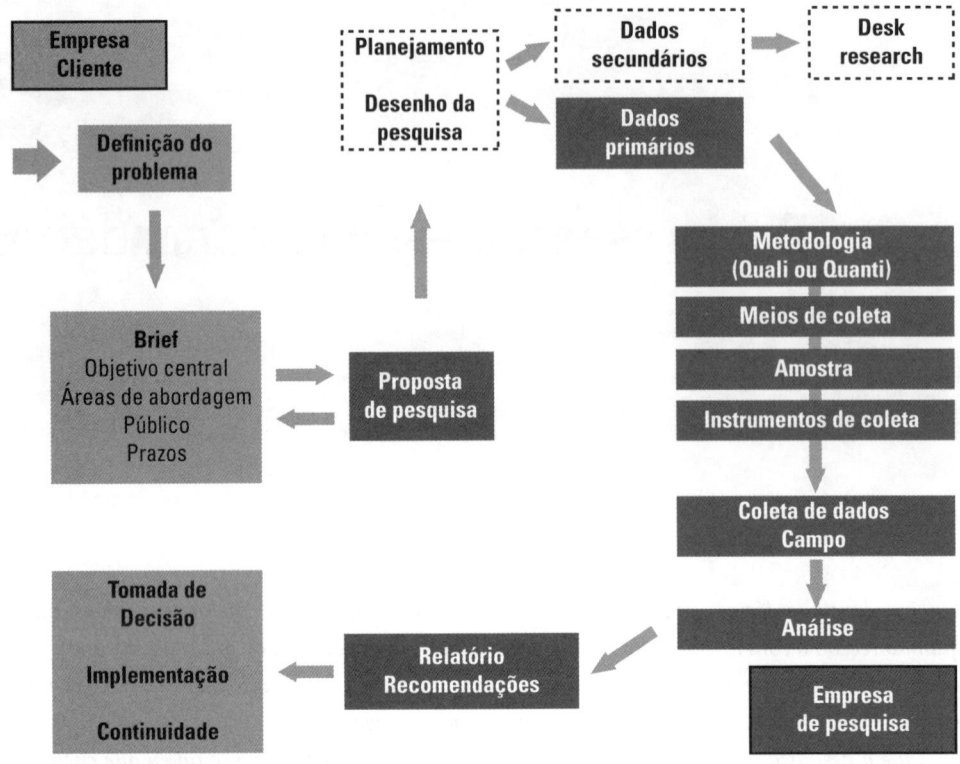

Fonte: Adaptado de Oliveira e Pupo (2005).

O que é a Desk Research?

O conceito, tradicionalmente utilizado em inglês, refere-se literalmente à pesquisa feita sobre a "mesa" ou "escrivaninha", o que significa que não há levantamento de dados específicos para a finalidade proposta.

É uma forma de pesquisa relativa à coleta e análise de dados secundários ou informações previamente analisadas em outras pesquisas – que podem ser encontradas em publicações feitas em livros, revistas, sites de internet e mesmo dados ou informações[1] existentes dentro das empresas e organizações clientes.

Recordando: diz-se que uma informação é secundária quando tem origem numa fonte já existente e não foi feita uma pesquisa específica para este fim ou objetivo; dados primários são originais, de primeira mão, coletados especificamente para a pesquisa em curso e, em geral, gerados através de contato direto com o público (Aratangy, 2012).

Tem sido uma tendência crescente incluir uma fase de desk research como ponto de partida em boa parte das pesquisas de mercado, atendendo à necessidade de considerar a bricolagem ou triangulação de métodos, de acordo com os conceitos atuais de multidisci-

---

[1] Os conceitos de "dado" e "informação" são muitas vezes usados como sinônimos, apesar de alguns autores considerarem que *dado* seria a pura descrição do que coletamos no campo, enquanto *informação* referir-se-ia a um agregado de dados, já interpretados e integrados. No caso da desk research, até pela sua própria definição, dificilmente usaríamos dados. Sempre utilizamos *informações* ou *dados agregados*.

plinaridade. Com isso, a análise fica enriquecida e há a inclusão de outros pontos de vista na consolidação das informações da pesquisa.

A possibilidade de entender, interpretar e integrar informações provenientes de informações secundárias é colocada por Hair, Bush e Ortinau (2002) como uma das habilidades indispensáveis para a adaptação ao cenário social e econômico do século XXI a ser desenvolvida na formação dos pesquisadores.

Essa habilidade, segundo esses autores, convive hoje com outras igualmente importantes, como o amplo domínio dos meios digitais, as línguas estrangeiras e os negócios de uma forma geral. E salientam que, diferente da abordagem tradicional de pesquisa, em que o foco é a coleta e análise de dados primários, os atuais "processos de informação em pesquisa de mercado colocam igual ênfase na interpretação de dados secundários" (Hair, Bush e Ortinau, 2002, p. 33).

Pesquisa na prática

Aplicações da Desk Research

1. Quando o assunto é pouco conhecido, antes de buscar as informações com a população-alvo, verificamos o que existe publicado a respeito do assunto, o que existe de aprendizado, conhecimento e histórico dentro da empresa ou das organizações.

2. Para auxiliar a definir o planejamento, tanto do projeto de pesquisa como os planejamentos de produtos, marcas ou comunicação: em geral, nas pesquisas, não estamos interessados na população mais ampla, queremos focar nosso projeto em algum segmento mais específico. Precisamos de dados secundários para dimensionar este segmento e ter uma ideia do seu perfil para orientar a estrutura da amostra.

3. Quando não se tem tempo nem verba para uma pesquisa específica para a finalidade, a desk research ajuda a dimensionar o problema.

4. Como recurso praticamente obrigatório nas pesquisas qualitativas em que se precisa usar como metodologia a triangulação ou bricolagem de várias fontes de informação.

5. Para a realização de um clipping de propagandas, artigos, notícias e material veiculados pela mídia em geral, de várias naturezas (como mídia impressa, digital, TV etc.), enriquecendo os projetos de pesquisa: pode ilustrar o contexto geral que cerca o tema pesquisado, ou ajudar a explicar algumas das hipóteses geradas pela pesquisa de dados primários – enfim, propiciar um entendimento melhor e mais completo do conjunto de aspectos ligados ao universo cognitivo que está sendo estudado.

Cada vez mais, tem havido referências a dados secundários em matérias de cunho jornalístico, presentes em vários tipos de mídias, como forma de enriquecer as reportagens e fornecer elementos de apoio para as afirmações e outras fontes constantes nas reportagens.

É uma forma bastante interessante de analisar em conjunto as estatísticas colhidas em várias fontes e de maneira diversa, integrando as informações e expondo-as de maneira criativa e atraente visualmente. Este é o caso da notícia a seguir, publicada na revista *Exame*, que foi montada exclusivamente a partir de dados secundários de várias fontes diferentes.

Pesquisa é notícia
Saiu na mídia

Grandes Números – A aldeia Brasil *versus* a Aldeia Global
Fabiane Stefano
Revista *Exame* – 10/08/2011

Com 191 milhões de habitantes, o Brasil abriga 3% da população mundial, que em breve deve atingir o patamar de 7 bilhões de pessoas. Veja como algumas características da população, do trabalho e do acesso a bens e serviços seriam distribuídas caso o Brasil e o mundo fossem uma vila de apenas 100 habitantes.

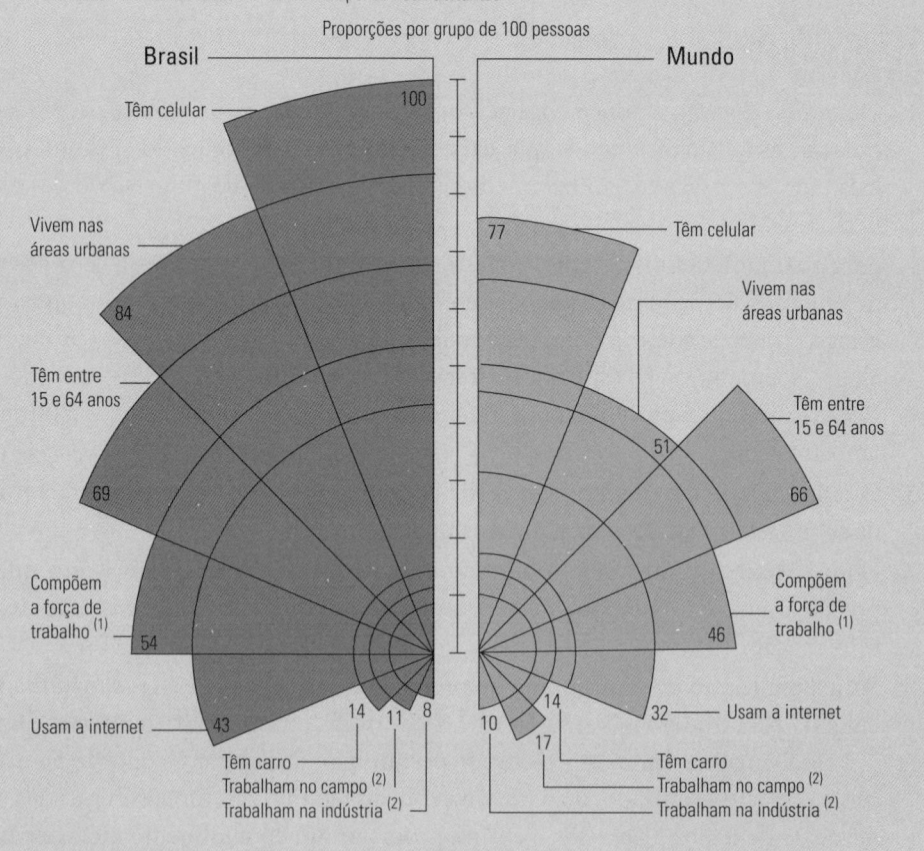

Conclusão: o Brasil, um país com renda de média para elevada, é mais urbanizado, vive o bônus demográfico (período com o máximo da população em fase produtiva) e está mais conectado via celular e internet do que a média mundial.
(1) Inclui os empregados e desempregados.
(2) Em relação à força de trabalho.
Fonte: IBGE.

Deve ser lembrado que, apesar da importância crescente, a desk research tem sempre um caráter exploratório e deve ser encarada como uma fonte auxiliar para a análise da questão, não substituindo a pesquisa de dados primários.

5.1 Importância da seleção das fontes

A seleção das fontes a serem utilizadas para desk research é um desafio que requer muito conhecimento de pesquisa de mercado, técnicas de análise e uma postura crítica bastante aguçada.

As principais questões a serem consideradas quanto a este aspecto são:

- **Credibilidade da fonte**: deve-se verificar a idoneidade da fonte. De uma forma geral, é importante buscar também fontes de órgãos oficiais.
- **Data e contexto**: as pesquisas ou dados já disponibilizados e existentes não foram coletados com os mesmos objetivos e no mesmo contexto que o pesquisador está buscando no projeto em curso. É muito importante considerar a data em que a informação foi coletada (quais as questões macro e microeconômicas ligadas a esse período que podem ter influenciado esses resultados) e o contexto em que a informação se coloca, especialmente a região/cidade em que a pesquisa foi feita, a data e o público que foi pesquisado.
- **A metodologia de pesquisa que deu origem à informação**: é uma pesquisa exploratória, qualitativa, quantitativa? Como os dados foram coletados: nas residências, com entrevistas por telefone ou pessoalmente, pelo correio, pela internet?
- **A amostra e a amostragem relativa à informação disponibilizada**: os dados se referem ao mercado de usuários da categoria, da marca, de um segmento específico de produto? Qual a composição da amostra e como a amostra foi selecionada?

Pesquisa na prática

Dificuldades na utilização de dados secundários para a desk research

- É muito difícil encontrar dados que se encaixem exatamente na questão que se está buscando, pois eles foram levantados para atender a outras necessidades. Não foram feitos para as necessidades do projeto presente.
- A "atualidade" das informações. Tratando-se de dados disponibilizados e publicados, normalmente não estão no mesmo timing que se precisa ou busca. No entanto, esta questão não invalida sua utilidade. Deve-se analisar a perenidade da informação e o uso que vai ser dado. Nem sempre se precisa de dados atualizados para "hoje".
- A diversidade de fontes e, portanto, a diversidade da "idade"/época da coleta e precisão da informação.
- Este é o grande desafio: como integrar toda a massa de informações, selecionar, refinar e criticar, para chegar a ideias e interpretações que realmente auxiliem na análise do problema que está sendo estudado.

5.2 Internet como fonte de dados secundários

O advento da internet e o acesso facilitado a este recurso banalizou o conceito de pesquisa de informações preexistentes e que pode ser, de alguma maneira, confundido com a disponibilidade de dados secundários.

No entanto, a internet, nos dias de hoje, é uma fonte totalmente essencial e insubstituível. A disponibilidade de informações é enorme e a rapidez com que se consegue acioná-las é inquestionável.

Aparentemente, a ferramenta que seria a solução de nossos problemas traz também dificuldades e complicações: como administrar esta grande massa de informações?

A advertência que se pode fazer não é muito diferente do que a que colocaríamos se este ponto fosse escrito muitos anos atrás, sem a existência da internet: há necessidade de estabelecer critérios de busca (validar o que serve e o que não serve) e a necessidade de uma capacidade analítica com um senso crítico bastante alerta para não perder tempo e dinheiro – e alcançar os objetivos.

Toda pesquisa de dados secundários deve se preocupar em verificar fundamentalmente qual é a fonte da informação e qual a sua idoneidade.

Considerar sempre que toda publicação de pesquisa, feita de uma forma séria, obedece a certos critérios que incluem a especificação de dados básicos para a análise daquela informação; como, por exemplo, quando foi feita a pesquisa, onde foi feita, qual a metodologia, a amostra e a amostragem.

Publicações que não detalham os itens essenciais para a análise daquela informação, portanto, não devem ser consideradas.

Recomendações de fontes de dados secundários
mais comumente utilizadas em pesquisa de mercado

BNDES – Banco Nacional de Desenvolvimento Econômico e Social
Disponível em: <www.bndes.gov.br>.
Dieese – Departamento Intersindical de Estatística e Estudos Socioeconômicos
Disponível em: <www.dieese.org.br>.
FGV – Fundação Getúlio Vargas
Disponível em: <www.fgv.br>.
Fiesp/Ciesp – Federação e Centro das Indústrias do Estado de São Paulo
Disponível em: <www.fiesp.com.br>.
Fipe – Fundação Instituto de Pesquisas Econômicas da FEA/USP
Disponível em: www.fipe.org.br
Fundação Seade – Fundação Sistema Estadual de Análise de Dados
Disponível em: <www.seade.gov.br>.

IBGE – Instituto Brasileiro de Geografia e Estatística
Disponível em: <www.ibge.gov.br>.
IPEA – Instituto de Pesquisa Econômica Aplicada
Disponível em: <www.ipea.gov.br>.
Sebrae – Serviço Brasileiro de Apoio às Micro e Pequenas Empresas
Disponível em: <www.sebrae.com.br>.

Pesquise na internet

- Localize e examine algumas fontes para pesquisa de informações secundárias na internet. Escolha três fontes diferentes, uma oficial/governamental, uma associação (de empresas de ramos de negócios semelhantes) e outra que tenha uma publicação de artigos e bibliografia. Verifique que tipo de informações se consegue *disponibilizar, e compare os recursos localizados nesses sites.*

- Vá até o site do IBGE e pesquise os recursos que são disponibilizados para o público e que tipos de informações podem ser obtidas.

- Pesquise informações sobre o mercado de xampus (marcas existentes, variantes, estatísticas do setor), como parte dos estudos para o nosso caso do xampu "Beleza+".

- Discuta com o professor e com os colegas o papel desempenhado pela internet como fonte de dados secundários.

Resumo

Desk research

Desk research é um tipo de pesquisa relativa à coleta e análise de dados secundários ou à análise de dados previamente coletados, que podem ser encontrados em livros, revistas, sites de internet e mesmo dados ou informações existentes dentro das empresas ou das organizações.

Importância da desk research	Seleção de fontes
• A prática de enriquecer a análise dos projetos de pesquisa com o uso de desk research tem crescido, e é útil não só na área qualitativa, mas também em pesquisas feitas com outras metodologias. • Com isso, a análise fica enriquecida e há a possibilidade de inclusão de vários pontos de vista na consolidação dos resultados das pesquisas.	• A seleção de fontes confiáveis, assim como a adequação dos dados para o entendimento do tema estudado no momento, são muito relevantes quando se usa desk research. • A internet é uma importante fonte de dados secundários, mas é preciso ter especial cuidado com a veracidade e procedência das informações.

Métodos de pesquisa – dados primários – Quali x Quanti

Trabalhar em pesquisa é uma paixão, uma forma de entender o mundo. Quando você consegue dominar as técnicas, percebe que elas formam um contínuo, um todo, e que dentro delas cabe a criação de nuances que nos levam a mais outras possibilidades de aplicação.

Saber utilizar os diferentes métodos de investigação é ciência e arte ao mesmo tempo. É como ter um caleidoscópio em mãos e ter a possibilidade de entender a realidade sob diferentes enquadramentos.

A escolha de qual procedimento metodológico utilizar requer, além de um conhecimento formal, um pensamento dialógico criativo entre o que se quer estudar e o que possivelmente será o resultado da aplicação de determinada composição metodológica. Por mais incrivelmente engessados que métodos e técnicas pareçam, eles são plásticos e precisarão sempre ser amalgamados pelo arte-cientista que vive dentro de cada pesquisador.

Oriana Monarca White
Grupo O&A – Oriana & Associados – São Paulo

Neste capítulo:

- Métodos de pesquisa que envolvem dados primários e contato direto com o público.
- Principais diferenças entre as abordagens qualitativa e quantitativa:
  - Objetivos e abrangência;
  - Aplicação geral;
  - Tipo de questões de pesquisa envolvidas.

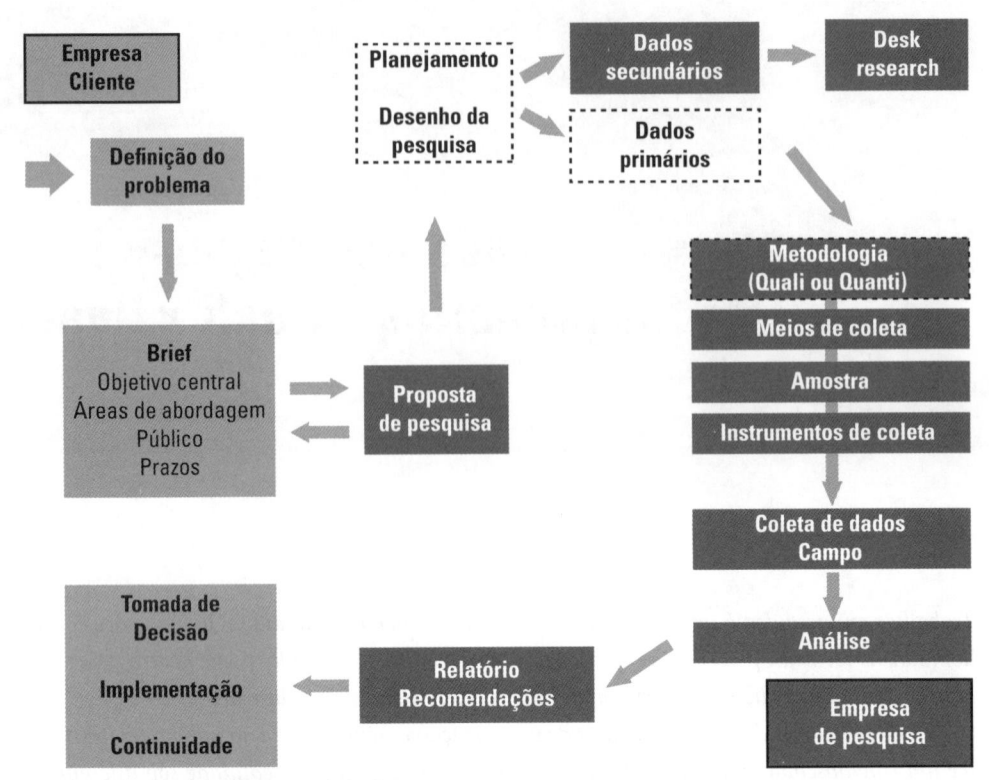

Fonte: Adaptado de Oliveira e Pupo (2005).

A escolha do método a ser desenvolvido na pesquisa é um dos pilares centrais do seu planejamento.

Para isso, é necessário conhecer as possibilidades metodológicas, verificando o procedimento que é mais indicado para o problema definido no brief.

A referência para a escolha do método a ser empregado em um projeto é, sempre, o brief da pesquisa e as questões ou problemas ali abordados.

O desenho da pesquisa é elaborado de acordo com as características das indagações do brief – ou seja, do que se necessita saber com a realização da pesquisa –, e isso é particularmente verdadeiro para a definição da metodologia a ser utilizada.

Em função da diversidade de questões que podem estar envolvidas no projeto de pesquisa, a tarefa não é simples. Solomon (2002), ao fundamentar a complexidade e multidisciplinaridade das questões de pesquisa, mostra como essas são derivadas de diversas áreas de conhecimento das Ciências humanas e, por isso, não podem ser consideradas isoladamente.

Assim, as questões de pesquisa têm sua origem em uma vasta gama de disciplinas, que vão desde a Psicologia experimental até a Antropologia cultural.

Exemplificando, o quadro a seguir mostra a relação entre essas disciplinas e as questões a elas associadas no caso do problema do Xampu "Beleza +", cujo brief foi estudado no Capítulo 4.

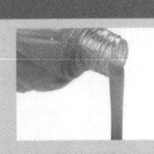 # Caso – Xampu "Beleza+"

Questões de pesquisa

Disciplina	Foco – papel do produto/serviço	Questões de pesquisa (exemplos, abordando o caso xampus)
Psicologia experimental	Processo de percepção, aprendizagem e memória	Como os vários aspectos do mix dos produtos/xampus (marca, embalagem, variantes, propostas, promessas) são percebidos e interpretados pelo público consumidor?
Psicologia clínica	Adequação psicológica das pessoas e grupos	Como as propostas e promessas dos vários tipos de xampus afetam a autoestima e a imagem dos consumidores? Qual o significado dos cuidados com os cabelos para eles?
Psicologia social	Comportamento das pessoas nos grupos sociais	Como a propaganda de xampus influencia a escolha de marcas? Os pares e os amigos exercem alguma pressão nesse processo ou nos cuidados com os cabelos?
Microeconomia	Distribuição de recursos pessoais e familiares	Que peso os gastos com itens de higiene pessoal têm no orçamento familiar? E os relativos a cabelos e, mais especificamente, a xampus?
Sociologia	Instituições sociais e relações grupais	De que maneira padrões estéticos veiculados pelas marcas de xampus e sua comunicação influenciam as pessoas, grupos ou segmentos? Ex.: nova classe média brasileira do início do ano 2000.
Macroeconomia	Relações das pessoas com o mercado consumidor	Quais os efeitos da menor disponibilidade financeira em tempos de desemprego sobre o movimento/vendas do setor de higiene pessoal e sobre a escolha de marcas de xampu pelas pessoas?
Semiótica	Comunicação verbal e sensorial de significado	Que sentido comunicam os vários símbolos utilizados na comunicação dos xampus, abrangendo peças de propaganda, embalagens, rótulos, cores, promessas, modelos etc.
Demografia	Características da população	Quais são os efeitos de variáveis demográficas* no consumo e significados de xampus?
História	Mudanças e tendências sociais ao longo do tempo	Pesquisa de cenários. Como os diferentes cenários e seu desenvolvimento influenciam dinamicamente no uso e significado de xampus e na questão da aparência pessoal?
Antropologia cultural	Crenças e práticas da sociedade	Abordagem etnográfica e observação. Como os xampus são usados na prática? Como é a escolha nos pontos de venda? Quais significados culturais têm os cuidados com os cabelos?

(* Sexo, idade, classe econômica, estado/cidade ou região de moradia, constelação familiar etc.)

Fonte: Adaptado de Solomon (2002, p. 41).

Podem ser distinguidas duas perspectivas ou formas de lidar com essa multiplicidade de questões de pesquisa: de um lado, o ponto de vista positivista, objetivo e linear, e, de outro, as tendências interpretativas, mais subjetivas e associadas a várias possibilidades de interpretação do comportamento (Solomon, 2002).

Considerando essas perspectivas, os diversos tipos de pesquisa que podem ser feitos com o uso de dados primários dividem-se em dois grandes grupos: métodos quantitativos e métodos qualitativos.

Trata-se de diferenças metodológicas que implicam visões diferentes e levam a resultados também diversos, embora complementares.

Praticamente todos os projetos podem ser classificados dessa forma, independente dos outros critérios de discriminação entre as pesquisas e as várias formas de abordagem apontadas no Capítulo 2.

Hague, Hague e Morgan (2009, p. 11) enfatizam a função do entendimento diagnóstico da pesquisa qualitativa, associando a abordagem quantitativa à mensuração e monitoramento dos efeitos das ações de marketing, exemplificando com o estudo de marcas: "... a pesquisa qualitativa pode determinar que há uma determinada percepção a respeito da marca, enquanto a pesquisa quantitativa nos contaria que proporção de pessoas têm essa percepção".

Para a AQR, a pesquisa quantitativa ...

foca a incidência e a relação estatística entre variáveis ... tende a ter as seguintes características: uso de questionários estruturados com questões padronizadas; pequeno contato direto entre os respondentes e os pesquisadores/analistas (questionário administrado por entrevistadores treinados); uso de grandes amostras; resultados sujeitos a análise estatística.

A pesquisa quantitativa, adotando procedimentos formais e estruturados, com base estatística, permite o levantamento de grande volume de dados. Visa confirmar hipóteses e possibilita que os dados mensuráveis, obtidos em uma amostra de um dado universo, sejam projetados para esse universo. Por isso, é fundamental a representatividade da amostra e sua seleção com base em critérios estatísticos.

Pesquisa é notícia
Saiu na mídia

Jovens ignoram anúncios nas redes sociais
Meio & Mensagem – 06/07/2011 • 16h33
Apesar de não serem impactados pelas mensagens das marcas, internautas consideram as opiniões dos amigos na rede. Uso da web e das redes sociais é importante para os jovens na hora de formar opinião sobre marcas e produtos

As redes sociais são como rodas de amigos, em que os jovens trocam ideias, experiências e opiniões sobre produtos e outras coisas que queiram comprar. Ao mesmo tempo, o Facebook,

Twitter e outras comunidades virtuais não são, ainda, as vitrines ideais para que as marcas exponham seus produtos e serviços visando obter retorno imediato.

Essas são algumas conclusões extraídas de uma recente pesquisa feita pelo NJovem, o núcleo jovem da Editora Abril que avalia o uso e o comportamento dos jovens nas redes sociais. Segundo o estudo, 65% dos entrevistados com idade entre 15 e 18 anos e 58% dos jovens entre 19 e 24 anos declararam que não são impactados e não prestam atenção nas campanhas e ações feitas na internet e nas redes sociais.

Apesar disso, a presença das marcas no ambiente digital não passa totalmente despercebida. Segundo os dados do estudo, a maioria dos adolescentes e jovens adultos declara que as mensagens de amigos e desconhecidos no Twitter, Orkut e Facebook são fundamentais para eles formarem uma opinião negativa ou positiva sobre os seus objetos de desejo de consumo. De acordo com esses jovens, suas decisões de compra são fortemente influenciadas pelas mensagens das redes sociais.

A pesquisa também apontou que o Facebook já se tornou a rede preferida dos jovens adultos (com idade entre 19 e 24 anos). Já entre os mais novos (15 a 18) é o Orkut que ainda lidera a audiência das redes sociais. Os dados completos da pesquisa estão disponíveis no site do NJovem – <www.njovem.com.br>.

Extraído do site: <www.meioemensagem.com.br/home/midia/noticias/20110706Jovens-ignoram-marcas-nas-redes-sociais.html>. Acessado em: 20 jul. 2011.

Na definição da AQR, a pesquisa qualitativa ...

foca o entendimento da natureza do fenômeno e seu significado, mais que a sua incidência .... tende a ter as seguintes características: contato direto entre pesquisador e pesquisados; investigação profunda em amostras reduzidas ou pequeno número de observações; roteiros não estruturados, que podem ser flexibilizados de acordo com o contexto e ser revistos ao longo do projeto; a interpretação e a análise do pesquisador são elemento chave no processo.

A pesquisa qualitativa identifica e interpreta dados não mensuráveis relativos a sentimentos, sensações, opiniões, crenças, motivações e carências de produtos e serviços.

Pesquisa é notícia
Saiu na mídia

O que o consumidor só fala pelas costas
Revista *EXAME PME* – 11-12/2006
Yuri Vasconcelos

No início desse ano, a Cory, fabricante de médio porte de biscoitos com sede em Ribeirão Preto, no interior de São Paulo, decidiu reformular as embalagens de sua linha de pães de mel e de biscoitos em forma de palito cobertos por chocolate. Para avaliar se estava no caminho certo, a empresa contratou um instituto especializado em pesquisa de mercado, que reuniu 40 consumidores de seus produtos e de concorrentes... *"Com os encontros, tivemos a confirmação de que as novas embalagens traduziam os conceitos que estávamos tentando passar"*, afirma Wagner Nascimento, gerente de marketing da Cory.

Os *focus groups* são uma modalidade de pesquisa muito utilizada em grandes empresas. Eles servem para prospectar mercados, ajudar no desenvolvimento de novos produtos, testar conceitos e avaliar campanhas de publicidade ... Embora sejam vistos como importante ferramenta pelos especialistas em marketing, os focus groups são pouco usados por pequenas e médias empresas. Dependendo das possibilidades e dos objetivos da empresa pode ficar caro. *"... Quatro grupos são o número mínimo de grupos para obter informações consistentes que possam orientar a tomada de decisão"*, diz Diva Tammaro de Oliveira, da Recherche Pesquisa de Motivação, de São Paulo.

(*) Seleção de trechos da reportagem.

As principais diferenças entre as pesquisas qualitativas e quantitativas estão explicitadas no quadro abaixo.

Quadro 6.1

	Qualitativa	Quantitativa
Fundamentos teóricos	• Fenomenológica. • Visão holística.	• Positivista. • Visão detalhada.
Raciocínio	• Indutivo.	• Hipotético/dedutivo.
Meta	• Exploratória. • Orientada para a descoberta, insights.	• Confirmatória. • Orientada para a verificação e medição.
Amostra	• Reduzida. • Não representativa do universo estudado.	• Mais ampla. • Representatividade do universo é muito importante.
Coleta de dados	• Entrevistas /observações individuais ou em grupo. • Roteiro aberto e indireto. • Questões podem/ devem ser acrescentadas ao coletar os dados. • Situação mais informal.	• Entrevistas individuais. • Questionário mais rígido. • Formulado/fechado previamente. • Padronização: questionário e demais procedimentos. • Entrevista mais formal.

Papel do entrevistador	• Entrevistador ou moderador especialmente treinado e atento também ao não verbal.
	• Participação mais ativa: analisa os dados, modifica as questões.
	• Entrevistados determinam:
	  • ritmo geral do evento;
	  • até certo ponto, a ordem dos assuntos.
		• Entrevistador treinado de forma mais genérica.
		• Participação limitada: deve seguir rigidamente o questionário.
		• Ritmo do questionário/entrevista determinado previamente.

	Qualitativa	Quantitativa

Tipo de dados desejados	• Porquês do tema, em profundidade.
	• Explicações mais amplas e tendências.
	• Propicia obtenção de dados subjetivos, íntimos, não explícitos.
		• Informações precisas:
		  • Onde?
		  • Quando?
		  • Quanto?
		• Dificuldade em obter dados mais profundos ou íntimos.

Análise	• Interpretação: discurso, gestual, indícios, dados subjacentes, informações projetivas. • Análise global: tendências. • Não se faz uma tabulação das questões nem cálculos.	• Dados em geral podem ser tratados estatisticamente. • Interpretação feita usando dados diretos e indiretos. • Contagem/tabulação. • Análises estatísticas. • Números e suas relações.
Resultados	• Apontam significados, além de atitudes e conotações. • São mais genéricos, globais. • Indicativos de tendências e hipóteses. • Não projetáveis para o universo.	• Apontam incidência. • São mensuráveis e projetáveis para o universo. • Maior segurança dos dados: em geral e segmentos.

Fonte: Adaptado de Oliveira e Pupo (2005).

A escolha entre a utilização de métodos qualitativos ou quantitativos sempre é derivada da avaliação dos objetivos da pesquisa – ou seja, do que se estabeleceu, no brief, em relação às questões que a pesquisa deve responder.

Quando escolher entre um método quantitativo ou qualitativo? Para que situações são mais indicados? Na Figura 6.1 encontram-se resumidas as principais questões e aplicações das pesquisas quantitativas e qualitativas:

Não existe uma oposição entre os dois métodos, nem um é melhor que o outro por si só; são mais ou menos adequados aos objetivos que se pretende alcançar. Embora haja algumas áreas de oposição, as pesquisas qualitativas e quantitativas são, na verdade, abordagens complementares; muitos projetos utilizam os dois métodos, contando com fases quantitativas e qualitativas.

Um projeto pode, assim, ser iniciado por uma avaliação qualitativa, quando se levantam hipóteses explicativas, que serão testadas quantitativamente depois. Em alguns casos, a pesquisa qualitativa pode fornecer informações importantes sobre a linguagem usada pelas pessoas a respeito de um determinado assunto e, com isso, auxiliar na elaboração do questionário a ser usado em uma fase quantitativa posterior.

Em outra situação pode ocorrer o oposto: uma pesquisa qualitativa ser feita depois de uma quantitativa, para levantar elementos que possam explicar os resultados quantitativos.

Pode haver várias possibilidades em termos de desenho de projetos de pesquisa utilizando abordagens qualitativas e/ou quantitativas em várias fases, em conjunto ou não com uma etapa inicial de desk research, como esquematizado na Figura 6.2:

- Desk research como único método (A).
- Pesquisa quantitativa como único método (D).
- Pesquisa qualitativa como único método (G).
- Duas fases: desk research inicial, seguida por pesquisa quantitativa (B).
- Duas fases: desk research inicial, seguida por pesquisa qualitativa (H).
- Duas fases: pesquisa qualitativa, seguida por pesquisa quantitativa (E).
- Três fases: desk research inicial, seguida por pesquisa qualitativa e depois por quantitativa (C).
- Etapa qualitativa feita depois da etapa quantitativa (F), que pode ocorrer como seguimento para esclarecer resultados quantitativos.

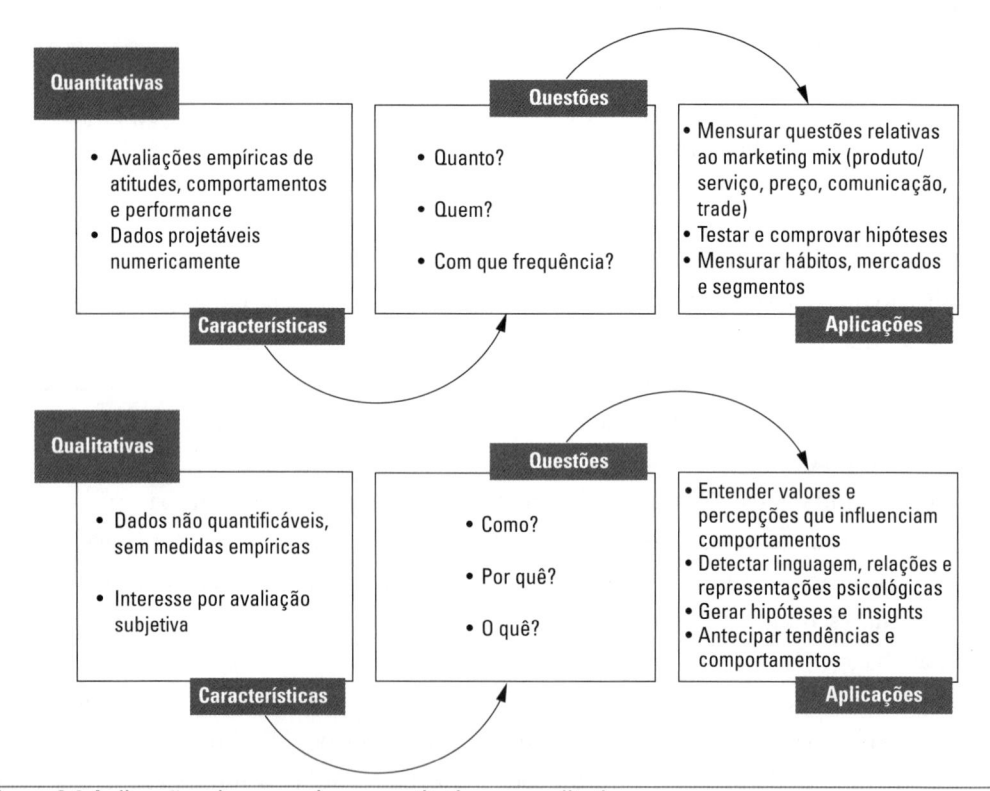

Figura 6.1 Aplicações das pesquisas quantitativas e qualitativas.

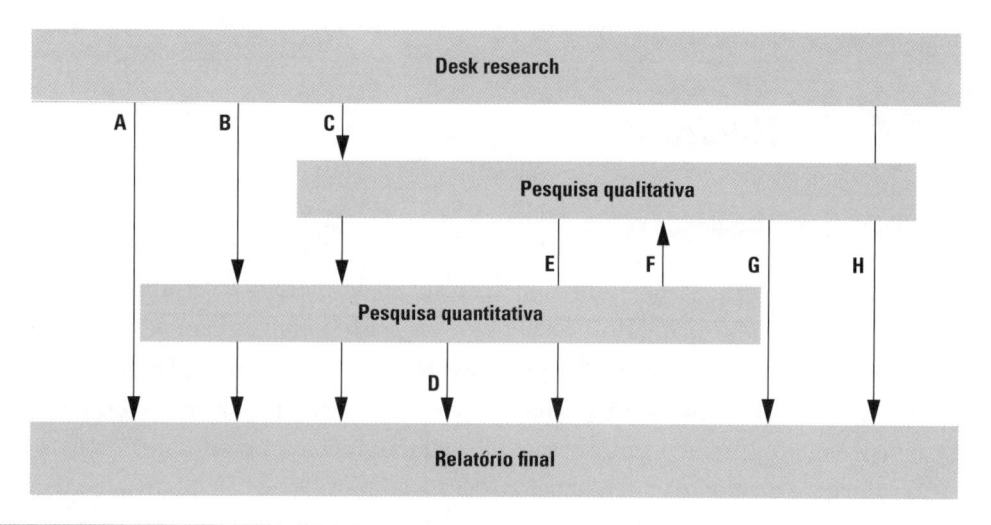

Figura 6.2 Métodos usados no desenho de projetos de pesquisa.

Fonte: Adaptado de Bradley (2010).

Como exercício final, vamos agora retomar o brief do Xampu "Beleza+" (Capítulo 4).

Caso – Xampu "Beleza+"

Exercício – Proposta de pesquisa

Elaborar uma breve proposta, considerando o problema exposto quanto ao Xampu "Beleza +" (cujo brief de pesquisa foi desenvolvido no Capítulo 4), cobrindo os seguintes aspectos:

- Background.
- Objetivos centrais da pesquisa.
- Áreas de abordagem.
- Metodologia e amostra.
- Relatórios e análise.
- Cronograma.

Dica: considerar que nas áreas de abordagem há alguns itens que pediriam uma abordagem quantitativa, enquanto outros um enfoque qualitativo.

Quais são eles?

Resumo

Métodos de pesquisa dados primários

O desenho da pesquisa, também no que diz respeito ao método a ser utilizado para levantamento de dados primários, é elaborado de acordo com as características das indagações do brief – ou seja, do que se necessita saber com a realização do projeto.

Os diversos tipos de pesquisa que podem ser feitos com o uso de dados primários dividem-se em dois grandes grupos: métodos quantitativos e métodos qualitativos.

Os principais elementos diferenciadores entre as abordagens qualitativas e quantitativas são: referencial teórico, tipo de raciocínio, foco e objetivos centrais, procedimentos de coleta de dados, papel do entrevistador, natureza dos dados desejados e obtidos, possibilidades em relação à análise e tipo de resultado a que se pode chegar com sua utilização.

Métodos qualitativos	Métodos quantitativos
• Foco no entendimento da natureza dos fenômenos e seu significado, mais que na sua incidência. • Contato direto entre pesquisador e pesquisados. • Investigação profunda em amostras reduzidas ou pequeno número de observações. • Roteiros desestruturados e flexíveis.	• Foco na incidência e relação numérica ou estatística entre variáveis. • Mensuração. • Questionários estruturados com questões padronizadas. • Preocupação com a representatividade da amostra. • Possibilidade de análise estatística.

Pesquisa qualitativa

Nas grandes empresas, no dia a dia das marcas, quando surgem dúvidas difíceis de serem respondidas é comum ouvirmos: e se fizéssemos uma quali?

A pesquisa qualitativa tem sido chamada para tentar explicar o que se passa na cabeça das pessoas, o que elas querem, o que desejam, o que buscam, o que almejam... os objetivos são sempre ambiciosos: quem não quer saber, afinal, o que rege o desejo dos seres humanos? Para entender os complexos mecanismos que envolvem o comportamento e o consumo, a pesquisa qualitativa vem sendo usada com sucesso há pelo menos 50 anos, e vem sendo assim, reiventada, por profissionais brilhantes no dia a dia das conversas e interações com seus interlocutores ao longo deste tempo.

O pesquisador qualitativo é um profissional multifacetado, que tem uma formação generalista e tem, no seu olhar analítico, seu maior trunfo.

Um dos maiores desafios quando se pensa em formação do pesquisador em geral é a questão da análise dos dados. Aprender a analisar, a ordenar as ideias e chegar a insights ou recomendações relevantes não é fácil. Não há modelos ou técnicas específicas a serem ensinadas. Trata-se, na verdade, de um processo de aprendizado e amadurecimento pessoal – que chega a ser, algumas vezes, muito intuitivo.

Um bom analista de pesquisa é aquele que tem facilidade para expressar suas ideias, que tem domínio do tema que está sendo estudado, que consegue contextualizar os fatos e correlacionar fatores que fazem parte do cenário macro do estudo. Neste sentido, sensibilidade e atenção aos detalhes é fundamental – sempre sem perder de vista o contexto maior no qual a questão estudada está inserida.

Isso é especialmente verdadeiro no caso da pesquisa qualitativa, em que a visão intregral do ser humano em todas suas manifestações é o que mais se busca.

– Raquel Siqueira
Vice-presidente de Inovação em Qualitativa – Firefly Millward Brown – São Paulo

Neste capítulo:

- Definições e aplicações – O que é pesquisa qualitativa e como é usada.
- Principais métodos qualitativos.
  - Discussões em grupo (DG).
  - Entrevistas em profundidade (EP).
- Métodos diferenciados.
  - Observação e etnografia.
  - Pesquisa de inovação – Workshops criativos.
  - Pesquisa qualitativa on-line.
  - Semiótica.
  - Neurociência.
- Aprofundamento das informações qualitativas.
  - Técnicas projetivas.
  - Recursos complementares.

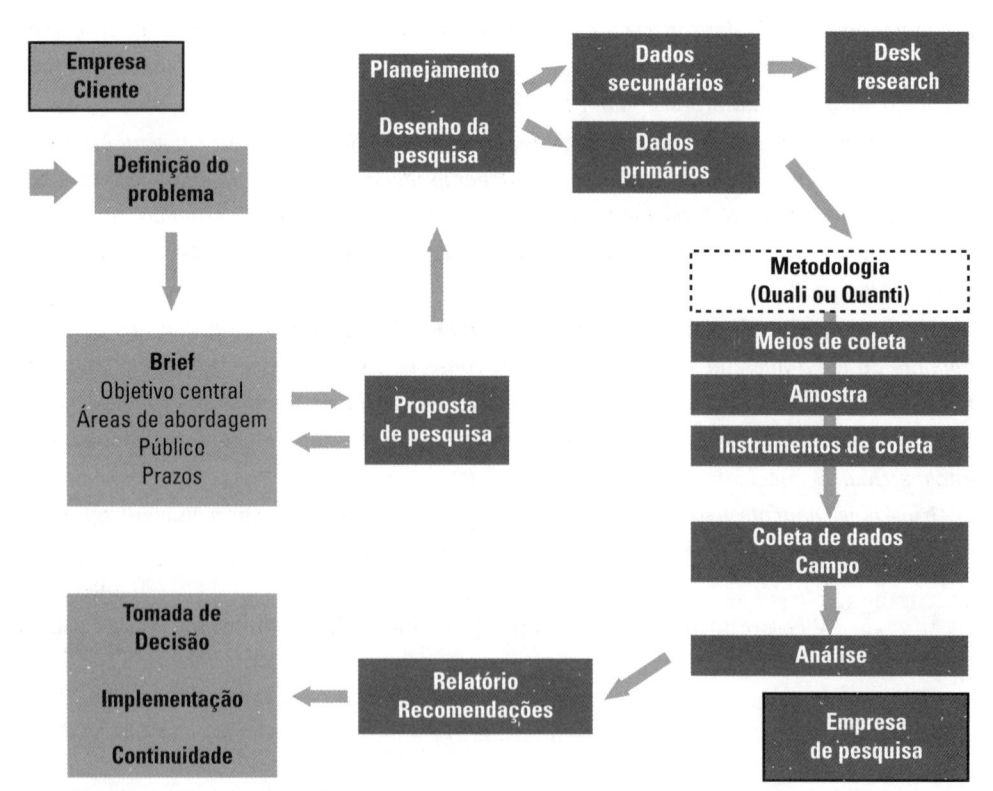

Fonte: Adaptado de Oliveira e Pupo (2005).

O interesse pela pesquisa qualitativa é crescente e a área está tendo um desenvolvimento muito grande nesse início do século XXI. Isso contrasta com um longo período de estabilidade nos métodos e recursos, que perdurou por muitos anos.

Como Ereaut (2004, p. 1) coloca

> ... por mais de 20 anos, as discussões em grupo e entrevistas em profundidade reinaram absolutas, e por boas razões ... mas não é mais possível ou adequado representar toda uma filosofia de pesquisa por um único método.

O papel de destaque que vem sendo exercido pela pesquisa qualitativa, inclusive, é um dos sinalizadores das mudanças de enfoque observadas na forma como a pesquisa de mercado tem evoluído nos últimos tempos: entender a complexidade do mundo atual exige uma postura mais flexível e maleável, típica da área qualitativa.

Isso é patente, mesmo que a presença dos estudos qualitativos, quanto ao volume e verba no movimento mundial dos negócios do setor, não seja expressiva – apenas 17% do total anual de pesquisas de mercado, segundo os dados de 2010 da Esomar (Veja Figura 8.1 na página 117).

Keegan (2009, p. 1) mostra-se entusiasmada com a relevância crescente da pesquisa qualitativa no cenário mundial, destacando a abrangência, as novas metodologias e os avanços da tecnologia on-line e da construção colaborativa de conteúdo, envolvendo pesquisadores, pesquisados e clientes:

> É uma época estimulante para estar envolvida com pesquisa qualitativa ... Nos últimos 20 anos, a pesquisa qualitativa infiltrou-se em áreas da sociedade em que nós nunca imaginamos ser possível antes e agora está impregnada em praticamente todas as áreas do pensamento empresarial e do setor público.

7.1 O que é pesquisa qualitativa?

Pesquisa qualitativa pode ser definida como um conjunto de técnicas e abordagens que visam um entendimento aprofundado dos seres humanos em termos psicológicos e motivacionais, além de seu relacionamento com a sociedade e seu ambiente econômico e cultural.

Na busca de entendimento dos aspectos complexos do comportamento humano em diversos contextos, a pesquisa qualitativa é largamente usada nas ciências humanas (como Sociologia, Antropologia e Psicologia), trabalhando com o universo de crenças, valores e significados sociais e culturais (Oliveira e Pupo, 2005).

Como Siqueira (2008, p. 80) pontua, as raízes da pesquisa qualitativa nos preceitos das ciências humanas se fazem notar claramente em pesquisa de mercado, e pode-se dizer que

> ... não somente a forma de pesquisar e analisar os fenômenos foram herdados deste ramo de conhecimento, mas, principalmente, é baseada nele a maneira de entender o ser humano, seus vínculos com a sociedade e com o universo que o cerca, assim como a simbologia implícita em suas manifestações e desejos.

A pesquisa qualitativa tem características que se opõem, em muitos aspectos, às das pesquisas quantitativas, como apontado no Capítulo 6. A tentação de conceituá-la apenas pela ausência de componentes estatísticos e cálculos é quase inevitável para muitos.

Lillis (2003, p. 13) coloca a esse respeito que

> ... a pesquisa qualitativa tem sido historicamente definida em contraposição à pesquisa quantitativa – porque a pesquisa quantitativa veio antes. Há uma inferioridade implícita nessa descrição comparativa tradicional, baseada na crença de que uma falta (aparente) de objetividade científica indica uma consequente falta de rigor metodológico e científico.

Na verdade, em pesquisa de mercado não há dúvida de que a investigação qualitativa tem grande valor, por si só, na busca de aspectos intangíveis que norteiam o comportamento humano e o consumo, objetivando:

- detectar necessidades latentes das pessoas: o que realmente buscam, o que querem, o que almejam e do que necessitam;
- entender aspectos emocionais inconscientes envolvidos nas atitudes, comportamentos, escolhas e situações do dia a dia;
- levantar os vínculos que se estabelecem com temas sociais, categorias, produtos, serviços, marcas e grupos de pessoas;
- identificar o imaginário que compõe a percepção do universo cognitivo que cerca as várias instâncias de relacionamento humano e o mundo dos negócios.

Siqueira (2008, p. 83) discute a questão da subjetividade que caracteriza a pesquisa qualitativa, em contraposição à objetividade da abordagem quantitativa, afirmando que a pesquisa qualitativa realmente é subjetiva quanto à coleta de dados, "... e do ponto de vista do próprio processo de análise, que é subjetivo em sua definição. Isso não significa que os resultados e a análise sejam subjetivos em si".

A pesquisa qualitativa envolve uma metodologia específica, assim como uma forma particular de abordar as questões que se pretende levantar, como mostrado na figura abaixo:

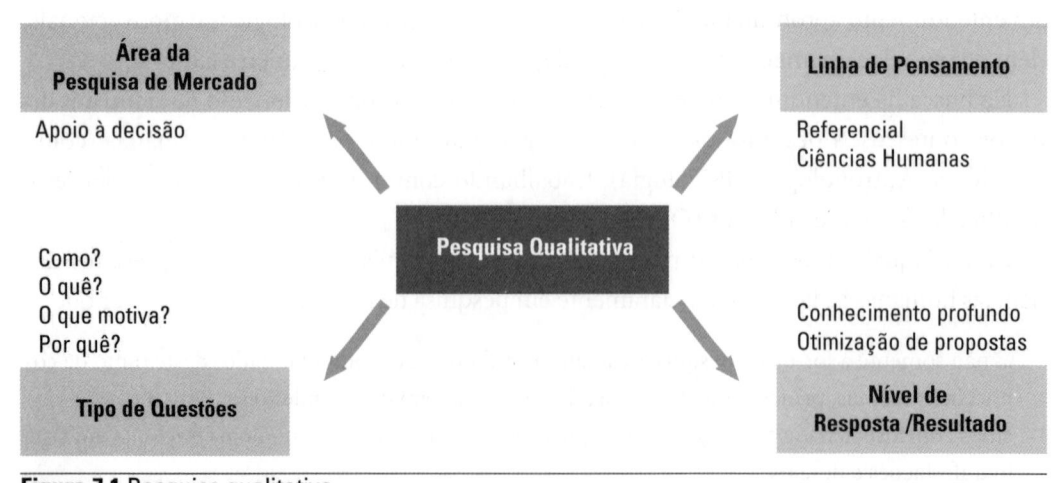

Figura 7.1 Pesquisa qualitativa.

Fonte: Adaptado de Oliveira e Pupo (2005).

Podem ser destacadas algumas das características da pesquisa qualitativa de mercado, dentre as que foram ressaltadas por vários autores[1]:

- Oferece uma visão conceitual e não somente descritiva.

- Estabelece uma interação informal entre pesquisador e pesquisados, semelhante a uma "conversa" fluida, aberta, dinâmica e até certo ponto espontânea e criativa.

- Tem como objetivo entender as pessoas holisticamente, captar o que pensam e sentem, indo além das respostas imediatas e procurando as sensações e emoções que estão por trás de seu comportamento.

- Inclui, entre os insights gerados, um entendimento da inter-relação entre os vários aspectos levantados.

- Codifica o conhecimento tácito e informal das pessoas e grupos sociais – e o torna acessível para as organizações, gerando hipóteses e insights.

- Vê as coisas do ponto de vista da pessoa ou pessoas que são foco do estudo, alternando objetividade e empatia.

- Está aberta para diferentes pontos de vista, na medida em que exige que se desafie sempre o status atual do conhecimento, para poder superá-lo e acrescentar interpretações relevantes.

- Explora o contexto e as mudanças: as pessoas e suas preferências estão em constante transformação.

- Entende os processos que envolvem o comportamento e motivações, pela importância dos seus aspectos dinâmicos.

- Prevê tendências e comportamentos.

- Identifica novas oportunidades de negócios e "brechas".

- Atua no processo de gerar, refinar e orientar decisões estratégicas.

- Propicia entendimento da linguagem, termos e conceitos, pelo vocabulário e nomenclatura espontâneos do público.

- Pode ser usada para reduzir alternativas (produtos, sabores, variantes, conceitos, ideias de produtos, embalagens, caminhos criativos) para serem testadas quantitativamente.

- Envolve, mais ainda que nos demais tipos de pesquisa, um alto nível de interpretação e síntese dos dados pelo pesquisador durante o processo de pesquisa, na interação com os participantes.

Lillis (2003, p. 6), ao pontuar as diferenças entre a pesquisa qualitativa acadêmica e a pesquisa de mercado, afirma que "a necessidade de balancear o purismo metodológico com o pragmatismo orientado para resultados é a maior distinção entre as atividades acadêmicas e comerciais".

---

[1] Keegan (2009), Mariampolski (2001), Imms e Ereaut (2003) e Oliveira e Pupo (2005).

Pesquise na internet

- Procure a definição de pesquisa qualitativa no site da Qualitative Research Consultants Association (QRCA), disponível em: <www.qrca.org>
- Pesquise em um mecanismo de busca, como o Google, o verbete "pesquisa qualitativa" e verifique o que encontra nos artigos publicados sobre o tema (observando diferenciais de pesquisa acadêmica *versus* pesquisa de mercado).

7.2 Aplicações da pesquisa qualitativa

Pelas suas características, a pesquisa qualitativa é particularmente indicada quando a investigação envolve questões complexas e relacionadas a aspectos não claros ou pouco explicitados de forma imediata, como a busca de oportunidades e a investigação de dificuldades, necessidades ou conflitos relativos a vários tipos de contextos.

A pesquisa qualitativa pode ser aplicada em todas as áreas do ciclo de marketing, desde a definição de categorias, o desenvolvimento de produtos e serviços, o posicionamento de marca, a avaliação de comunicação, até o comportamento de compra no ponto de venda. Ela é utilizada pelas empresas como ferramenta para o planejamento estratégico, pois oferece informações que apontam e antecipam caminhos de ação e soluções para o desenvolvimento de marcas e de negócios.

Enfim, como Imms (2003, p. 3) coloca,

> as pessoas, suas motivações e comportamentos são complexos, multifacetados e muitas vezes contraditórios. Se queremos alcançar um entendimento verdadeiro das pessoas necessitamos de uma disciplina que possa analisar e interpretar essa complexidade de forma compreensível, válida e, acima de tudo, útil. Esse é o propósito e contribuição única da pesquisa qualitativa.

Pesquisa é notícia
Saiu na mídia

Para entender o consumidor (*)
Paulo Clovis Schmitz.
Revista *Varejo* – 11/2005.

Uma pesquisa realizada pelo instituto Ipsos mostrou que os gostos e preferências dos consumidores brasileiros são ditados por uma pequena faixa de pessoas bem informadas, cosmopolitas, que formam opiniões e cultivam hábitos sofisticados que tendem a ser absorvidos pela massa, dependendo dos desejos e vontades desta.

O panorama de tendências de consumo da Ipsos foi desenhado por uma equipe multidisciplinar, que cobriu as áreas de comunicação, publicidade, semiótica, jornalismo, gestão de negócios e ciências sociais. De acordo com Raquel Siqueira, diretora de pesquisa qualitativa da Ipsos, formada em Comunicação Social pela FAAP e com pós-graduação em Harvard, os resultados da pesquisa demonstram que, em um mundo globalizado, as pessoas estão mais abertas a diferentes filosofias e modos de vida, embora prefiram cada vez mais viver em casulos, em grupos com identidade própria, que realizem seu desejo de "pertencimento".

RV – Hoje, há uma grande preocupação com a responsabilidade social das empresas e com o impacto ambiental de sua atuação. Em que medida isso vem influenciando os hábitos de consumo?

Raquel – Os consumidores mais complexos e exigentes estão crescendo muito em volume e talvez não estejam sendo devidamente valorizados. Essa consciência decorre de uma conjuntura maior que é o amadurecimento do processo de consumo, e já é observada também nas classes mais baixas, nas donas de casa e mesmo entre os jovens mais conscientes. São coisas mais associadas ao Primeiro Mundo, a pessoas que exigem seus direitos, que se ligam na procedência dos produtos, na responsabilidade social das empresas. Isso parece ser um privilégio do topo da pirâmide, mas vemos reflexos dessa tendência também no dia a dia, até na forma como o varejo se coloca na relação com os consumidores. ... Uma tendência é a valorização do consumo ético, ditada pelo consumidor que está preocupado com o que se relaciona ao produto... coisas que extrapolam o produto em si."

RV – Como o varejo deve se portar diante de tendências conflitantes?

Raquel – No varejo, é importante conhecer o consumidor. Quando uma pessoa procura uma loja ou uma rede, ela já vem impactada de diversas formas. ... Por isso, tem que conhecer esse novo consumidor de forma holística, para saber que tipo de coisa ele quer, o ambiente que ele pede, o serviço que ele busca, como quer ser tratado, contatado. O varejo tem um poder muito grande nas mãos, porque é nele que se realizam os desejos de consumo mais básicos das pessoas.

(*) Seleção de trechos da reportagem. Reportagem completa disponível em www.divaoliveira.com

7.3 Métodos qualitativos

A abordagem qualitativa em pesquisa de mercado abrange grande variedade de possibilidades metodológicas, incluindo:

- Discussões em grupo[2] (DGs).
- Entrevistas em profundidade (EPs).

---

[2] Usamos aqui a nomenclatura "discussões em grupo", ou DGs, por ser a mais usada no mercado brasileiro; fala-se também em "Focus Groups", FGs, ou grupos focais, para designar basicamente a mesma técnica (alguns autores distinguem as duas abordagens, definindo as DGs como mais profundas que os FGs)

- Abordagens diferenciadas:
  - Pesquisa de Inovação – Workshops criativos;
  - Abordagem Etnográfica e Observação;
  - Qualitativa on-line e através de mídia móvel;
  - Semiótica;
  - Neurociência.

As discussões em grupo são, de longe, a metodologia qualitativa mais empregada mundialmente, seguidas pelas Entrevistas em Profundidade. A esses dois métodos tradicionais somou-se recentemente um grande desenvolvimento em termos de abordagens qualitativas disponíveis.

7.3.1 Discussões em grupo e entrevistas em profundidade

Estes são os métodos consagrados em pesquisa qualitativa de mercado, havendo uma sistematização de procedimentos bem desenvolvida e aceita internacionalmente.

Tanto as discussões em grupo como as entrevistas em profundidade podem ser consideradas abordagens de "perguntas e respostas". Ou seja, as pessoas que participam desse tipo de pesquisa são estimuladas a *relatar* suas experiências, sensações, percepções e opiniões sobre o tema que está sendo pesquisado.

Isso não implica que as respostas sejam somente verbais, pois a expressão por meios não verbais é parte integrante dos dados coletados por meio dessas metodologias.

As discussões em grupo e entrevistas em profundidade baseiam-se no pressuposto de que as pessoas conseguem externar suas opiniões e emoções, por vezes com ajuda de técnicas projetivas ou recursos qualitativos auxiliares.

A – Discussões em grupo

As discussões em grupo oferecem ao pesquisador a oportunidade de ter uma visão mais aprofundada do tema que está sendo estudado, na medida em que contextualiza as reações individuais dos participantes em uma situação grupal. A metodologia é muito mais que uma "entrevista em grupo", valendo-se dos conhecimentos da psicologia social e da dinâmica de grupos na sua condução e interpretação.

Durante a realização da discussão em grupo, o moderador tem que estar atento a todos os movimentos grupais, além do que as pessoas estão falando sobre o tema. Pergentino de Almeida (1980, p. 5) aponta quatro meios de expressão utilizados pelos grupos na comunicação dos valores e atitudes:

> opiniões individuais manifestas; atitudes individuais não verbais; o fluxo do debate; e processos de bloqueio. O primeiro é frequentemente o único reconhecido por muitos analistas. Isso é uma pena, já que o fluxo do debate e os processos de bloqueio são usualmente mais relevantes.

O que faz a riqueza das discussões em grupo, portanto, são os elementos analíticos que podem ser extraídos das relações e movimentos nos grupos, que nos dão pistas importantes a respeito dos significados que o tema tratado assume. A interação e os movimentos grupais enriquecem e ampliam a percepção individual, e os grupos favorecem a espontaneidade, fazendo surgir conteúdos sociais e culturais.

As reuniões duram em média duas horas e têm por objetivo focalizar os temas da pesquisa de uma forma não diretiva, o que possibilita a expressão, por parte dos entrevistados, de suas percepções, experiências, sentimentos, emoções e preferências a respeito do que está sendo debatido.

Os grupos são compostos de um número reduzido de pessoas (em geral oito, mas esse número pode variar entre seis e dez), que se reúnem sob a coordenação de um moderador[3], em um ambiente especialmente criado para facilitar a expressão de todos. A quantidade de pessoas que devem participar é importante: se forem poucas pode haver dificuldade em se estabelecer um debate; se forem em número excessivo, as colocações podem ser dispersas, e pode não haver oportunidade de todas participarem.

Os grupos são formados por pessoas selecionadas com características em comum, sendo incentivadas pelo moderador, de forma não diretiva, a discutir os temas da pesquisa, trocando experiências e interagindo na exposição de suas percepções, ideias e valores. É importante haver homogeneidade no grupo, criada com alguns dos requisitos do filtro da amostra do estudo (veja Capítulo 10), para que a discussão seja proveitosa e os participantes fiquem à vontade para fazer colocações pessoais, estando entre pessoas com as quais se identifica.

Preferencialmente, mas nem sempre, essa reunião ocorre em uma sala equipada com espelho falso e transmissão de som, permitindo que outras pessoas ligadas ao projeto e à empresa ou organização cliente acompanhem a discussão em uma sala contígua.

Em localidades em que não há salas especialmente montadas com essa infraestrutura, as discussões em grupo podem ser realizadas em hotéis ou outros locais, com sistema interno de transmissão e gravação da imagem e áudio, se houver necessidade de outras pessoas acompanharem a reunião. Algumas salas são equipadas com recursos de transmissão a distância (videostreamming), que permite que as pessoas assistam à reunião de outro local, até mesmo de outros países; esse recurso algumas vezes é usado em projetos internacionais.

Os participantes dos grupos são avisados de que serão observados, e que a reunião está sendo gravada (portanto, a câmera deve ser aparente, segundo o código de ética), mas não conseguem enxergar quem está atrás do espelho. Isso não atrapalha sua espontaneidade. Os entrevistados logo se acostumam com a situação, e quem por acaso se sentir incomodado com a observação pode se retirar, sem qualquer problema ou constrangimento.

O registro adequado do que ocorre nos grupos é muito importante: além de gravar, costuma haver a presença de um outro analista, ou auxiliar, que anota o grupo durante sua realização. As anotações devem ser completas tanto em relação ao conteúdo quanto ao com-

---

[3] A denominação "moderador" está sendo usada neste livro para designar o pesquisador qualitativo, em todas as suas funções (moderando grupos, entrevistando as pessoas, nas tarefas de análise e consolidação de resultados, no gerenciamento dos projetos etc.)

portamento dos participantes durante o grupo – e isso vale também para outros métodos qualitativos, como entrevistas individuais ou visitas etnográficas.

Imms e Ereaut (2003) e Chrzanowska (2003) destacam alguns dos benefícios diferenciais das discussões em grupo ante outras técnicas qualitativas:

- Sinergia: o esforço conjunto do grupo produz uma grande variedade de ideias e pontos de vista, o que traz produtividade e riqueza à discussão.
- "Bola de neve": o comentário de um participante gera reações nos outros, em um processo em cadeia, que faz aflorar conteúdos interessantes.
- Estimulação: o desenvolvimento do grupo e a interação entre as pessoas fazem com que elas se sintam estimuladas a contribuir, expressar-se e pensar sobre os temas propostos.
- Segurança: o ambiente grupal é menos estressante, e em geral dá mais segurança e suporte para as pessoas se colocarem do que uma abordagem individual.
- Satisfação psicológica: a pessoa é ouvida e apoiada por outros, que têm empatia e compartilham alguns de seus pontos de vista.
- Necessidades psicológicas: aceitação, inclusão, expressão de afeição, sociabilização, pertencimento, atração interpessoal, identificação com pares.
- Solução de problemas: em geral mais fácil e eficiente em grupo.
- Espontaneidade e menor pressão sobre cada indivíduo: as perguntas se dirigem ao grupo e não a um indivíduo em particular.
- Velocidade e rapidez dos resultados: no projeto como um todo, pelo mesmo tempo e pelo mesmo custo, pode-se cobrir um número maior de pessoas e, com isso, assegurar uma maior variedade de pontos de vista.

B – Entrevistas em profundidade

As Entrevistas em Profundidade são um método também muito usado e tradicional em pesquisa qualitativa. Representam uma alternativa de abordagem individual e são conduzidas por entrevistadores bastante especializados, com base em um roteiro aberto e não diretivo.

As entrevistas em profundidade constituem-se em um instrumento-chave em pesquisa de mercado, sendo especialmente adequadas para lidar com assuntos mais delicados, sensíveis ou com conteúdos preconcebidos. Além disso, a abordagem individual pode ser necessária quando se precisa que os entrevistados revelem detalhes sem correr riscos de que haja julgamento por parte de outros, como pode ocorrer em grupos.

Utilizam-se entrevistas em profundidade, também, quando se trata de pesquisas com empresas (B2B), porque, entre outros motivos: é difícil que profissionais acima de um determinado nível hierárquico se disponham a se deslocar para uma sala de grupo para falar pela empresa; pode haver impedimento ou inibição em trocar informações com pessoas de outras empresas, eventualmente concorrentes; alguns dos assuntos ligados a B2B dependem muito de questões individuais e particulares de cada empresa, e nesse ponto as Entrevistas em Profundidade podem ser mais proveitosas.

Os principais benefícios das Entrevistas em Profundidade, destacadas por Imms e Ereaut (2003) são:

- Maior confidencialidade e privacidade do respondente.
- Oportunidade de entender e detalhar processos individuais, como compra e uso de produtos ou serviços.
- O entrevistado pode ser contatado em local de sua conveniência (casa, trabalho), sem que precise se locomover.
- As entrevistas podem ser feitas em locais especialmente relacionados com o tema da pesquisa – como, por exemplo, locais de compra, restaurantes, hotéis etc.

C – Variações – discussões em grupo e entrevistas em profundidade

Há casos especiais de projetos de pesquisa em que pode haver maior rendimento e aprofundamento se forem feitas algumas adaptações nos métodos expostos para execução de discussões em grupo e entrevistas em profundidade.

Existem muitas variações desses dois métodos qualitativos, a serem adotadas em situações específicas, conforme as necessidades de cada projeto:

- Discussões em grupo:
  - **Minigrupos** (grupos de três a cinco participantes): indicados quando há dificuldade de recrutamento e fica complicado reunir oito pessoas ou quando os assuntos a serem tratados favorecer-se-iam com o clima de intimidade que pode ser estabelecido com menos participantes.
  - **Grupos estendidos**, de maior duração (podem durar de um período a um dia inteiro), que podem ser uma opção quando se tem assuntos complexos ou com os quais as pessoas têm pouca familiaridade.
  - **Grupos com retorno** dos mesmos respondentes (com intervalo variável entre as seções, em geral de uma semana), em situações em que é importante que o assunto discutido seja retomado após um intervalo de tempo. Pode ou não haver experimentação de produtos no intervalo/em casa, e muitas vezes os entrevistados fazem algum tipo de "lição de casa" (preenchem diários criativos, fichas de avaliação de produtos, tiram fotos). São usados no desenvolvimento de produtos e alternativas, para que os participantes provem produtos na situação real em casa ou para continuar e aprofundar a discussão de temas complexos.
  - **Grupos sequenciais**: série de grupos de curta duração (1h-1h30), quatro em média, feitos no mesmo dia, com o desenvolvimento dos estímulos apresentados. Cada grupo traz insights para mudanças a serem apresentadas nos grupos seguintes, em um processo de construção/reconstrução. Podem ser usados para refinamento de conceitos e ideias e para triagem de grande número de alternativas (embalagens, perfumes, conceitos, caminhos de propaganda etc.).

- Entrevistas em profundidade:
  - **Entrevistas pareadas** (com uma dupla de respondentes), em que a presença de mais um entrevistado estimula a dinâmica da entrevista e a discussão dos tópicos do roteiro.
  - **Tríadas** (com três respondentes), quando se necessita de mais discussão e variedade de pontos de vista; sendo três pessoas, em assuntos polêmicos, é menor a possibilidade de se estabelecer um impasse entre duas posições opostas.
  - **Entrevistas com amigos/pares**, mais usadas para pesquisas com crianças e mesmo adolescentes, em geral feitas na casa de um deles. Nessa situação, eles ficam mais à vontade e apresentam melhor rendimento.
  - **Entrevistas breves**, para levantar aspectos específicos a respeito de um tema, sem perder de vista a não diretividade; podem ser feitas em local central, em áreas de grande fluxo de pessoas.
  - **Entrevistas elucidativas**, a respeito de comportamentos ou rituais observados em visitas ou observações etnográficas; esse tipo de entrevista faz parte integrante da metodologia de visitas etnográficas, como se verá mais adiante, neste mesmo capítulo.

7.3.2 Abordagens diferenciadas

O desenvolvimento da pesquisa qualitativa, bastante acelerado a partir do início do século XXI, foi consequência de novas demandas e propiciou o surgimento de alternativas metodológicas.

Particularmente, têm se enfatizado as abordagens não presenciais – por *meios remotos*, como internet e telefonia móvel – e aquelas baseadas na *observação*, complementando os métodos de pergunta e resposta. Têm sido muito estudadas, também, formas *colaborativas* e *criativas* de *construção de conteúdo* e de *inovação*, na maneira de trabalhar com os consumidores, presencial ou remotamente, pelas redes sociais.

Soma-se a esses novos métodos a tendência a usar desk research (dados secundários, trabalhos anteriores sobre o mesmo tema, análise do que é publicado na mídia, levantamento bibliográfico etc.), como complemento das informações primárias, compondo a abordagem multidisciplinar atual.

Ainda, a *experiência qualitativa* de contato com o consumidor tem sido cada vez mais adotada como parte da sensibilização dos executivos das empresas em relação ao seu público consumidor. Como exemplos desse tipo de contato podem ser mencionadas as visitas a pontos de venda, a participação ativa em visitas a residências em projetos etnográficos e, mesmo, uma forma mais participativa de assistir a grupos e entrevistas.

Pesquisa é notícia
Saiu na mídia

How Global is your Village? (*)(**)
Por que você deve fazer pesquisa qualitativa on-line no seu canto do mundo!
QRCA Views – Spring 2008 (www.qrca.org)
Ilka Kuhagen e Corette Haf

"Global Village" foi um projeto desenvolvido espontaneamente por um grupo de membros da QRCA, através de Bulletin Boards via internet, realizados junto a jovens de cinco continentes, com a finalidade de estudar a relação deste público com tecnologia. Os resultados são um bom exemplo de cooperação internacional e bem-sucedida reunião de esforços.

Cada moderador conduziu um Bulletin Board em seu país, seguindo o mesmo roteiro básico. Os participantes foram selecionados a partir dos mesmos critérios: jovens, meninos e meninas, de 15 a 17 anos, estudando no segundo grau ou equivalente, possuidores de celular e internet banda larga em casa. Foi feito um relatório por país, e os resultados foram consolidados.

Os moderadores mantiveram uma discussão via Bulletin Board durante o projeto, para alinhar procedimentos, acompanhar o campo dos demais países, discutir dificuldades e aprendizados.

Principais aprendizados técnicos:

- A linguagem foi um grande desafio: linguas diferentes, abreviações, gíria adolescente.
- Para melhor proveito, as questões para os entrevistados têm que ser bem focadas e em número reduzido, propiciando que todos tenham tempo e disposição de responder.
- Os jovens se mostram muito à vontade na linguagem on-line, revelando familiaridade – sem dificuldades quanto a escrever, muitos confessam preferir escrever a falar.
- No conteúdo das respostas houve grande profundidade e consistência entre os países, com resultados semelhantes quanto ao significado da tecnologia e à presença constante do computador e celular na vida dos jovens, a despeito da diferença cultural.
- Desafio constante: gerar interação entre os participantes – a atuação do moderador tem que ser intensa, direcionando as questões e mostrando-se "presente" on-line.
- Aplicação de técnicas projetivas – resultados bastante positivos, refletindo diferenças culturais e valores; de forma geral, funcionou bem a aplicação remota das técnicas (via upload de imagens ou e-mail, por internet ou celular).

Este trabalho, de cooperação internacional, foi apresentado na Conferência da QRCA em Vancouver, em 2007. No Brasil, fez parte dos projetos "Geração 90", realizado pela ABA, e de "Geração 90 na Aldeia Global", ambos de Diva Oliveira em parceria com Ione Almeida (disponíveis no blog www.divaoliveira.com.

Participaram do projeto, apoiado por FocusForums: Betsy Leichliter (EUA), Colette Chambon (França), Corette Haf (África do Sul), David Ying Hon Ho (China), Diva Oliveira (Brasil), Ilka Kuhagen (Alemanha), Julia Gartside-Spink (UK), Otto Rodriguez (EUA Latino), Piyul Mukherjee (Índia), Susan Abbott (Canadá), Raf Manna (Italia), Veronique Gaboriau (França).

(*) resumo dos principais aprendizados do trabalho.

(**) Alusão ao conceito de "Aldeia Global", de Marshall McLuhan.

A – Pesquisa de inovação – Workshops criativos

A pesquisa de inovação desenvolveu-se em função da necessidade enfrentada pelas empresas em diferenciar seu atendimento, produtos e serviços, de forma a chamar a atenção em mercados que têm se tornado altamente competitivos e a satisfazer os consumidores, cada vez mais críticos e exigentes.

Para fornecer insigths para uma inovação realmente relevante e útil, não basta seguir os procedimentos convencionais, por meio de grupos feitos com o tipo de consumidor que normalmente é recrutado a colaborar nos estudos qualitativos.

Devem-se usar recursos técnicos que facilitem e permitam a expressão de novas ideias, o que se consegue com a realização de grupos criativos, com um roteiro incluindo técnicas de "brainstorming" e livre expressão dos participantes, assim como os movimentos de convergência/divergência de colocações nos grupos.

Esses grupos, geralmente de maior duração, são planejados de forma a gerar novas ideias e explorar com os entrevistados mais o "que poderia ser" em lugar do "que é", projetando alternativas e soluções diferentes do usual, novos produtos e serviços ou usos inusitados para produtos e serviços existentes.

Os grupos criativos podem ser compostos com consumidores diferenciados e criativos, com pessoal interno de várias áreas do cliente e seus fornecedores ou com uma combinação dessas pessoas.

Uma alternativa interessante é recrutar grupos de entusiastas/obcecados pela marca, categoria ou produto, ou seja, respondentes selecionados pelo seu alto grau de envolvimento, e que, por isso, se empenham mais nos exercícios criativos. Esse tipo de consumidor tem sido buscado também nas redes sociais e pode ser um tipo de "embaixador" da marca com seus pares.

Alguns requisitos são importantes para os grupos criativos:

- Estabelecimento de um clima especial, com energia diferente.
- Habilidades e procedimentos de moderação também diferenciados.
- Postura mais colaborativa e interativa: mais que responder ao que é perguntado, os grupos são estimulados a usar criatividade e colaborar na construção coletiva de conteúdo e soluções.

Para esse tipo de trabalho, é importante lembrar que não se trata de consumidores típicos, que representam a massa do público, mas são pessoas que podem fornecer ideias bem interessantes. Esse tipo de método permite que se explorem aspectos mais específicos e aprofundados do consumo dos produtos, marcas, mercados e categorias.

B – Abordagem etnográfica e observação

A abordagem etnográfica em pesquisa de mercado é uma adaptação dos métodos da antropologia cultural à realidade de consumo e à observação do cotidiano das pessoas – no local e momento em que os comportamentos ocorrem.

Visitando as pessoas em seu ambiente natural, a abordagem etnográfica pode levar o cliente até o contexto social e cultural delas, possibilitando que se veja como o mundo é percebido pela sua perspectiva.

Essa metodologia permite, também, que as pessoas sejam estudadas e contatadas em seu universo real, e que este também seja pesquisado: a casa e bairro onde vivem, o supermercado que frequentam habitualmente etc.

O interesse pela etnografia cresceu em função da constatação dos limites a que estão sujeitas as informações coletadas pelos métodos clássicos de entrevista, na medida em que, mais do que retratar a realidade em si, elas representam o ponto de vista da percepção das pessoas sobre essa realidade.

Ims e Ereaut (2003) apontam algumas destas características:

- Quando estimulado a se colocar perante um tema, a tendência do entrevistado é fazer da entrevista uma "história" de si mesmo, com uma sequência lógica, e que é construída retrospectivamente; ele está relatando algo sob sua ótica (o que é muito importante como resultado de pesquisa, mas que nem sempre corresponde ao que realmente acontece em seu cotidiano).

- A entrevista – e, mais ainda, o grupo – é sujeita à pressão social e à relação com o entrevistador e com os demais entrevistados; nesse sentido, é mais fácil conhecer pelos métodos de entrevista os valores do que os comportamentos efetivos das pessoas.

- Os relatos dependem da autopercepção e da memória, o que acaba excluindo os rituais habituais, comuns, que normalmente são atos de que a pessoa nem mesmo se dá conta.

- As situações de entrevista normalmente são feitas fora de contexto, são situações artificiais, como em uma sala de espelho.

Os métodos etnográficos surgem, assim, como uma alternativa interessante para enriquecer as informações, com um outro ponto de vista, mais ligado ao que elas *efetivamente fazem* do que ao que *dizem que fazem*.

Não se pode ter a ideia de uma hierarquia entre esses dois tipos de informação (o que se faz e o que se diz): ambas as perspectivas são importantes e complementares, e uma não substitui a outra.

As atividades que compõem o arsenal de técnicas herdadas da etnografia podem ser assim exemplificadas:

- Acompanhar as pessoas em suas atividades diárias, em sua casa, no seu trabalho, nas suas compras, nos locais de consumo – para aprender em tempo real o que as pessoas fazem e como se sentem em relação aos produtos, serviços ou temas que estão sendo pesquisados.

- Registrar, por fotos e vídeos, seus comportamentos e rotinas, para estudar em detalhes o que ocorre nessas situações, assim como seu ambiente físico, emocional e social.

- Pedir que os próprios entrevistados registrem, por fotos e vídeos, seu comportamento de compra e consumo dos itens de interesse para a pesquisa; além dos dados objetivos que podem ser obtidos desse modo, conseguem-se também informações sobre os significados emocionais e valores dos entrevistados diante dos temas.

- Solicitar que os entrevistados preencham diários criativos, em que registram suas experiências, sentimentos e impressões relativos aos temas de interesse para o projeto que está sendo desenvolvido.

Todos esses registros podem ser feitos presencialmente, pela equipe de pesquisa que está realizando a visita etnográfica, ou transmitidas por meio remoto. Nesse último caso, o entrevistado pode mandar fotos ou vídeos para a equipe da pesquisa por internet ou pelo smartphone, ou pode ser solicitado a filmar, em tempo real, o que está fazendo e registrar suas impressões.

Em qualquer uma dessas hipóteses, o objetivo é sempre o mesmo: observar os comportamentos e rituais de consumo no local e momento em que estão ocorrendo, em lugar de pedir que os entrevistados os relatem.

Pesquisa é notícia
Saiu na mídia

Etnografia – solução inovadora ou caminho de volta? (*)(**)
Meio & Mensagem – 02/04/2007

É notável o destaque dado atualmente para o uso de ferramentas da etnografia na observação direta do consumo ou compra, no momento em que eles estão ocorrendo, como forma privilegiada de aproximação e entendimento do consumidor.

Visando conhecer como o mercado e os profissionais veem a pesquisa etnográfica, suas expectativas e receios, foi feito um estudo baseado em 2 tipos de fontes:

- Pesquisa bibliográfica e consulta a revistas de grande circulação e especializadas, além de publicações na Web;
- Dados primários junto à comunidade de pesquisa brasileira: enquete feita por telefone, junto a 70 profissionais; Bulletin Board (fórum via internet), que contou com a presença ativa de 18 profissionais de pesquisa convidados.

A pesquisa ressaltou aspectos polêmicos sobre a metodologia: analisando as vantagens e desvantagens da pesquisa etnográfica, alguns pontos mencionados como vantagens são exatamente os geradores de algumas das restrições percebidas: para os entrevistados, a etnografia traz uma visão privilegiada e completa, mas é uma abordagem cara e demorada principalmente pela logística envolvida no contato direto e pela sua profundidade, a vantagem mais destacada.

Ficou claro que a principal fortaleza de uma abordagem com base na etnografia está no fato de ela se apoiar no comportamento real e não no comportamento declarado pelo entrevistado. A etnografia permite ir além do que o consumidor fala: pode-se observar seu comportamento, entrar em contato com ele em seu mundo real, muitas vezes distante para o pesquisador e para o cliente. Enfim, verificar como sua vida e seu ambiente são na realidade, em uma situação que não é de laboratório.

(*) Seleção de trechos do artigo.
(**) O artigo é um resumo do trabalho de Diva Oliveira e Aurora Yasuda. Disponível nos blogs www.divaoliveira e www.aurorayasuda.com.
Extraído do site: <www.ibope.com.br/calandraWeb/servlet/CalandraRedirect?temp=5&proj=Portal IBOPE&pub=T&db=caldb&comp=Notícias&docid=FB610282E5699261832572B3006E4839>. Acessado em: 15 jul. 2011.

O uso da etnografia propicia o entendimento do consumidor de forma profunda e integral, dando espaço para sutilezas e nuances de seu comportamento e de sua atitude que nem sempre são facilmente detectadas nos métodos tradicionais de pesquisa qualitativa.

Na prática, os projetos com metodologia baseada em etnografia são necessariamente multidisciplinares e envolvem tanto os profissionais do cliente como os pesquisadores qualitativos em um trabalho de aprendizagem conjunta.

Tipicamente, projetos que incluem abordagem etnográfica se constituem em processos orgânicos, em que a construção dos aprendizados é feita de forma contínua e dinâmica.

Em geral, a empresa de pesquisa organiza workshops de treinamento das equipes que vão a campo para alinhar expectativas e procedimentos; as visitas etnográficas, agendadas previamente, são feitas em pequenas equipes, e, ao final dos trabalhos de campo, é feito um workshop de encerramento, em que os aprendizados são consolidados.

Desai (2003) distingue quatro tipos de observação em etnografia, esclarecendo que os níveis intermediários são os mais usados em pesquisa de mercado:

- Pura ou passiva – o observador não tem contato com os observados.
- Ativa ou participante – o pesquisador inicialmente observa sem se manifestar, e depois conduz uma entrevista em profundidade elucidativa dos principais fatos observados.
- Imersão – o observador tem certo nível de interação com os observados.
- Imersão completa – a interação do pesquisador com os observados é total, havendo uma convivência por longos períodos.

Nos projetos em que há inclusão de abordagem etnográfica, em geral, ela é uma das estratégias de pesquisa empregadas pelo seu caráter complementar. No mínimo, essa metodologia é empregada em associação a entrevistas em profundidade, que ajudam a esclarecer o que foi observado e contextualizar a informação de uma forma mais completa (de modo coerente com o nível de observação ativa ou participante, como conceituado anteriormente).

O uso da etnografia traz à tona aspectos que envolvem o comportamento do consumidor que nem sempre são percebidos ou verbalizados numa abordagem tradicional, e esta é uma das suas principais vantagens.

Além disso, introduz uma visão cultural a respeito do tema estudado, ao permitir uma "contextualização", ou seja, ao trabalhar com a informação coletada no ambiente real, no dia a dia das pessoas e no seu "hábitat natural".

Mariampolski (2005) propõe "Dez mandamentos" a serem seguidos para haver uma aplicação adequada da abordagem etnográfica em pesquisa de mercado:

Dez mandamentos da etnografia
1 – Seja essencialmente um observador
2 – Respeite as regras do ambiente e da observação
3 – Seja objetivo e "ingênuo"
4 – Respeite seu consumidor de forma incondicional
5 – Siga o ritmo do ambiente e da visita/observação
6 – Não menospreze qualquer tipo de informação
7 – Quanto mais aberto o roteiro melhor
8 – Estimule positivamente
9 – Mantenha a naturalidade do respondente
10 – Registre as grandes descobertas

Fonte: Adaptado de Mariampolsky (2005, p. 211).

É interessante notar que, ao examinar esses "mandamentos", fica a sensação de que representam um verdadeiro resgate dos princípios básicos da pesquisa qualitativa, num caminho de volta às origens – que acompanha o retorno aos referenciais científicos, como a etnografia e a antropologia.

As principais situações em que o uso de uma abordagem etnográfica agrega valor aos projetos são:

- Observação de processos que estão automatizados e em que a declaração não é capaz de descrever todas as etapas.
- Levantar informações sobre comportamentos não conscientes para o indivíduo e que, assim, lhe são difíceis de explicar.
- Para segmentos para os quais há dificuldade de acesso ou forte pressão social para respostas social ou politicamente corretas.
- Para explorar os contextos de compra e uso sociais e culturais.
- Na exploração minuciosa dos rituais e rotinas diárias, raramente lembradas de forma consciente/ativa.

A possibilidade de acompanhar e estudar o comportamento das pessoas na internet, considerando a web como um local de manifestação das opiniões e preferências das pessoas, abriu uma nova aplicação para a etnografia: a *netnografia*, também chamada por vezes de etnografia digital ou webnografia (a nomenclatura e os métodos ainda estão em definição). No exemplo a seguir, os pesquisadores usaram uma metodologia mista, qualitativa e quantitativa.

Pesquisa é notícia
Saiu na mídia

Mais conhecimento sobre o usuário de internet (*)
Revista da ABA – 05/2010 – ed. 122.
Ana Helena Meirelles Reis.

A etnografia digital é um estudo observatório-interativo, que tem como objetivo entender o comportamento do consumidor na *web*, observando sua navegação, interagindo com ele enquanto está on-line e coletando informações sobre sua relação com o ambiente digital, de forma a entender que tipo de mudança essa inclusão digital provoca nos usuários da internet.

Combina duas ferramentas essenciais em pesquisa – a medição e o entendimento. Isso porque observa e registra todo o comportamento de navegação na internet de um painel de usuários pré-selecionados, ao mesmo tempo em que aplica a essa amostra questionários estruturados e os convida a participarem de chats moderados por um profissional de pesquisa qualitativa.

Projeto piloto realizado pela Multifocus e Predicta, em dezembro de 2009, com mulheres de classe B2C, entre 25 e 49 anos, usuárias de internet em seus domicílios e residentes em São Paulo.

Observamos que essas mulheres que já foram incluídas no mundo digital se sentem mais globalizadas (79%), mais práticas (38%) e até mais inteligentes (15%). Consequentemente, estão mudando uma série de comportamentos de consumo de produtos e de mídia, procurando novas maneiras de entretenimento, abrindo outras opções de compras e se colocando de uma nova forma em relação às suas possibilidades de trabalho e aumento de renda.

A força das redes sociais para esse perfil de usuárias é tal que elas estão usando esses sites para comprar e vender produtos, aprender habilidades que possam se transformar em trabalho remunerado, discutir assuntos do dia a dia ...

(*) Seleção de trechos do artigo.

C – Qualitativa on-line e por mídia móvel

Essa é uma das áreas que mais se desenvolveu nos últimos anos no campo da pesquisa qualitativa de mercado.

Inicialmente, surgiram opções de *entrevistas em profundidade por telefone*, feitas a distância, como uma alternativa para viabilizar entrevistas em profundidade com pessoas que têm pouca disponibilidade de tempo para a aplicação da metodologia tradicional presencial. Com um esquema semelhante, podem ser feitas entrevistas por e-mail, que funcionam como veículo para entrevistas individuais, com questões abertas de autopreenchimento, podendo haver uma sequência de e-mails para esclarecimento e aprofundamento das respostas.

Com o aumento do acesso à internet, nos Estados Unidos e Canadá iniciaram-se, já em 1995, a realização de discussões em grupo on-line, em sistema análogo aos chats, em que os convidados para a pesquisa (seis a oito, em média) entram em uma "sala virtual" através de senhas e lá discutem, digitando respostas aos itens do roteiro, sob a liderança de um moderador. Os clientes assistem ao grupo, podendo se comunicar com o moderador, mas não diretamente com o grupo. Esse é um modelo sincrônico, em que todos têm que estar conectados à internet ao mesmo tempo. Os grupos têm uma duração predefinida e um roteiro estabelecido com antecedência. Esses grupos on-line podem ser feitos com ou sem o auxílio de *webcams* (e, nesse caso, os participantes falam, em vez de escrever como num chat).

Depois disso surgiram os *bulletin boards*, em um esquema semelhante aos fóruns, que funcionam de maneira assincrônica: o moderador posta suas questões e os convidados (que podem chegar a 30, em média) podem respondê-las a qualquer momento, quando lhes for mais conveniente. O fórum fica aberto por alguns dias (ou semanas, em alguns casos), e as pessoas se comprometem a responder/entrar no fórum ao menos uma vez por dia. De forma geral, são mais flexíveis que os grupos on-line em relação ao roteiro e ao ritmo, e os participantes postam seus comentários e respostas às perguntas e estímulos, replicam os posts dos demais participantes do grupo e respondem a outros questionamentos do moderador.

O uso de SMS, em telefonia móvel, abriu mais possibilidades, particularmente de se ter um contato em tempo real com os entrevistados, que podem ser seguidos em atividades fora de casa, em situações de lazer ou consumo. Essa é uma abordagem prioritariamente individual e que funciona através de perguntas, respostas e aprofundamento. Uma forma que está sendo bastante apreciada são os *videoblogs*, em que os entrevistados fotografam ou filmam a si mesmos ou a outras pessoas em situações relacionadas ao tema da pesquisa (ou comentando sobre alguma sensação que tiveram no momento), e enviam as imagens ou fotos para a equipe de pesquisa.

O monitoramento das atividades das pessoas nos *blogs* e nas *redes sociais* virtuais é uma das aplicações que têm sido mais investigadas, pela sua abrangência e pelo volume de informações que pode gerar, incluindo comentários espontâneos a respeito de produtos e marcas.

Pode ser feita uma pesquisa em que se coleta o conteúdo de blogs já existentes ("*blog mining*") ou ser criados blogs como espaço para a coleta de informações sobre um determinado tema.

Em relação às redes sociais, também ocorre a mesma coisa: pode-se pesquisar informações espontâneas entre os posts das redes sociais existentes (como Facebook, por exemplo) ou criar grupos novos, fechados e com a finalidade específica de pesquisar os temas de interesse de um projeto – as Comunidades Virtuais de Pesquisa – Marketing Research Online Communities (MROC).

Cada uma dessas abordagens tem suas vantagens e limitações e, como todas as metodologias de pesquisa, as relativas à pesquisa on-line devem ser utilizadas com parcimônia e escolhidas para ser empregadas em estudos em que oferecem benefícios específicos.

O uso mais sistemático desses recursos remotos ou de outros que possam surgir determinarão os limites e vantagens de cada um desses métodos no futuro.

De uma forma geral, as abordagens on-line têm algumas vantagens em comum:

- Possibilidade de haver anonimato, o que leva a respostas mais autênticas e possibilita a abordagem de temas mais íntimos.
- Ausência de distâncias geográficas e, no caso das opções assincrônicas, liberdade quanto ao fuso horário.
- Os métodos assincrônicos permitem maior tempo de resposta, o que gera comentários mais elaborados e completos por parte dos entrevistados e também bastante profundos contrariamente ao que se poderia esperar.

Os principais usos e possibilidades de aplicação prática dessas metodologias de pesquisa qualitativa on-line podem ser assim sumarizados:

- Para targets dificilmente reuníveis por métodos presenciais (diretores de empresas, profissionais, líderes de opinião).
- Em grupos dispersos geograficamente, nacional e internacionalmente.
- Junto a segmentos que se comunicam melhor via internet, como jovens e profissionais da área técnica.
- Em pesquisas conduzidas dentro de organizações, com pessoal interno, pela privacidade e anonimato.
- Quando se trata de assuntos sensíveis ou ligados a status social, opiniões ou ideologia, pois o anonimato permite colocações mais sinceras, sem censura.
- Em B2B, atendendo a muitas das características desse tipo de entrevistado (como restrição de tempo e agenda, confidencialidade, não exposição pessoal dos respondentes, anonimato).

Pesquisa é notícia
Saiu na mídia

Quali on-line: um desafio(*)
Revista da ABA – 04/2008 – ed. 102.
Diva Maria Tammaro de Oliveira.

Apesar de se ter começado a implementar a pesquisa quali on-line nos USA antes da Internet comercial chegar ao Brasil (1995), sua prática em uma escala significativa não se estabeleceu ainda fora da América do Norte – e o Brasil não é uma exceção. O que se vê por aqui, assim como no restante do mundo (fora USA e Canadá), são iniciativas isoladas e esparsas.

No início da quali on-line, a principal referência eram os chamados métodos sincrônicos, os "focus groups online" (análogos aos chats, realizados em tempo real, com todos – moderador, entrevistados e clientes – on-line simultaneamente). E esta ainda é a ideia que se tem quando se imagina como seria a quali on-line. Este modelo sincrônico tende a levar à tentativa de reproduzir os parâmetros das discussões em grupo e à expectativa de obter resultados equivalentes.

O desenvolvimento dos métodos assincrônicos (sem sincronia em tempo real, os envolvidos não precisam estar on-line ao mesmo tempo), em especial os Bulletin Boards, propiciou uma nova visão. Os Bulletin Boards seguem o conceito de fórum, aberto por vários dias para postagem de mensagens, questões ou respostas e aliam a profundidade da resposta individual à riqueza da interação grupal.

As alterações na dimensão do tempo trazidas pelos Bulletin Boards vieram a se somar às aberturas em termos da dimensão de espaço que a comunicação via internet traz: além de se poder reunir pessoas dispersas geograficamente, pode-se também moderar, participar e acompanhar a qualquer hora, segundo a conveniência.

Isto abre possibilidades inéditas, como reunir em um mesmo grupo pessoas que estão em continentes com fuso horário diferente.

Mas o principal ganho é a profundidade das respostas: com calma, respondendo pausadamente, sem pressões de tempo, as pessoas se estendem nos comentários, podendo voltar para completá-los e responder às réplicas dos demais entrevistados ou do moderador. Ainda, tende-se a dar uma resposta mais autêntica on-line, na medida em que há a proteção do anonimato.

A metodologia permite o uso de técnicas projetivas e estímulos – como conceitos e anúncios – e que haja interatividade, com o envio pelos participantes de imagens para colagens e textos, além da criação de blogs.

(*) Seleção de trechos do artigo. O artigo está disponível no blog www.divaoliveira.com.

D – Semiótica

Semiótica compreende o estudo dos signos e das linguagens, de uma forma global; esta preocupação é bastante antiga nas civilizações humanas, embora a denominação "semiótica" seja relativamente recente.

Clotilde Perez (2008) explica que a Semiótica se ocupa de todo e qualquer signo, em contraste com a Linguística, cujo estudo se circunscreve ao signo verbal, em sua forma oral e escrita.

Assim, a Semiótica tem um campo de atuação mais amplo que o da Linguística, uma vez que estuda os fenômenos culturais.

A Semiótica, pela sua capacidade de analisar o que é comunicado em uma mensagem, e permitindo que penetremos nos movimentos internos dessa mensagem ... "nos dá a possibilidade de resgatar toda a complexidade dos mecanismos que são usados nas linguagens, tais como palavras, imagens, textos, diagramas, sons etc." (Perez, 2008, p. 109).

Isso é feito por meio de uma metodologia de análise semiótica, calcada na Teoria geral dos signos de Charles Sanders Peirce (1977). Existem outras correntes teóricas na semiótica moderna, mas essa é a linha que, pela sua abrangência, tem sido mais utilizada como instrumento auxiliar em pesquisa qualitativa de mercado.

A análise semiótica complementa a pesquisa qualitativa, na medida em que fornece uma outra perspectiva, pois

... a semiótica analisa a emissão sígnica e a potencialidade de geração de efeitos de sentido nas mentes interpretadoras. Em contraposição, a pesquisa qualitativa busca evidenciar a recepção sígnica, ou seja, como as pessoas recebem a comunicação do signo (Perez, 2008, p. 109).

Verifica-se, pelos vários métodos da pesquisa qualitativa, como determinado elemento de comunicação (por exemplo, um logotipo) é efetivamente percebido pelas pessoas, enquanto a análise semiótica indica o potencial de comunicação desse mesmo elemento (o logotipo) e quais são as mensagens que ele pode transmitir para as pessoas (ou mentes interpretadoras).

A Figura 7.2 representa de maneira esquemática a relação entre a semiótica e a pesquisa qualitativa.

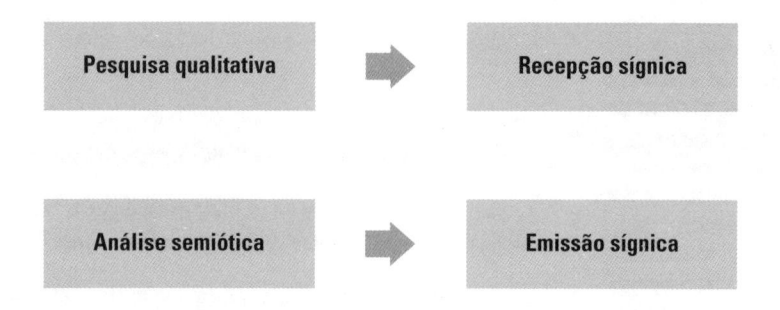

Figura 7.2 Relação entre a semiótica e a pesquisa qualitativa.

Fonte: Adaptado de Perez (2007, p. 109).

Independente da profundidade e da complexidade de uma determinada mensagem estarem ou não sendo percebidas por todos que a recebem, a mensagem contida no signo está presente, ainda que de forma potencial ou latente – e pode estar operando em nível inconsciente, ou seja, sem que as pessoas tenham plena consciência dela.

O método de análise semiótica proposto por Charles Sanders Peirce implica que o semioticista desenvolva três capacidades essenciais: contemplativa, distintiva e a de generalização.

Como Perez (2008) explica, o roteiro analítico percorre, de acordo com a metodologia peirceniana, as seguintes etapas fundamentais:

- Análise das mensagens em si mesmas (o signo nele mesmo).
- Análise da relação com aquilo que as mensagens indicam (o signo em relação ao objeto).
- Levantamento dos tipos de efeitos que as mensagens estão aptas a produzir nos seus receptores.

Como se pode perceber, a semiótica envolve conceitos bastante complexos, e a análise semiótica é conduzida por especialistas, que trabalham em conjunto com os pesquisadores de mercado nos trabalhos em que se necessita entender de forma mais profunda o universo simbólico envolvido no tema pesquisado.

São muitas as possibilidades de aplicação da semiótica no universo da pesquisa de mercado, na "revelação da potencialidade comunicativa de signos mercadológicos nas suas mais diferentes expressividades e mídias" (Perez, 2008, p. 111).

Deve ser apontado, no entanto, que apesar de haver um processo recente de incorporação e uso da semiótica na pesquisa de mercado qualitativa, no momento, o potencial que essa ferramenta oferece no entendimento dos temas estudados nessa área ainda é pouco conhecido.

Na Figura 7.3 encontram-se sumarizadas algumas aplicações da semiótica para entendimento de questões estudadas em pesquisa de mercado.

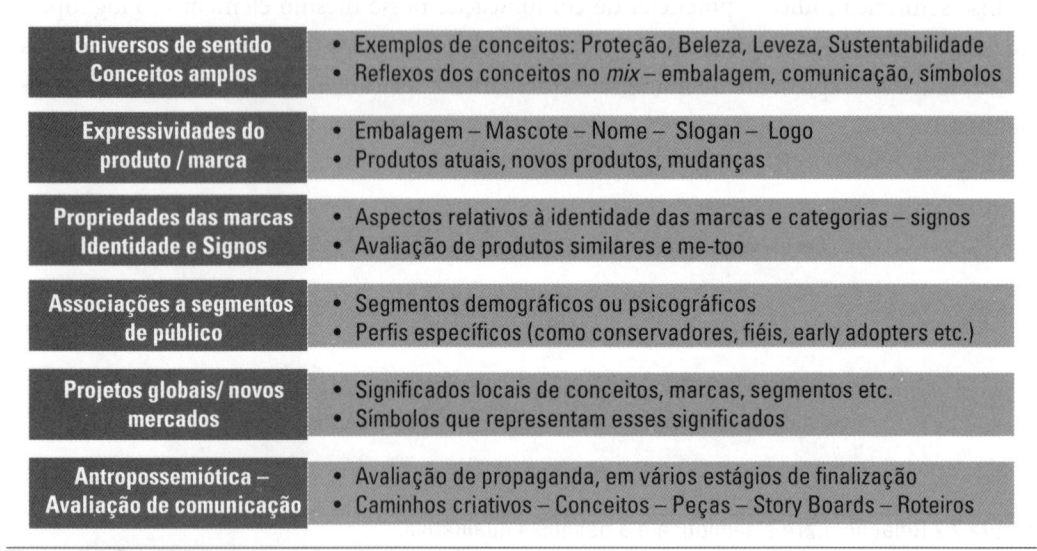

Universos de sentido Conceitos amplos	• Exemplos de conceitos: Proteção, Beleza, Leveza, Sustentabilidade • Reflexos dos conceitos no *mix* – embalagem, comunicação, símbolos
Expressividades do produto / marca	• Embalagem – Mascote – Nome – Slogan – Logo • Produtos atuais, novos produtos, mudanças
Propriedades das marcas Identidade e Signos	• Aspectos relativos à identidade das marcas e categorias – signos • Avaliação de produtos similares e me-too
Associações a segmentos de público	• Segmentos demográficos ou psicográficos • Perfis específicos (como conservadores, fiéis, early adopters etc.)
Projetos globais/ novos mercados	• Significados locais de conceitos, marcas, segmentos etc. • Símbolos que representam esses significados
Antropossemiótica – Avaliação de comunicação	• Avaliação de propaganda, em vários estágios de finalização • Caminhos criativos – Conceitos – Peças – Story Boards – Roteiros

Figura 7.3 Semiótica na pesquisa de mercado.

Fonte: Diva Maria T. de Oliveira e Bruno Pompeu Marques Filho.

E – Neurociência

A Neurociência é alvo de estudo e interesse recentes como instrumento de pesquisa de mercado; este campo é fascinante e muito atraente pelas possibilidades abertas pelo estudo da atividade cerebral e dos mecanismos neurológicos envolvidos no pensamento e na percepção humanas.

Particularmente, as medidas da atividade cerebral e suas mudanças ante os estímulos externos, como filmes de propaganda, atraem a atenção dos profissionais de Marketing como uma possível solução para desvendar os caminhos que levam às escolhas das pessoas em relação aos produtos, serviços e marcas.

No momento atual, esse é um campo em desenvolvimento e discussão, mas, efetivamente, as descobertas da Neurociência têm corroborado muitos dos aprendizados empíricos das empresas de pesquisa, especialmente quanto aos fenômenos da apreensão de peças de comunicação.

As contribuições da Neurociência para a pesquisa de mercado, por enquanto, situam-se na área de entendimento do raciocínio e do funcionamento do cérebro humano – razão pela qual seu estudo é configurado como qualitativo, classificação que poderá mudar no futuro.

Pesquisa é notícia
Saiu na mídia

Aprendizados de pesquisa validam conhecimento da neurociência (*)
Revista da ABA – 05/2009.
Aurora Yasuda.

O cenário atual de fragmentação dos meios, saturação das informações, convergência de novas tecnologias e a confusão causada pela exposição simultânea às diversas mídias traz um novo desafio para aos profissionais de marketing e comunicação. E na base dos comportamentos e atitudes dos consumidores está o cérebro, que tem capacidade limitada de armazenar as informações e uma maneira particular ou às vezes "misteriosa" de reagir aos estímulos apresentados.

As técnicas de mapeamento cerebral revelam muito claramente os pensamentos, estados de ânimo e memória, tal como um raio X revela todos os nossos ossos. Pode-se medir o grau de surpresa diante de uma mensagem. Diante dessas possibilidades, muitos mitos surgiram dentro da indústria de pesquisa de mercado.

O cérebro trabalha de maneira hierárquica e modular. ... O que aprendemos com a neurociência é que esta área de trabalho mental tem uma capacidade limitada ... As pessoas só conseguem pensar em três ou quatro coisas ao mesmo tempo. A partir daí, a lembrança cai. O ideal, portanto, é ter foco em numa única mensagem.

O conhecimento vindo da neurociência mostra que a relevância da informação, que movimenta as ações imediatas e o comportamento futuro, é fundamental para a entrada da marca na mente do consumidor.

Todo conteúdo da área mental está organizado em representações. Quando pensamos numa marca pensamos numa representação; a tarefa do marketing é fazer com que as marcas tenham representações claras para facilitar a decisão de compra.

Muita coisa ao mesmo tempo não consegue ser absorvida pelo cérebro, que tem áreas de trabalho mental e armazenamento limitadas ... O consumidor precisa de tempo para entender e fixar a mensagem que se deseja transmitir.

(*) Seleção de trechos do artigo. Disponível no blog www.aurorayasuda.com.

7.3.3 Escolha dos métodos qualitativos

A escolha do método ou métodos qualitativos a serem usados em um determinado projeto, dentre essas amplas e crescentes possibilidades, deve ser fruto do conhecimento aprofundado de cada um deles e sua melhor adequação às características específicas da pesquisa.

Especial atenção é dada por vários autores à opção entre as abordagens grupais e as individuais. Bauer e Gaskell (2002) colocam que esses métodos apresentam pontos em comum quanto à necessidade de condução de modo aberto e não diretivo e à forma de trabalhar com o relacionamento entrevistador *versus* entrevistados, mas distinguem que o grupo

... é uma interação social mais autêntica do que a entrevista em profundidade, um exemplo da unidade social mínima em operação e, como tal, os sentidos ou representações que emergem são mais influenciados pela natureza social da interação do grupo em vez de se fundamentarem na perspectiva individual, como no caso da entrevista em profundidade (Bauer e Gaskell, 2002, p. 75).

E, segundo Gordon (1999, p. 77) "o argumento de profundidade *versus* abrangência é geralmente usado para justificar a escolha por uma abordagem em grupo *versus* uma abordagem individual", associando-se maior profundidade e informações mais detalhadas às entrevistas individuais e um leque maior de comportamentos e atitudes aos procedimentos de pesquisa em grupo, pela soma e troca de experiências entre os participantes.

O uso dos novos recursos aqui levantados deve ser encarado como uma possibilidade adicional, complementando de forma bastante proveitosa os métodos tradicionais de coleta e análise das informações, sem que se deixe de levar em consideração os princípios básicos que norteiam as pesquisas de mercado e o indispensável rigor metodológico que as embasam (Oliveira, 2012).

Focalizando a questão dos vários métodos qualitativos, Cooper (2007) coloca que "nós podemos também prever um futuro em que o sempre vivo "grupo" ainda aconteça e onde a multiplicidade de novos métodos e ferramentas de análise acrescente insights no mundo virtual dos consumidores".

7.4 Técnicas e recursos qualitativos

O principal desafio da pesquisa qualitativa é compreender em profundidade os processos que embasam o comportamento humano, envolvendo mecanismos psicológicos e sociais complexos. Este tipo de processo nem sempre obedece a uma lógica racionalmente coerente e, muitas vezes, as pessoas não têm consciência do funcionamento desses mecanismos; por isso não é fácil acessar de imediato os conteúdos buscados nas pesquisas qualitativas.

A "janela de Johari" é um modelo explicativo, citado pelos autores Imms e Ereaut (2003) e Chandler e Owen (2003), como um recurso para ilustrar os vários níveis de conteúdo presentes na mente humana. São estabelecidos quadrantes a partir de dois vetores: a dimensão do que é percebido *versus* o que não é percebido pelas pessoas, e a dimensão do que pode ser verbalizado *versus* o que não é verbalizável (Veja Figura 7.4).

A proposição básica da "janela de Johari" é que as percepções e sentimentos humanos, de uma forma em geral, podem ser divididos em quatro áreas:

1. Aquelas que são conscientes para as pessoas e das quais elas podem falar de forma aberta, discutindo tranquilamente com os outros – o socialmente aceitável ou que faz bem à sua autopercepção.

2. Outras, de que as pessoas não são conscientes imediatamente, mas sobre as quais não se incomodariam de falar publicamente, pelos mesmos motivos do item anterior.

3. As que, embora sejam conscientes para as pessoas, estas não gostariam de falar para os outros, por serem conflitantes, desagradáveis ou politicamente incorretas.

4. E, finalmente, algumas sobre as quais as pessoas realmente não têm consciência e, mesmo se tivessem, muito provavelmente não gostariam de revelar publicamente, por tocarem em aspectos mais profundos e de foro íntimo.

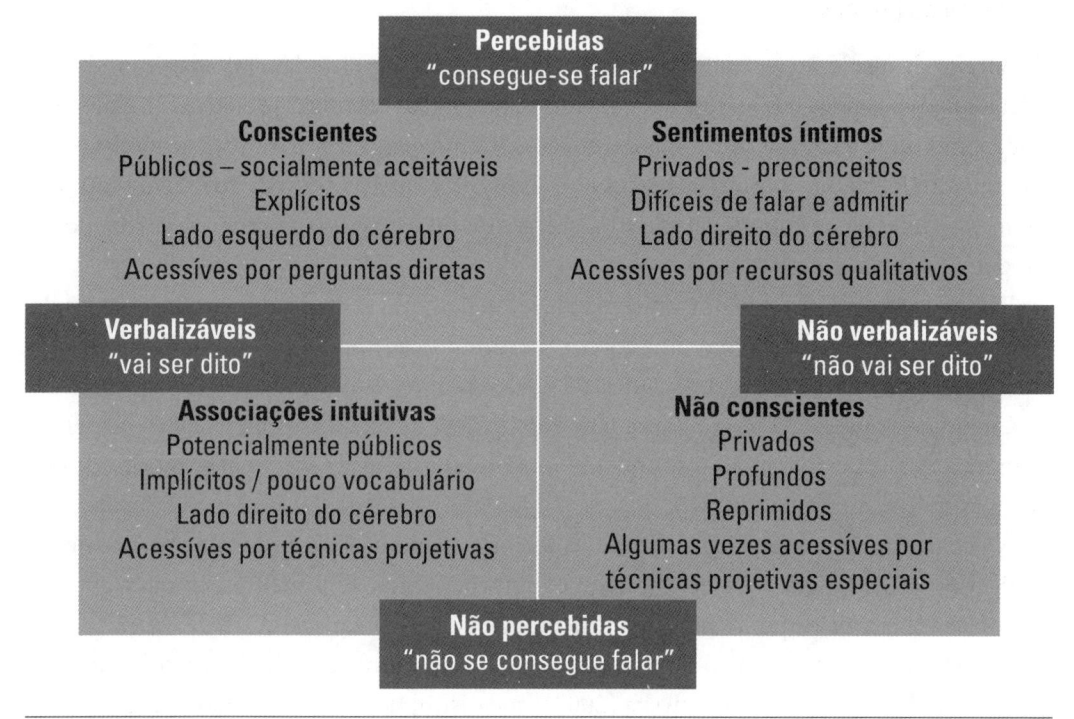

Figura 7.4 Janela de Johari

Fonte: Adaptado de Imms (2003, p. 4), Imms e Ereaut (2003, p. 39), e Chandler e Owen (2003, p. 28).

Essas quatro dimensões não são acionáveis da mesma forma pelas pesquisas de mercado. Ao discutir e comentar publicamente sobre produtos, serviços, propostas ou temas sociais, a tendência natural das pessoas é se ater aos níveis conscientes, mais facilmente verbalizáveis, socialmente aceitáveis e não conflitivos.

Uma compreensão real da percepção, atitudes e sentimentos dos entrevistados inclui a investigação dos outros quadrantes, dentro dos limites da ética e respeito aos direitos de privacidade.

Imms (2003, p. 3) aponta que, para "entender as pessoas integralmente, suas motivações, desejos e necessidades, precisamos explorar além dos fatos, além dos aspectos conscientes que as pessoas estão querendo e sendo capazes de expressar".

Para acionar as áreas de mais difícil percepção ou verbalização, contamos com técnicas projetivas e recursos qualitativos, que podem nos auxiliar, como expedientes técnicos, a ir além do expresso e manifesto explicitamente pelas pessoas.

Esses expedientes técnicos podem ser utilizados para aprofundar os aspectos investigados, fornecer um outro olhar sobre a situação pesquisada ou, ainda, levantar informações de cunho emocional e não conscientes, dificilmente alcançadas levando em conta somente a expressão verbal e mais racional dos respondentes.

Os expedientes técnicos qualitativos podem ser classificados em dois grandes grupos: técnicas projetivas e recursos qualitativos auxiliares.

A – Técnicas projetivas

O conceito de "projeção" – muito usado como recurso para aprofundamento das informações coletadas em pesquisa qualitativa de mercado por meio das "técnicas projetivas" – é herdado e adaptado da Psicanálise. Em uma definição simplificada, seria para os psicanalistas um mecanismo de defesa, comum aos seres humanos, pelo qual as pessoas atribuem – ou projetam –, sem ter plena consciência disso, sentimentos ou traços de sua própria personalidade em outras pessoas ou objetos.

Esse conceito é usado com um toque mais leve em pesquisa de mercado, como, por exemplo, a projeção de personalidade em uma marca (personificação) ou a expressão de sentimentos em relação a um tema exposto em painéis formados com recortes de revistas (colagens).

Chandler e Owen (2002, p. 3) apontam que "a ideia de técnicas projetivas diz respeito a ferramentas que permitem ao respondente individual articular sentimentos reprimidos ou não manifestos, ao projetá-los".

No contexto de pesquisa de mercado as técnicas projetivas como forma indireta de investigar as razões latentes que determinam comportamentos, sentimentos, crenças, atitudes e motivações que os respondentes têm dificuldade de verbalizar.

Na prática do mercado de pesquisa, falamos genericamente de "técnicas projetivas", embora haja autores, como Chrzanowska (2003), que distinguem entre recursos que poderiam ser entendidos como projetivos, e outros, que seriam mais "eliciadores" ou "facilitadores"[4]: estes últimos utilizariam estímulos mais estruturados, para facilitar a verbalização, sendo mais fáceis de aplicar e interpretar e não gerando propriamente "projeções".

Adotaremos aqui a definição mais geral, que implica considerar que essas técnicas nos auxiliam a detectar aspectos dificilmente verbalizáveis pelas pessoas. Elas levam os respondentes a se sentirem confortáveis para externar suas impressões e sentimentos, pois elas são mesmo lúdicas, criando um clima agradável e descontraído.

Para Naresh K. Malhotra (2012), o uso de técnicas projetivas em pesquisa de mercado é especialmente indicado sempre que há dificuldade em obter a informação que se deseja pela declaração direta dos entrevistados; ainda, seria adequado no caso de pesquisas exploratórias iniciais, proporcionando uma boa base de entendimento do problema.

As técnicas projetivas permitem acessar o mundo emocional e atitudinal das pessoas com maior profundidade. Enriquecem a compreensão do tema que está sendo pesquisado e as relações sociais que o permeiam.

---

[4] "Enabling" em inglês.

Apesar de as possibilidades abertas pelas técnicas projetivas serem realmente interessantes, deve-se ter parcimônia no seu emprego, na medida em que não podem ser consideradas

> ... uma panaceia para resolver todos os problemas de coleta de informações difíceis: raramente se emprega apenas um recurso, sendo necessária uma combinação de técnicas para se chegar a uma compreensão mais completa (Siqueira, 2008, p. 98).

O arsenal disponível em termos de recursos projetivos para uso em pesquisa de mercado é fundamentado, em grande parte, nas técnicas da Psicologia clínica, criadas para diagnóstico de aspectos emocionais. Dentre elas, destacam-se o teste de Associação de palavras de Jung, o teste de Manchas de Rorschach, o Thematic Apperception Test (TAT) de Murray e os testes de desenhos livre – teste House (casa), Tree (árvore), Person (pessoa) (HTP).

Alfredo Carmo (1993, p. 10) aponta que

> ... as grandes teses e teorias básicas foram elaboradas na universidade e, lentamente, fluindo para as empresas (agências de propaganda e de pesquisa) e foram ajustadas às necessidades práticas da pesquisa de mercado. Para interpretar o mínimo de significações qualitativas, a pesquisa adaptou as técnicas psicodiagnósticas clínicas, utilizando testes projetivos e conversação livre.

As principais técnicas projetivas usadas em pesquisa de mercado, resumidas no Quadro 7.1, são: Associações livres, Analogias ou Metáforas, Balões de diálogos (ou pensamentos), Baralho de fotos, Colagem, Completar frases ou histórias, Desenhos expressivos, Dramatização, Personificação, Planeta e Visitante de outro planeta – ET.

Quadro 7.1

	Procedimento	Finalidades/objetivos	Observações e cuidados
Associações livres "Quando eu falo na marca* X, o que lhe vem à cabeça?	Pedir que as pessoas expressem suas primeiras associações verbais ao tema em foco, sem ter preocupação em explicá-las.	Identificar percepções imediatas e emoções espontâneas. Verificar a lembrança espontânea de traços do tema em foco.	Muito usada como aquecimento e treino para outras técnicas. Mais aplicada oralmente, mas pode também ser feita por escrito.
Analogias ou metáforas "Se a marca X fosse um animal, que animal seria?"	Solicitar que os participantes associem e estabeleçam paralelo entre o tema em foco e itens como animais, carros, personalidades etc.	Levantar a percepção e ampliar as referências sobre a imagem do tema em foco.	Outros itens passíveis de analogias: países, flores ou plantas, cidades etc. Deve-se solicitar analogias a pelo menos três itens para evitar viés.

	Procedimento	Finalidades/objetivos	Observações e cuidados
Balões de diálogos (ou pensamentos) "O que a pessoa A falaria para pessoa B sobre a marca X?" "E o que a pessoa B responderia?"	Entregar desenhos com personagens neutros, no formato de história em quadrinhos (balões representando falas ou pensamentos). Solicitar que as pessoas preencham individualmente, e criem um diálogo (ou pensamentos) sobre o tema em foco.	Obter dados indiretos e menos racionais sobre a percepção e reação dos entrevistados a respeito do tema em foco. "Falando" ou "pensando" pelas palavras de outros, as pessoas podem projetar suas próprias sensações, sem se aperceber muito bem disso.	Conforme o caso, pode-se identificar um dos personagens como usuário de uma marca e outro como usuário de outra, ou consumidor e não consumidor da categoria. Variação: pedir que escrevam o que um personagem estaria falando e/ou pensando ante um produto ou propaganda.
Baralho de Fotos "Separe fotos que têm relação com a marca X e as que não têm relação com ela"	Dar um conjunto de fichas com fotos, palavras, situações etc. para as pessoas, e solicitar que separem as que têm e as que não têm relação com o tema em foco.	Levantar associações estimuladas ao tema. Verificar como temas concorrentes (por exemplo, duas marcas) são percebidos com base em um set de atributos conhecidos.	Variação: associação de atributos, emoções ou traços de personalidade. Dificuldade: a seleção prévia das fotos ou atributos que compõem o baralho deve ser feita cuidadosamente e ser sempre atualizada.
Colagem "Selecione, a partir dessas revistas, imagens que representem para você a marca X. Podem ser pessoas, paisagens, cores, palavras – enfim, o que para você lembrar a marca"	Os entrevistados procuram nas revistas distribuídas imagens que exprimem o que sentem em relação ao tema em foco. As imagens são coladas em cartolina e pede-se que cada um explique por que as escolheram.	Entender o universo simbólico do tema em foco do estudo pela expressão não verbal dos entrevistados. Facilitar o acesso a conteúdos latentes, como percepções e sentimentos, manifestos em outra linguagem.	Uma boa variedade de tipos de revista é bastante desejável. Dificuldade: técnica demorada e que exige local e material adequados (tesoura, durex, cartolina, variedade de revistas).
Completar frases ou histórias "O que eu mais gosto na marca X é ..." "A marca X seria muito boa se não fosse ..."	Os participantes são solicitados a completar frases ou histórias sobre o tema em foco. O exercício pode ser realizado oralmente ou por escrito, em grupo ou individualmente.	Visa facilitar a expressão indireta de percepções sobre o tema em foco, pela formação de cadeias associativas.	Técnica simples, lúdica e agradável, mas que exige que as pessoas se disponham a entrar na brincadeira, com nova forma de se comunicar Não exige nenhum material extra.

	Procedimento	Finalidades/objetivos	Observações e cuidados
Desenhos expressivos "Faça um desenho de alguma coisa que lembre a marca X."	Cada participante recebe uma folha de papel em branco e lápis para que represente, em desenhos, suas lembranças ou imagem do tema em foco.	Identificar elementos emocionais e racionais retidos pelos consumidores em relação ao tema em foco, por meio de uma linguagem diferente.	Pode ser usado como início para estimular o surgimento de histórias. As crianças atuam muito bem nessa técnica. Já alguns adultos podem ter resistência, julgando que se trata de algo infantil.
Dramatização "Vamos imaginar que você esteja comprando um produto da marca X. Como você faria?"	Os participantes são solicitados a assumir papéis para representar uma situação relacionada com o tema em foco.	Demonstrar percepções quanto a aspectos negativos ou positivos do tema em foco. Além de levantar os pontos fortes e fracos, podem-se identificar argumentos a trabalhar na comunicação.	Dificuldade: nem todas as pessoas ficam à vontade com a proposta de representar. Variações: julgamento da marca, formação de times contra ou a favor.
Personificação "Se a marca X fosse uma pessoa, como ela seria?"	Os participantes são estimulados a imaginar que o tema em foco seja uma pessoa, e a descrevê-la em termos físicos, sociais e psicológicos: sexo, idade, emprego, estilo de vida, relação com as pessoas, hobbies, roupas, automóvel que possui, casa onde mora – e como ela é na família, trabalho ou lazer.	Identificar aspectos relevantes de imagem e valores associados pelas pessoas ao tema. Verificar o potencial de promover identificação e seu grau de proximidade ou de distanciamento.	É uma das técnicas mais usadas em pesquisa. Pode ser feita com o estímulo apenas verbal ou com uma figura neutra como estímulo (apenas uma silhueta, sem identificação de sexo ou outras características).
Planeta "Imaginando que a marca X seja um planeta, como ele seria? O que haveria lá, como seria o clima, como seriam as pessoas ..."	Os participantes são convidados a imaginar que o tema em foco seria um planeta e, a partir disso, o descrevem em vários aspectos, como clima, seus recursos naturais, habitantes, nações, relação entre as nações, como as pessoas se sentem ao chegar lá etc.	O objetivo da técnica é explorar a imagem e a percepção das pessoas em relação ao tema. A metáfora de um planeta é interessante para entender aspectos mais amplos e ligados à área de relacionamento, associados ao universo cognitivo ligado ao tema.	Variação muito usada: imaginar uma festa promovida pelo tema em foco, ou para a qual este seria convidado e, a partir disso, descrever suas roupas, seu comportamento, sua relação com os outros, quem mais seria convidado, como é o clima da festa etc.

	Procedimento	Finalidades/objetivos	Observações e cuidados
Visitante de outro planeta – ET "O que você falaria sobre a marca X para alguém de outro planeta, um ET que não a conhece?"	A partir da proposta de descrever o tema em foco solicita-se que os participantes abordem, entre outros aspectos, sua relação emocional com o tema, pontos fortes e fracos, itens de atração etc.	Obter dados sobre o tema que as pessoas talvez não apontassem por julgá-los óbvios ou muito conhecidos e que revelariam a um ente afastado como um ET.	Técnica também simples, sem necessidade de material extra. Exige certa facilidade de abstração por parte dos entrevistados.

*Os exemplos de como abordar as técnicas são dados tendo como referência uma "marca", para facilitar a compreensão, mas são usadas para outras instâncias (produtos, empresas, serviços etc.).

A grande dificuldade das técnicas projetivas está em sua interpretação. De nada serve aplicar uma série desses recursos se não se conseguir sintetizar os aprendizados e associá-los aos outros elementos coletados a respeito do tema da pesquisa.

As técnicas projetivas são um instrumento para aprofundar a coleta de informações, não são dados em si, e necessitam ser entendidos no contexto da análise.

Francisco Teizen (2012, p.156) ao discorrer sobre a escolha de quais técnicas projetivas usar, dentre a vasta gama existente, salienta que "o importante é o analista utilizar recursos em que acredita e com os quais mais se identifique".

Pesquisa na prática

Dicas a respeito do uso de técnicas projetivas

- Para interpretação e análise corretas dos significados levantados pelos exercícios projetivos, é importante ter conhecimento dos referenciais dos entrevistados e de seus valores.
- Deve-se sempre usar mais de uma técnica no mesmo estudo e junto aos mesmos entrevistados, para uma melhor compreensão dos significados.
- Da mesma forma, buscando uma avaliação comparativa, não se deve aplicar os exercícios somente para o produto ou marca em estudo – é sempre interessante aplicá-los também para um ou dois dos concorrentes.
- Quando se utilizar desenhos de pessoas ou objetos (na personificação, por exemplo), eles devem ter a maior neutralidade possível, sem fornecer pistas que possam conduzir as projeções. Mas, algumas vezes, no caso de balões de diálogo, podem ser usadas figuras relativamente mais definidas em relação ao sexo ou idade, para facilitar a identificação dos respondentes.
- Mesmo tratando-se de discussões em grupo, algumas vezes é interessante que as tarefas sejam feitas individualmente e por escrito, quando se necessitam das primeiras impressões das pessoas. Pode-se ou não, depois disso, discutir com o grupo o que cada um fez individualmente, conforme os objetivos e o roteiro a ser seguido.

B – Recursos qualitativos auxiliares

Há uma série de recursos auxiliares que podem ser usados na obtenção de informações mais ricas e profundas, complementando os métodos qualitativos de pesquisa. Sua utilização garante uma análise mais integrada dos temas que estão sendo estudados, fornecendo outros pontos de vista que enriquecem os estudos.

A maior parte dos recursos que podem ser utilizados foi originalmente concebida para utilização em atividades presenciais, mas para muitos foram desenvolvidas adaptações para atividades remotas. Com a popularização dos meios remotos de coleta de dados em pesquisa qualitativa, já foram criadas alternativas especificamente voltadas para uso remoto, especialmente considerando os aparelhos de comunicação móvel.

Os principais recursos complementares são os seguintes:

- **Mapeamento**: exercício em que os entrevistados dividem (mapeiam) marcas ou produtos em grupos de acordo com critérios próprios, posteriormente revelados ao pesquisador. Objetiva-se com isso investigar como as pessoas percebem a imagem, a segmentação e o posicionamento de marcas e produtos, fornecendo um panorama de mercado. Permite, ainda, identificar pontos fortes e fracos da marca ou produto em estudo e sua posição em relação à concorrência do ponto de vista do consumidor.

- *Laddering* **ou cadeias de benefícios**: o pesquisador procede a uma série sucessiva de perguntas em que as respostas dos participantes levam a novas perguntas, de modo a descobrir o benefício final do tema ou produto-alvo do estudo; explorando exaustivamente os atributos e benefícios do tema ou produto, pode-se chegar às suas motivações psicológicas mais profundas.

- **Compra acompanhada**: estando ao lado do entrevistado em uma atividade estimulada de compra do produto ou categoria em estudo, observando seu comportamento e registrando o que ocorre, é possível entender e conhecer seu comportamento de compra de uma forma muito mais profunda do que ele poderia descrever. O mesmo ocorre quando se pode acompanhar o *uso* dos produtos, seja na casa das pessoas, seja nos locais em que o consumo ocorre (por exemplo, bares, restaurantes, bancos etc.), como se apontou ao expor a metodologia etnográfica.

- **Diários criativos**: os entrevistados são estimulados a anotar individualmente, como uma "lição de casa", em caderno especial, ilustrado com questões e estímulos, suas impressões e atividades cotidianas relativas ao tema da pesquisa, muitas vezes enriquecidas com fotos, desenhos e recortes de revistas; o diário pode ser "físico" ou virtual, através de blogs ou posts em fóruns como os Bulletin Boards ou comunidades de pesquisa (MROC).

- A *"lição de casa"* pode ser acompanhada também de *tomadas fotográficas* e de *vídeo*, feitas pelos entrevistados a respeito de assuntos/temas relacionados aos da pesquisa em curso.

- Uma versão remota deste último recurso são os já comentados *videoblogs*, que podem ser feitos a respeito de atividades cotidianas em casa, como escovar os dentes, limpar os sapatos; ou fora de casa, como tomar ônibus, tomar lanche na escola, por exemplo. As fotos e os vídeos podem ser acionados pelas câmeras ou dispositivos móveis dos entrevistados e enviados remotamente, algumas vezes em tempo real, para os moderadores que estão conduzindo a pesquisa.

Vamos agora retomar o caso do Xampu "Beleza+" (brief no Capítulo 4):

Caso – Xampu "Beleza+"

Exercício – Técnicas projetivas e recursos complementares

Voltando à proposta de pesquisa elaborada para o xampu "Beleza+" (exercício do Capítulo 6), vamos agora pensar um pouco nas possibilidades de utilizar os vários expedientes técnicos qualitativos que examinamos neste item para este estudo.

1. Que técnicas projetivas trariam resultados positivos nesse caso? Como seriam utilizadas?
2. Seria o caso de usarmos algum dos recursos adicionais estudados? Quais?
3. Faça uma visita a pelo menos dois pontos de venda em que possa encontrar uma boa variedade de marcas e tipos de xampu e levante quais seriam os principais concorrentes de "Beleza+" (além do seu *me-too* "Beleza mais ou menos"). Escolha pontos de venda diferentes em termos de variáveis, como porte, tipo de loja, localização etc. (por exemplo, não vá somente a supermercados, inclua também farmácias ou lojas especializadas em cosméticos).

Discuta com o professor e colegas e justifique suas opções.

7.5 Desenvolvimento da pesquisa qualitativa no Brasil e no mundo

A tradição de pesquisa de mercado no Brasil conta várias décadas, havendo grandes institutos de pesquisa; trata-se de empresas locais tradicionais e também de grandes empresas de pesquisa de mercado que atuam em nível internacional. Os profissionais de pesquisa qualitativa de mercado dos países latino-americanos, com destaque para o Brasil, têm trazido importantes contribuições técnicas em eventos internacionais, como congressos e conferências.

A pesquisa de mercado qualitativa está presente com maior força no Brasil a partir dos anos 1960/1970, ficando claras suas origens nas Ciências humanas e, mais particularmente, na Psicologia e Psicanálise (Oliveira, Schindler, Pupo, 2004).

Nos anos 1980/1990, essa metodologia caracterizou-se por maior objetividade, atendendo a necessidades de marketing, sendo muito utilizada em estudos com foco em produtos e problemas estratégicos das empresas.

As demandas geradas, a partir dos anos 2000, por um contexto de mercado mais competitivo e com problemas de negócios mais complexos, fizeram que se recorresse novamente, agora com outro olhar, às referências teóricas dos tempos iniciais, revisitadas pela Etnografia e Semiótica.

Cooper (2007) aponta o amadurecimento da pesquisa qualitativa de mercado, agora mais eclética e fluida, inspirada não só na Psicologia, mas também em estudos de mídia, e Desai (2003) pontua mesmo a existência de um deslocamento das abordagens derivadas da Psicologia para os estudos de caráter antropológico e cultural.

No cenário atual temos, como desafios para a área de pesquisa de mercado qualitativa, o desenvolvimento da Neurociência, a adoção da bricolagem/triangulação e a efetiva popularização da Quali on-line, pelas mídias móveis e redes sociais.

Historicamente foram marcantes as crescentes exigências metodológicas e a ampliação do escopo das pesquisas qualitativas, como apontado na Figura 7.5, em que é traçada a evolução da pesquisa qualitativa de mercado no Brasil e mundialmente, a partir dos papers apresentados em 2004 no I Congresso da Abep (Oliveira, Pupo e Schindler, 2004) e em 2007 no Congresso da Esomar (Cooper, 2007).

Pela avaliação comparativa desses dois levantamentos distintos, fica claro que, se nas primeiras décadas as necessidades do Brasil não acompanhavam as mundiais, desde o início da globalização – e mais ainda a partir dos anos 2000 – as demandas e desafios configuram-se muito semelhantes: a busca do atendimento das necessidades dos clientes globais e a rapidez com que a internet dissemina conhecimentos e técnicas parecem ter, de certa forma, nivelado as expectativas internacionais ante a pesquisa qualitativa.

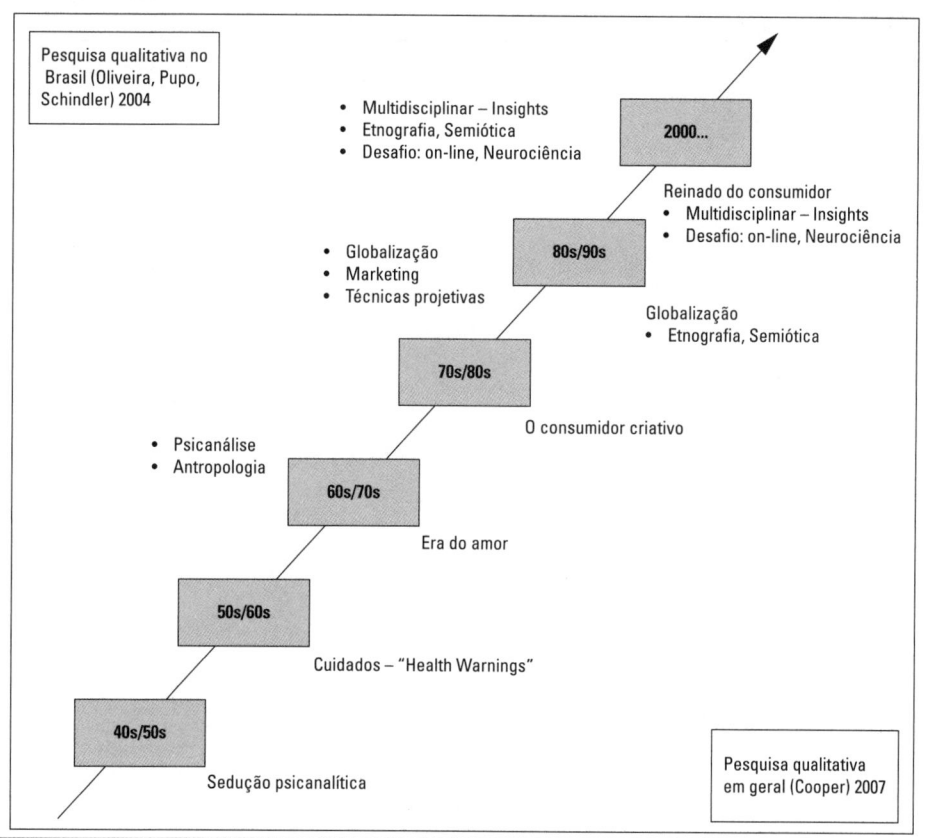

Figura 7.5 Evolução da pesquisa qualitativa de mercado no Brasil e no mundo.

Fonte: Oliveira, Cyber Quali (2008).

 **Resumo**

Pesquisa qualitativa

A pesquisa qualitativa engloba uma família de abordagens, métodos e técnicas para compreender e documentar em profundidade percepções, atitudes e comportamentos.

Aplicações	Métodos	Técnicas

• Orientar caminhos de comunicação e posicionamento
• Subsidiar estudos de inovação, criação e desenvolvimento nos vários aspectos do marketing *mix*
• Identificar novas oportunidades para produtos e marcas
• Pesquisar tendências
	• Discussões em grupo
	• Entrevistas em profundidade
	• Abordagem Etnográfica
	• Workshops e grupos criativos
	• Quali on-line
	• Semiótica
	• Netnografia ou Webnografia
	• Neurociência
		• Compras acompanhadas
		• Diários/lição de casa
		• Vídeos/fotos
		• Mapeamento
		• Laddering
		• Técnicas Projetivas, como:
		  • Colagens
		  • Personificação
		  • Analogias
		  • Balões de diálogo etc.

Meios de coleta de dados

Na minha vida profissional, pesquisa de mercado é um vírus. Sou muito curioso, a atividade possibilitou a canalização desta característica da minha personalidade à minha vida profissional.

A Pesquisa de mercado é dinâmica, criativa, cada projeto é uma descoberta de conhecimento e fatos novos, um aprendizado contínuo.

Ao final, os resultados são gratificantes e compensadores, gerando contribuição inteligente e útil ao mercado.

— Duilio Novaes,
Sócio Diretor do GAP – Grupo de Assessoria e Pesquisa

Neste capítulo:

- Meios de coleta de dados na pesquisa quantitativa.
- Meios de coleta de dados na pesquisa qualitativa.
- Detalhamento dos meios de coleta: como e quando usar.

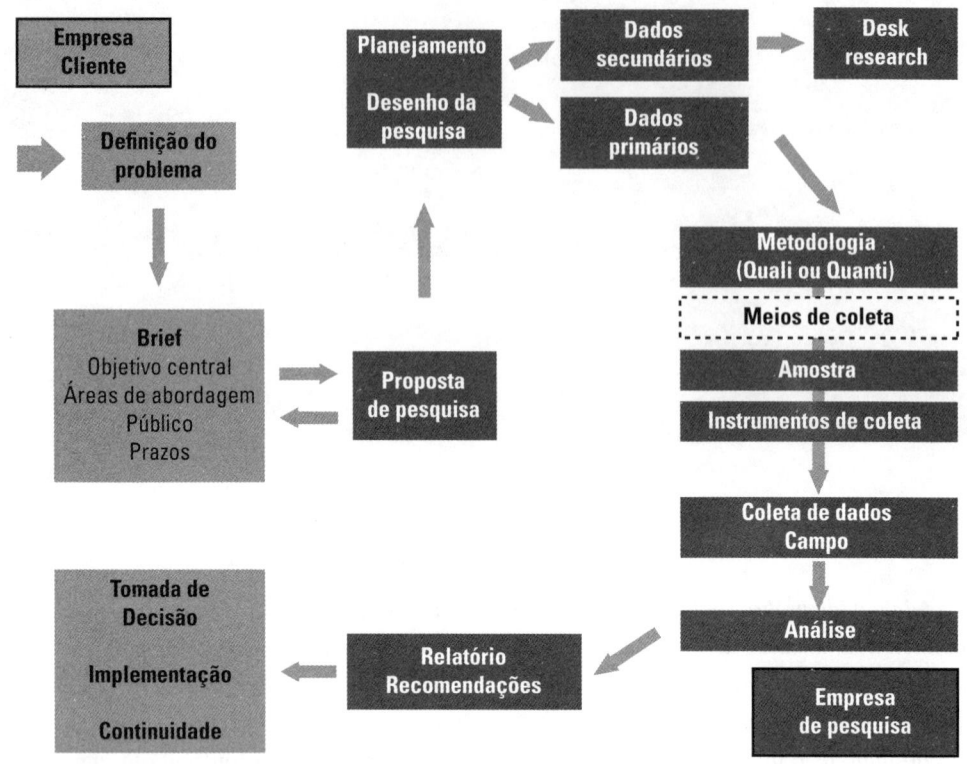

Fonte: Adaptado de Oliveira e Pupo (2005).

Os meios de coleta de dados em pesquisa de mercado, independente do método a ser utilizado, podem ser presenciais (ou face a face) ou remotos (por telefone, computador ou pela internet).

De uma forma ainda mais ampla, podem ser distinguidos os meios de coleta de dados através do formato de perguntas/respostas e os baseados em observação.

A figura a seguir (8.1) mostra a participação dos vários meios de coleta de dados na pesquisa de mercado no nível global, em termos de volume de faturamento representado por cada um deles. Ela é parte dos resultados de uma pesquisa anual feita pela Esomar.

Faturamento mundial por métodos de pesquisa – 2010		
		Total ponderado
Quantitativas	Tráfego on-line / audiência	1
	Correio	4
	Face a face /presenciais	12
	Automáticas – digitais/eletrônicas	14
	Telefone	15
	On-line	22
	Outras quantitativas	8
	Total quantitativas	76
Qualitativas	On-line	1
	Entrevistas em profundidade	2
	Discussões em grupo	13
	Outras qualitativas	1
	Total qualitativas	17
Outras	Outras	7

Figura 8.1 Meios de coleta de dados na pesquisa de mercado.
Fonte: Esomar – Global Market Research 2011.

8.1 Meios de coleta de dados na pesquisa quantitativa

Os meios de coleta de dados mais utilizados nas pesquisas quantitativas são:

• *Entrevistas pessoais,* que podem ser feitas em domicílio, no local de trabalho do entrevistado – escritório, loja, empresa –, na rua ou em pontos de fluxo, num local central[1] etc.

• *Entrevistas por telefone (fixo, celular ou SMS),* feitas com o questionário em papel ou em computador CATI – Computer Assisted Telephone Interviews.

---

[1] Do ingles "central location", refere-se a um espaço montado e equipado para realização de pesquisas na sua maior parte quantitativas. Localizados, geralmente, em pontos de fluxo de pedestres de perfis variados; portanto, os entrevistados em geral são recrutados na rua e imediações.

- *Entrevistas pessoais registradas em computador* (Capi – Computer Assisted Personal Interviews), que podem ser aplicadas em central location ou em domicílios e locais de trabalho com base em Palm (computador de bolso), smartphones (celulares inteligentes), tabletes etc.

- Entrevistas pela internet (CAWI – Computer Assisted Web Interviews), e-survey (questionários aplicados via intercept na web).

- *Entrevistas por autopreenchimento,* em que a formulação das perguntas e as alternativas de respostas são organizadas para ser respondidas pelos próprios entrevistados, sem a interferência de um entrevistador. Esses questionários podem ser enviados pelo correio com base em uma listagem/cadastro, ou ser questionários aplicados às pessoas que estiveram expostas aos serviços; por exemplo, os questionários de avaliação dos serviços de restaurante, hotéis, companhias aéreas etc.

8.2 Meios de coleta de dados na pesquisa qualitativa

Nas *pesquisas qualitativas,* os tipos de coleta de dados mais utilizados e tradicionais são presenciais, envolvendo contato pessoal entre os pesquisadores e os participantes, por meio de discussões em grupo (sobretudo), entrevistas em profundidade e observações com abordagem etnogrática.

Nas últimas décadas, têm sido desenvolvidos métodos qualitativos remotos de coleta de dados, que têm crescido em aplicação e importância, e que contam também com abordagens individuais, grupais e observacionais/etnográficas.

- Métodos *qualitativos presenciais e pessoais:*
  - *Discussões em grupo:* abordagem tradicional em pesquisa qualitativa e a mais usada mundialmente – o moderador coordena grupos pequenos de pessoas (de 6 a 10), reunidos para debater os temas ligados a um projeto específico; os grupos acontecem em geral em salas especialmente montadas, com espelho duplo, para que possam ser acompanhados pelos contratantes da pesquisa.
  - *Entrevistas em profundidade*: trata-se, na maioria das vezes, de abordagem individual, mas podem ser feitas em duplas ou tríadas de pessoas; são realizadas preferencialmente em lugar de conveniência do entrevistado, podendo ser em casa, local de trabalho, em local central; ou em salas de espelho, quando há necessidade de acompanhamento.
  - *Abordagem etnográfica*: utilizando técnicas de observação e adaptadas da antropologia social, os pesquisadores acompanham as pessoas no dia a dia, muitas vezes envolvendo as famílias. Os profissionais do instituto e do cliente deslocam-se para os locais onde o consumo ocorre na vida cotidiana: nas residências, locais de uso ou consumo (como bares, restaurantes, bancos, conforme o tema) ou locais de compra dos produtos (supermercados ou farmácias, por exemplo).

- *Métodos qualitativos remotos (internet, fone, celular, message):*
  - *Entrevistas em profundidade virtuais*: geralmente individuais e seguindo princípios bem semelhantes às presenciais, essas entrevistas podem ser realizadas por telefone/celular, webconfererência (com ou sem webcam) ou SMS (message); em alguns casos, um roteiro com áreas de abordagem ou perguntas abertas pode ser mandado para o participante e respondido por e-mail.
  - *Abordagens em grupo*: sempre sob a coordenação de um moderador, e podendo ser acompanhados por outras pessoas envolvidas no projeto, os grupos virtuais também seguem princípios correlatos aos dos presenciais; há opções sincrônicas (ou simultâneas) em formato de chat e assincrônicas (não simultâneas), em um esquema similar aos fóruns de discussão.
  - *Etnografia digital ou netnografia*: considerando a internet como local de manifestação cultural e pessoal espontânea, faz-se um acompanhamento e documentação dessa atividade (blogs, comunidades espontâneas ou mídias sociais, vídeos etc.) em moldes semelhantes aos da abordagem etnográfica realizada presencialmente.
  - *Comunidades virtuais e blogs de pesquisa (MROC – Marketing Research Online Communities)*: comunidades e blogs na internet criados especialmente para fins de pesquisa qualitativa, com acesso restrito aos participantes selecionados e observadores da empresa de pesquisa, do cliente ou outros de interesse do projeto e do cliente.

8.3 Detalhamento das formas de coleta: como e quando usar

8.3.1 Observação

A coleta de dados via *observação* é normalmente utilizada quando:

- É preciso levantar hipóteses, no início do processo de entendimento do problema de pesquisa.
- É necessário garantir a espontaneidade no levantamento da informação.
- Há dificuldade na verbalização por parte dos respondentes.
- Os dados solicitados referem-se a hábitos muito automatizados, e o entrevistado muitas vezes não tem clara consciência de como os comportamentos e sua sequência realmente acontecem.
- É preciso verificar uma situação real de compra – por exemplo, em um supermercado: se a pessoa olha o rótulo, verifica os preços, pega um produto e devolve na prateleira ou decide levar/comprar etc.
- O projeto de pesquisa utiliza métodos emprestados da etnografia, logo, há necessidade de observação, imergindo no mundo dos entrevistados. (Ver detalhes no Capítulo 6, em que se aborda a etnografia como metodologia de pesquisa qualitativa.)

8.3.2 Entrevistas e contatos pessoais em geral

Utilizam-se o contato pessoal e as entrevistas quando:

- Há necessidade de interagir com o entrevistado: precisamos complementar a pergunta ou tema, explorando mais as respostas; precisamos mostrar algum estímulo: uma foto, um cartão com as marcas, um conceito; precisamos oferecer um produto para experimentar etc.

- É preciso manter a atenção do entrevistado por mais tempo.

- É necessário garantir a veracidade das informações sobre o perfil do entrevistado (evitar que ele "crie" seu próprio perfil). Por exemplo: na casa do entrevistado, mesmo que o entrevistador não entre, fica mais difícil o entrevistado declarar algo que não corresponde à realidade.

8.3.3 Entrevistas e abordagens por telefone

As abordagens por telefone são usadas quando:

- O questionário é mais breve e mais objetivo: não há muita necessidade de exploração e aprofundamento. A experiência tem mostrado que vinte minutos é o tempo máximo que um entrevistado fica ao telefone respondendo às perguntas de uma forma consciente, com qualidade, sem escapismos.

- A amostra tem uma dispersão geográfica muito grande e os custos de locomoção ficam muito altos. Os custos das ligações telefônicas ainda são muito altas no Brasil, mas centralizar a realização das entrevistas permite maior produtividade do entrevistador e, consequentemente, um custo–benefício mais adequado.

- Não há restrições sobre apresentação de estímulos e nível de alfabetização dos entrevistados. Por exemplo: quando a resposta deve ser dada com o uso de uma escala, precisamos pedir para que o entrevistado escreva as alternativas de respostas, e escrever de forma correta e rápida pode ser um problema para o entrevistado.

8.3.4 Entrevistas de autopreenchimento

Entrevistas de autopreenchimento são usadas quando:

- Há dificuldade em agendar/ter contato pessoal com entrevistado.

- O público-alvo é mais esclarecido e o nível de escolaridade é mais alto.

- A abordagem é breve, com um questionário curto e simples.

- O tipo de informação é bem objetivo e a forma de anotar a resposta é bastante clara.

8.3.5 Entrevistas pessoais e por telefone com registro em computador – Cati ou Capi

- As entrevistas que têm o registro feito por computador, seja pessoal ou por telefone, precisam de um software que segue o fluxo do questionário para que a consistência das respostas seja feita de forma automática.

- Há algumas restrições para perguntas abertas, que precisam de digitação (portanto, uma equipe de coleta com habilidade de digitação rápida) e trabalhos de codificação posterior.

8.3.6 Entrevistas na web, entrevistas e outras abordagens on-line

- Há uma grande limitação de tempo de aplicação do questionário, as questões devem ser simples e a forma de anotação das respostas muito clara.

- Se a captação é feita via intercept na web, com algum software para e-survey tipo pop-up ou por ferramentas tipo "webmonkey", a pesquisa não consegue controlar o perfil dos respondentes. É uma resposta de quem estava na web e se dispôs a responder a pesquisa.

- Para ter um controle do perfil dos entrevistados a pesquisa deve ser enviada às pessoas que fazem parte de um painel de internet, em que há um controle do perfil dos seus participantes; pode-se assegurar a veracidade do perfil, e os entrevistados são incentivados a participar de pesquisas de mercado.

- Pesquisas on-line com base em painéis são limitadas para estudos nos quais se busca informações com públicos muito segmentados e de muito baixa incidência.

- Pesquisas on-line que precisam mostrar estímulos, como filmes, fotos etc. são limitadas pela capacidade de acesso à internet dos entrevistados. Eles precisam ter acesso à internet de banda larga com uma capacidade mínima para não alterar a qualidade dos estímulos.

Exercício:

Considerando a avaliação/conceito dada a cada item do resumo a seguir, discuta com colegas e professor se concorda ou discorda, e as razões dessas avaliações.

Aplicar esta avaliação na análise de um projeto de pesquisa em particular para fazer o diagnóstico.

Resumo

Comparação entre os vários meios de coleta de dados

	Pessoais	Telefone	Autopreenchimento	On-line	Observação
Flexibilidade	Excelente	Boa	Ruim	Ruim	Muito boa
Qualidade da informação	Excelente	Boa	Ruim	Boa	Boa
Quantidade de dados/tempo	Boa	Muito boa	Boa	Boa	Ruim
Controle do entrevistador	Ruim	Boa	Não se aplica	Não se aplica	Ruim
Controle da amostra	Boa	Muito boa	Ruim	Ruim	Ruim
Rapidez da coleta de dados	Boa	Excelente	Razoável	Excelente	Ruim
Taxa de resposta/efetivação	Muito boa	Boa	Ruim	Muito boa	Razoável
Custo	Ruim	Boa	Muito boa	Boa	Ruim
Custo *versus* benefício (geral)	Excelente	Muito boa	Ruim	Boa	Razoável

Amostra e amostragem

9

Desde a escolha do curso que faria na universidade já me interessava de alguma forma por pesquisa. A própria escolha do curso de estatística, que organiza e analisa uma série de informações, corrobora esta paixão. A riqueza da pesquisa está na sua variedade, no aprendizado e no desafio constantes. Cada assunto pesquisado, conhecimento novo gerado! Entender o consumidor, o cidadão nas suas várias vertentes e poder contribuir na elaboração de estratégias, nas decisões táticas e nos processos de inovação de nossos clientes é muito gratificante e rico. Ainda mais se pensarmos que tudo é feito através de amostras de populações.

As perguntas que mais respondo ao longo da minha carreira são "como uma amostra tão pequena pode representar tanta gente?", "como eu nunca fui entrevistado?". De fato, uma amostra representativa do universo pesquisado tem o poder de retratar as opiniões de toda uma população com bastante precisão, mesmo que a probabilidade de um indivíduo ser selecionado seja bem pequena.

E é isso o que me encanta na pesquisa, a mistura de elementos de arte com os de ciência.

– Márcia Cavallari Nunes
CEO do Ibope Inteligência – São Paulo

Neste capítulo:

- Tipos de amostra e amostragem – definições e conceitos.
- Tamanhos de amostra, margens de erro e erros amostrais.
- Amostras em pesquisas qualitativas.
- Referências para planejamento de amostra e amostragem.

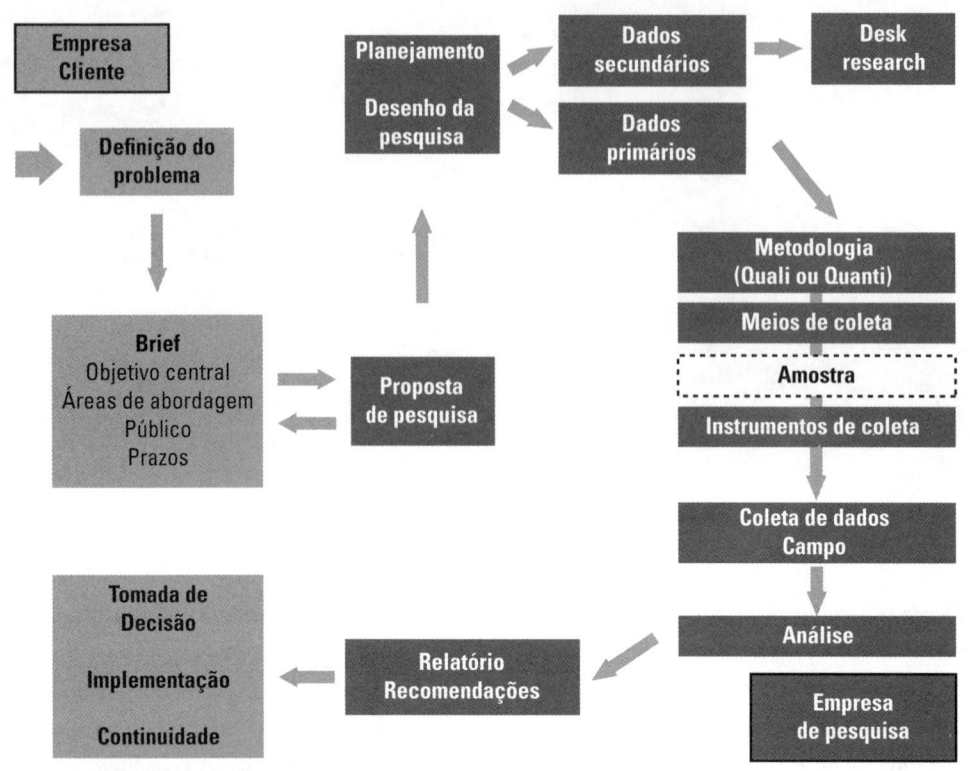

Fonte: Adaptado de Oliveira e Pupo (2005).

Este capítulo sobre amostra e amostragem tem como meta abordar os conceitos mais frequentemente usados na prática da pesquisa de mercado, sem entrar em profundidade nos aspectos mais teóricos da Estatística e da Matemática.

O objetivo é a sistematização do aprendizado, baseado na prática da pesquisa de mercado, de um modo que possa ser um complemento útil para os livros mais específicos sobre o assunto.

9.1. Os tipos de amostra e amostragem – definições e conceitos

Em pesquisas de mercado, trabalhamos com o conceito de amostra para representar uma determinada população – ou, o chamado universo. E para representar esta população ou o universo seguem-se técnicas de seleção da amostra – ou o que chamamos de amostragem.

O conceito de amostra é utilizado no sentido de que não é possível ouvir a opinião da população toda, e que, portanto, uma parcela desta população, desde que extraída de uma forma sistematizada e planejada, pode representar o todo.

Muitos exemplos da vida cotidiana são utilizados para ilustrar o conceito de amostra, tais como: experimentar uma porção da sopa; extrair um frasco pequeno de sangue; examinar um pedaço do tecido; analisar uma porção de terra da fazenda; examinar uma parcela dos parafusos que são produzidos na fábrica etc.

Para cada um deles são estabelecidos processos de obtenção da amostra, para que seus resultados sejam comparáveis e validados no sentido de representar o todo ou o universo.

A prática de muitos anos de pesquisa de mercado desenvolveu processos que viabilizam "ouvir" a população/universo sem necessidade de cobrir o todo, o que seria inviável em termos de prazos e investimentos.

- **Universo/população**: é o conjunto de elementos que contém uma característica comum a todos.
- **Amostra**: uma parcela deste universo/população, extraída de tal modo que contenha elementos com a característica comum definida para o universo.
- **Amostragem:** é o processo ou a estrutura de seleção da amostra estabelecida para que a amostra represente o todo, e assim possibilite as análises necessárias.

Lembrar sempre que, no planejamento da amostra e amostragem, muitas vezes *mais é menos*. Ter uma amostra o maior possível para melhor representar a população pode resultar em erros não amostrais difíceis de serem avaliados, que interferem muito mais nos resultados, e que podem deixar o projeto inviável em termos de custo.

Como diz Reichmann (1975, p. 158) no livro *Uso e abuso das estatísticas*:

> a dimensão ótima de uma amostragem de fato depende da natureza da população e da natureza da questão para a qual estamos procurando uma resposta. Definir qual é a dimensão ótima da amostragem, para uma investigação determinada, fornece um dos mais complexos problemas com os quais o estatístico tem de trabalhar. Contrariamente à crença popular, a dimensão de uma amostragem não depende fundamentalmente do tamanho da população da qual a amostragem é tirada. Contudo, a dimensão da amostragem depende do grau de precisão exigido na representatividade da estatística da amostragem como uma estimativa do parâmetro da população.

9.1.1 Tipos de amostra e amostragem

De forma geral, consideramos que para cada tipo de amostragem corresponde um respectivo tipo de amostra, para os quais devem ser atribuídos tratamentos estatísticos e análises específicas daquele tipo de amostra.

Quanto aos tipos básicos de amostra e amostragem, vamos nos basear nos conceitos usados por Pinheiro, Castro, Silva, Helder e Nunes (2006) em *Comportamento do Consumidor e Pesquisa de Mercado*, adaptando a linguagem para situações mais práticas e usuais na condução de pesquisa de mercado.

Segundo os autores citados, a amostragem pode ser dividida em dois grandes grupos: a chamada probabilística[1] e a não probabilística.

Na amostra probabilística cada elemento da população tem uma probabilidade conhecida, e diferente de zero, de ser selecionada para fazer parte da amostra. A seleção da amostra é

---

[1] Alguns autores denominam a amostra probabilística de amostra aleatória, referindo-se ao mesmo conceito. Utilizamos o termo "probabilística" por ser o mais usual em pesquisa de mercado.

feita por sorteios aleatórios, garantindo que todos os elementos da população façam parte da amostra na mesma proporção que ocorrem no universo.

Neste tipo de amostra é possível estimar o erro ou o erro amostral, que é a diferença entre o valor encontrado na amostra e o que é encontrado na população, através do pressuposto de que o intervalo de confiança contém a probabilidade de aquele fenômeno acontecer na população.

A – A *amostragem probabilística* pode ser classificada em quatro tipos:

1. **Amostragem probabilística simples, ou SRS (Simple Random Sample)**: É a mais comum, na qual todos os elementos da população têm iguais possibilidades de ser selecionados na amostra.

2. **Amostragem sistemática**: usa-se um critério de seleção da amostra, que tem como base o estabelecimento de intervalos sistemáticos. Esse tipo de amostra é muito usado em amostragem feita a partir de uma listagem base, como, por exemplo: lista de clientes do banco x ou y; lista de novos compradores de autos da marca x ou y. Normalmente, considera-se o número total de nomes da lista, divide-se pelo número de entrevistas necessárias e chega-se ao intervalo. Sorteia-se um número dentro do intervalo para indicar o início e, na sequência, soma-se o intervalo de forma sistemática e sucessiva.

3. **Amostragem estratificada**: quando temos grupos, ou segmentos, ou estratos com características semelhantes em termos de tipos de comportamentos, atitudes, demografia, etc., precisamos que todos os grupos/segmentos/estratos sejam representados para uma leitura de cada um deles, e sabemos que se deixarmos para seguir com uma amostragem probabilística não obteremos números suficientes de entrevistas em cada grupo/segmento/estrato.

A Figura 9.1 a seguir, adaptada de Hague, Hague e Morgan (2009, p. 94), representa muito bem esta questão, que é muito comum de acontecer em amostras B2B. É muito importante estratificar a amostra compondo-se estratos homogêneos de tal maneira que parte do estrato dos pequenos seja representada e talvez se precise de todos os elementos do estrato das grandes empresas para compor a amostra.

Num exemplo prático, se no universo temos 20% de lojas grandes, 30% de médias e 50% de pequenas, e adotamos uma amostragem probabilística simples, numa amostra de 200 entrevistas, vamos ter no máximo 40 entrevistas com lojas grandes, o que é um número insuficiente para ler este segmento. Considerando que seria importante ter um mínimo de 80 entrevistas em cada segmento, separamos as listas por segmento e sorteamos o número de lojas através do estabelecimento de um intervalo sistemático dentro de cada estrato. Com esse procedimento, o intervalo para o estrato dos grandes será menor, e o intervalo para as lojas menores será maior. Desse modo é garantido que se obtenha número suficiente de entrevistas em cada estrato para, assim, fazer a análise.

Com este procedimento é possível aumentar a precisão da amostra, na medida em que se reduz a estimativa da variância da amostra e se estabelece o erro para cada estrato da amostra que é diferente do todo.

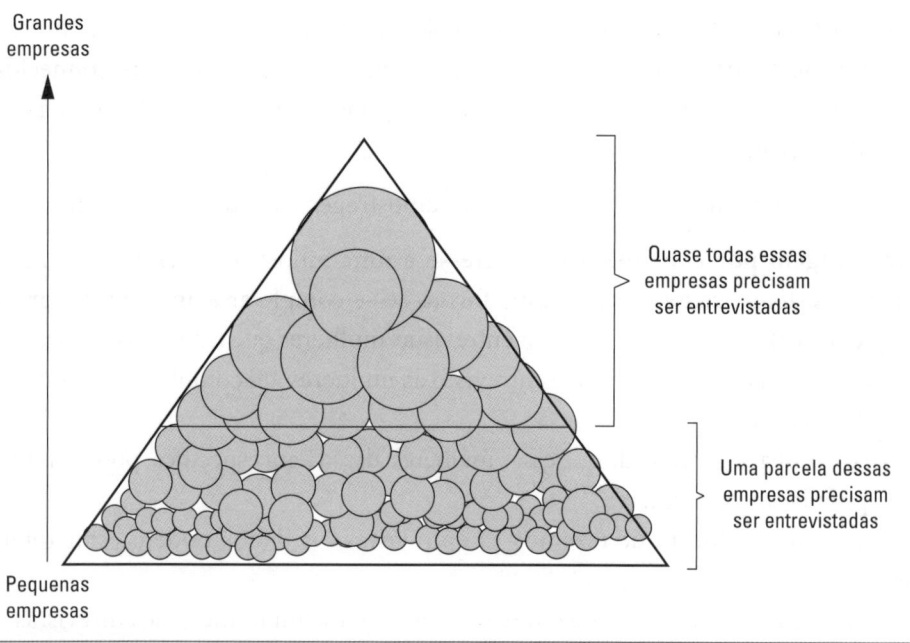

Figura 9.1 Amostragem probalística.

Fonte: Adaptado de Hague, Hague e Morgan (2004, p. 94).

Na amostra estratificada é importante que os elementos *dentro* de cada estrato *tenham a maior homogeneidade possível*, de tal maneira que as médias dos estratos se diferenciem ao máximo. É preciso aumentar a variação *entre* os estratos e diminuir a variação dentro deles. Se conseguimos isso, garantimos que a amostra de cada estrato represente o todo.

4. **Amostragem por conglomerados**: quando a seleção da amostra é feita considerando-se grupos ou chamados conglomerados em vez dos elementos. São considerados conglomerados: um conjunto de quarteirões (os chamados *clusters*, ou os setores censitários do IBGE), um bairro, um distrito, um domicílio, uma cidade etc.

    A amostragem por conglomerados é bastante utilizada em pesquisa de mercado para viabilizar custos e prazos de coleta de dados.

    O que torna eficiente uma amostra estratificada deixa ineficiente a amostra por conglomerados. Nesta, precisamos ter conglomerados com os elementos da maior heterogeneidade possível, para que cada um dos conglomerados seja de alguma maneira uma reprodução dos demais. Nesses casos, a diversidade existente em cada conglomerado é grande e desconhecida, aumentando a variância e o erro amostral. Mas, por outro lado, é uma forma mais prática à medida que reduz substancialmente os custos, mantendo uma representatividade aceitável.

Determinar que tipo de amostragem e amostra adotar é uma questão de decisão do que é aceitável em termos mais teóricos, o que é necessário para atender aos objetivos da pesquisa e o que é viável em termos de prazos e investimentos.

Convém ressaltar também que todos os quatro tipos de amostragem e amostra são variações da amostragem probabilística simples. Elas são estruturadas e praticadas para atender às necessidades de análise das informações e às questões de viabilidade econômica.

B – Na *amostragem não probabilística*, como colocam Pinheiro, Castro, Silva e Nunes (2006, p. 98), "a probabilidade de seleção de cada amostra da população é desconhecida para algumas ou para todas as unidades da população, podendo algumas unidades ter probabilidade nula de seleção".

São basicamente três os tipos de amostra e amostragem não probabilísticas:

1. **Amostragem por conveniência**: refere-se a uma amostra selecionada com poucos critérios sistematizados, e busca uma forma de se completar a amostra da forma mais simples e fácil. Por exemplo: preciso entrevistar mulheres que fazem as compras da casa. Coloco entrevistadores na feira e entrevisto as mulheres até completar o número de entrevistas necessário.

   Neste caso, qual a garantia de que essas mulheres, dessa feira específica, podem representar uma população de mulheres?

   Dependendo do local que fazemos as entrevistas, os dados podem estar totalmente viesados.

   Esse tipo de amostra e amostragem realmente produz um número de entrevistas grande a um custo muito baixo, mas precisamos verificar qual objetivo estamos buscando para avaliar sua adequação.

   É recomendada para ser usada como piloto ou pré-teste de um questionário, ou para uma chamada sondagem de alguma informação sobre uma marca da qual não há nenhum dado anterior.

2. **Amostragem por julgamento:** chamada na prática de pesquisa de mercado de amostragem intencional. A amostra é selecionada por julgamento e de forma intencional, buscando aqueles elementos que apresentam a melhor condição para dar aquela informação. Por exemplo, em uma pesquisa sobre a receptividade a um novo aparelho de celular, buscam-se pessoas mais ligadas em tecnologia, e orienta-se a seleção da amostra nesse sentido, porque existe o pressuposto de que esse público daria informações mais diagnósticas e detalhadas sobre o novo produto. Um consumidor comum estaria mais distante dessa realidade.

3. **Amostragem por cotas**[2]: é a seleção da amostra que é elaborada com base no controle de algumas características, de tal forma que seja uma reprodução da população ou do universo. Nesse sentido, para uma amostra por cotas, é preciso ter conhecimento da população ou universo no que se refere àquelas características que desejamos controlar.

   A amostragem por cotas é uma das mais utilizadas em pesquisa de mercado, especialmente para o controle de variáveis demográficas como sexo, idade e classe econômica.

   Existem dados disponíveis de amostras probabilísticas ou mesmo dados de censos demográficos que servem de parâmetros para essas cotas. Mas, muitas vezes procura-se estabelecer cotas também para características psicográficas e comportamentais, dependendo muito dos objetivos da pesquisa.

---

[2] Cotas ou quotas: ambas as grafias reproduzem o mesmo conceito trabalhado por diversos autores. Neste caso, decidimos por cotas, por ser mais usual e coloquial na língua portuguesa.

Na prática da pesquisa de mercado temos observado que praticamente é inexistente o uso da amostra probabilística simples. O mais comumente utilizado é uma amostragem em estágios/etapas – ou o que podemos chamar de múltiplos estágios –, incluindo amostras probabilísticas por conglomerados para o primeiro estágio (cidades, bairros, quarteirões, domicílios etc.) e amostragem por cotas estabelecidas, para controle dos vários segmentos de interesse da pesquisa daquele objetivo em particular (no estágio subsequente).

A amostragem praticada em pesquisa de mercado é em geral chamada probabilística, mas não atende aos requisitos estritamente teóricos do conceito de amostra probabilística. São guiadas por um aspecto mais pragmático de foco no público e na informação desejada; análise do balanço entre prazos, custos/investimentos, riscos envolvidos e necessidade de análise.

A amostragem mais comumente aplicada à pesquisa de mercado é a estruturada em múltiplos estágios, de modo geral, observando os seguintes passos:

- Definição clara do público-alvo da pesquisa, ou seja, aquele público prioritário para a tomada de decisão.
- Definição das áreas geográficas. Por exemplo, cidade que representa maior potencial de mercado; várias cidades que representam diversidade de comportamentos e atitudes, e, neste caso, temos necessidade de verificar essas diferenças; cidades onde estamos enfrentando o problema específico que está sendo pesquisado etc.
- Definição de áreas dentro das cidades, seja pelos setores censitários, mapas numerados, guias de ruas etc.
- Definição de procedimentos para localização do domicílio a ser entrevistado.
- Definição de procedimentos para identificação da pessoa a ser entrevistada em domicílio.

Ver mais detalhes no item 9.3: Referências para planejamento de amostra e amostragem.

9.1.2 Definição do tamanho da amostra (número de entrevistas) e da margem de erro

Em termos gerais, podemos dizer que a exatidão estatística tem relação com o tamanho da amostra, mas, no uso da pesquisa de mercado para subsídios de decisões de marketing, devemos considerar que essas necessidades de exatidão estão relacionadas com a complexidade e os riscos das decisões envolvidas. Assim, segundo Pinheiro, Castro, Silva e Nunes (2006, p. 100).

> ... o tamanho da amostra envolve questões financeiras (disponibilidade de orçamento), gerenciais (diminuição da área de incerteza para a tomada de decisão) e estatísticas (precisão nos resultados, de acordo com a variância, o intervalo de confiança e a margem de erro).

Segundo Cavallari (2000, p. 52 e 53) "...o tamanho da amostra não determina se ela é de boa ou má qualidade. Mais importante é a sua representatividade, ou seja, o seu grau de similaridade com a população em estudo"; mais adiante, ela esclarece que "... uma amostra selecionada rigorosamente dentro de padrões estatísticos, mesmo que pequena, será muito melhor do que uma grande amostra selecionada com variáveis de controle não adequadas".

Portanto, para se definir o tamanho da amostra deve-se considerar o grau de confiança que se pretende com os resultados, as variáveis que se quer considerar na análise dos resultados e as questões mais operacionais de extrema importância para que a pesquisa seja de utilidade para o usuário: tempo de execução (prazos) e investimentos (custos envolvidos).

É importante, assim, considerar a margem de erro que se estabelece (de acordo com todas as questões colocadas anteriormente) e o intervalo de confiança ou o índice de confiança daquela informação.

A margem de erro é considerada porque não se pode esperar que duas amostras independentes, retiradas de uma mesma população, forneçam resultados exatamente iguais. Existe variabilidade nas estimativas porque uma amostra não é a perfeita representação do universo. Os resultados de uma amostra podem até ser considerados metaforicamente "errados" – na realidade, representam uma probabilidade de que aqueles parâmetros se mostrem reproduzidos no universo ou população.

Poderíamos concluir que à medida que a amostra aumenta, o erro amostral diminui. E, portanto, uma importante decisão que deve ser tomada é sobre o tamanho da amostra. É preciso considerar, porém, que o erro amostral não diminui numa relação diretamente proporcional ao aumento da amostra.

O "erro amostral" é aleatório, pois as estimativas comportam-se aleatoriamente em torno do verdadeiro valor do parâmetro na população. Ou seja, concentram-se em torno de um valor central que coincide ou não com o verdadeiro valor do parâmetro. Mas essa similaridade ou diferença pode ser chamada de erro amostral apenas quando é resultado de amostras estritamente probabilísticas, nas quais os erros podem ser calculados e controlados.

O erro amostral, ou margem de erro, define o intervalo de confiança (para mais ou para menos) das porcentagens observadas em uma amostra. Em outras palavras, a probabilidade de que aquela informação se repita na população-alvo: quando uma amostra com intervalo de confiança de 95% (que é o mais usual em pesquisa de mercado) mostra que há 95% de probabilidade de aquele fato ocorrer quando se transporta os dados para o universo.

Pela mecânica direta, à medida que a amostra aumenta, o erro amostral diminui. Como o erro amostral não diminui em uma relação diretamente proporcional ao aumento do tamanho da amostra (para que o erro seja reduzido pela metade é preciso quadruplicar o tamanho da amostra), deve-se considerar também outras variáveis, mesmo levando em conta que a decisão sobre o tamanho da amostra é muito importante.

Tabela 9.1

Tamanho da amostra	Erro amostral máximo	
	Amostras com 95% de confiança	Amostras com 90% de confiança
30	17,9%	15,0%
40	15,5%	13,0%
50	13,9%	11,6%
100	9,8%	8,2%
150	8,0%	6,7%
200	6,9%	5,8%
250	6,2%	5,2%
300	5,7%	4,7%
350	5,2%	4,4%
400	4,9%	4,1%
450	4,6%	3,9%
500	4,4%	3,7%
600	4,0%	3,4%
700	3,7%	3,1%
800	3,5%	2,9%
900	3,3%	2,7%
1.000	3,1%	2,6%
1.500	2,5%	2,1%
2.000	2,2%	1,8%
2.500	2,0%	1,6%
3.000	1,8%	1,5%
4.000	1,5%	1,3%
5.000	1,4%	1,2%

Detalhando a curva de redução do erro amostral pelo aumento do tamanho da amostra, observamos claramente que, para reduzir o erro amostral pela metade, precisamos quadruplicar o tamanho da amostra. Observe a figura a seguir.

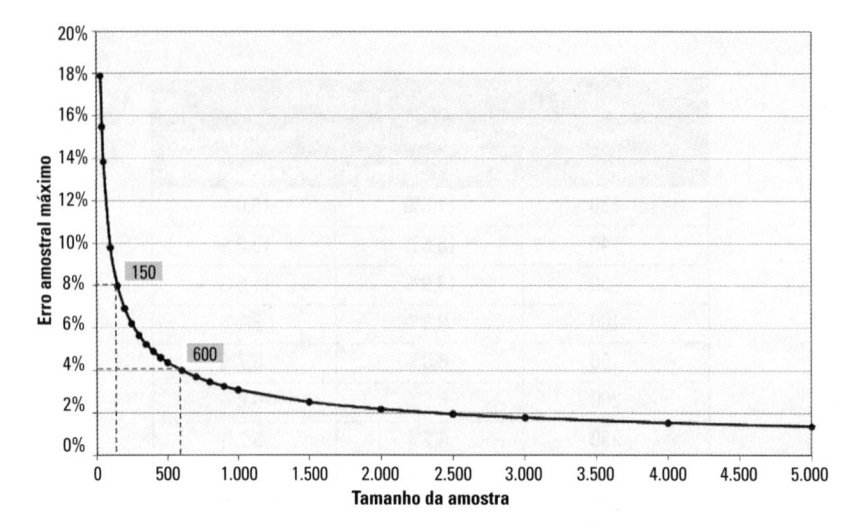

Figura 9.2 Amostras com 95% de confiança.

Estimativa do erro máximo e nível de confiança

É bastante usual para efeitos didáticos e para fins de divulgação de pesquisas, especialmente nas pesquisas políticas de intenção de voto, a menção "erro da amostra para mais ou para menos", considerando-se o tamanho da amostra. Este erro refere-se ao erro amostral máximo, que somente pode ser aplicado quando a porcentagem observada é igual a 50%. Para as demais porcentagens observadas, o erro amostral será sempre menor.

Portanto, deve-se observar que "não existe um erro amostral único e fechado para a pesquisa como um todo, pois cada informação fornecida pela pesquisa tem um erro amostral correspondente", segundo Cavallari (2000, p. 53).

No exemplo a seguir, uma amostra de tamanho 400, com 95% de confiança, cujo erro amostral máximo é 4,9%.

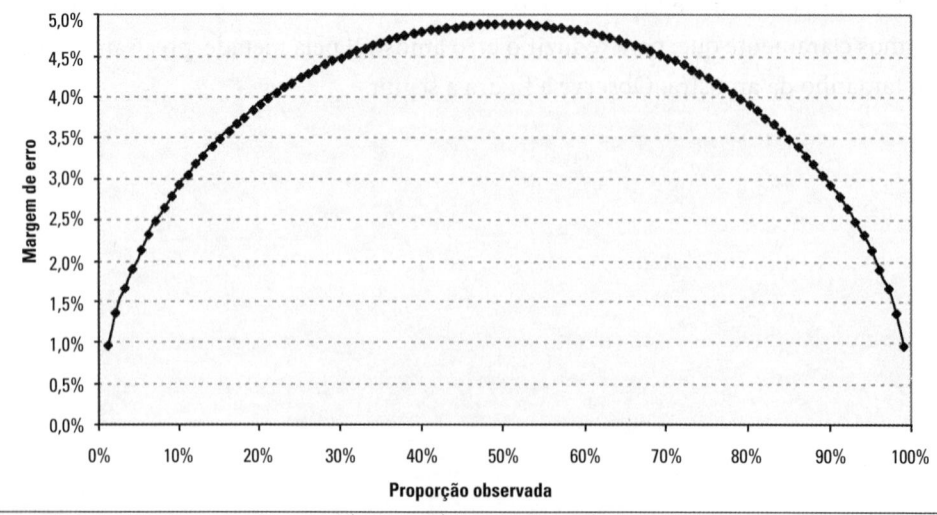

Figura 9.3 Amostra de tamanho = 400 (com 95% de confiança).

Nível de confiança igual a 95% significa que, se fossem extraídas várias amostras seguindo o mesmo procedimento operacional de amostragem, em pelo menos 95% delas os intervalos de confiança conteriam o verdadeiro valor do parâmetro na população, ou seja, as pesquisas estariam corretas.

Homogeneidade do universo estudado

Outra variável que deve ser considerada no planejamento da amostra considerando-se os métodos de amostragem e o tamanho da amostra é a maior ou menor homogeneidade do universo.

A possibilidade de termos amostras menores, suficientes para representar o todo, está diretamente relacionada à homogeneidade da população. Quanto maior a uniformidade, a variabilidade é menor, e amostras pequenas são suficientes para representar adequadamente os elementos do universo.

Segmentar ou estratificar a amostra em vários grupos mais homogêneos entre si pode aumentar a representatividade intragrupos e possibilitar amostras muito mais precisas, mais focadas nos objetivos a serem alcançados em termos de representatividade, mesmo que se tenha um menor número de entrevistas.

9.2 Amostra em pesquisas qualitativas

O conceito de amostra é muito diferente nas pesquisas qualitativas e quantitativas, como foi salientado quando se traçou um quadro comparativo entre as duas metodologias no Capítulo 6.

A própria nomenclatura é polêmica: alguns pesquisadores nem consideram que seja utilizado um procedimento de amostragem em uma pesquisa qualitativa, preferindo falar em "seleção dos respondentes".

Imms e Ereaut (2003, p. 86) colocam a este respeito que " ... o termo 'amostra' em si acabou por ter uma conotação estatística específica" e, por isso, pode soar estranho no universo qualitativo.

Particularmente, a representatividade da amostra em relação ao universo estudado não é levada em conta na pesquisa qualitativa, ao contrário do que acontece com a maioria das pesquisas quantitativas. Por sua própria natureza, as informações qualitativas são interpretativas e não podem ser projetadas para o mercado.

Procura-se incluir na amostra, em uma abordagem qualitativa, pessoas que possam dar contribuições relevantes para o assunto que está sendo estudado, independente da proporção de sua presença na população focalizada.

Como Imms e Ereaut (2003, p. 86) apontam, ao planejar a amostra qualitativa tenta-se "entender a perspectiva ou visão de mundo de um segmento ou segmentos de pessoas relevantes para o cliente ... É necessário gerar o entendimento de uma série de *perspectivas*" para que se tenha uma compreensão mais abrangente do tema.

A amostra qualitativa pode ser considerada de tamanho suficiente quando traz os elementos para compreender toda a gama de segmentos relevantes para o projeto, as particularidades de cada um dos segmentos e as possíveis relações entre eles.

Mariampolski (2001, p. 58) comenta as dificuldades de determinar qual o número suficiente de eventos de coleta de dados em uma pesquisa qualitativa e postula que um critério para isso pode ser "quando todas as variações dentro de um segmento foram consideradas ou quando o pesquisador encontra redundância (dos dados) ao ouvir muitas vezes a mesma coisa de respondentes diferentes".

A grande pergunta que se faz, ao montar a amostra em pesquisas qualitativas, é: com quem se deve falar para ter o tipo de informação que está sendo buscada? Ou, detalhando um pouco mais: que características devem ter as pessoas que participarão desta pesquisa em particular?

A seleção das pessoas que serão convidadas a responder em projetos qualitativos se faz pela aplicação de um questionário de recrutamento, criado de forma a buscar as pessoas que se enquadram nessas características – as variáveis, ou "filtros".

As variáveis a serem consideradas para a composição da amostra podem ser de vários tipos, conforme as necessidades do projeto:

- Demográficas: classe econômica[3], sexo, idade, estado civil, cidade/praça, renda, cor/raça/etnia etc.

- Estilo de vida: constelação familiar, nível de escolaridade, hábitos (por exemplo: alimentares, de mídia, de lazer) etc.

- Consumo: uso de determinada categoria ou produto, fidelidade e frequência de utilização, uso de produtos da concorrência etc.

- Variáveis de atitudes ou segmentos específicos, tais como:
  - profissões/cargos;
  - atitudes diante de determinados assuntos ou tipos de produtos;
  - perfil psicográfico[4].

A escolha dos respondentes em pesquisa qualitativa é intencional (não probabilística), ou seja, selecionam-se pessoas que obedeçam aos critérios que são estabelecidos no planejamento e que os pesquisadores consideram importantes para o projeto.

A amostra em estudos qualitativos é, por princípio, reduzida, contando com poucas unidades de eventos de campo para coleta de dados (grupos, entrevistas ou observações, por exemplo, conforme o método escolhido). Deve ser destacado que esta é uma característica inerente a esse tipo de pesquisa, e não uma limitação em si.

Na verdade, não se necessita de amostras numerosas nessa área, porque não há ganhos efetivos quando se planeja uma grande quantidade de eventos de coleta de dados qualitativos, pois, entre outras razões:

---

[3] Veja no Capítulo 16, o critério Brasil, observando que, em pesquisa qualitativa, a classe raramente é considerada isoladamente: colocam-se filtros para ter maior sensibilidade quanto a esse aspecto.

[4] Em ambos os casos, atitudes diante de determinados assuntos ou tipos de produtos e perfil psicográfico são aplicadas escalas no questionário de recrutamento para selecionar pessoas que se adaptem ao perfil desejado para a pesquisa.

1. Em função do caráter interpretativo da pesquisa qualitativa, o entendimento dos significados de um determinado fenômeno tem mais importância que a sua incidência.

2. As informações relevantes tendem a se repetir, pois há aspectos culturais que conduzem a ideias semelhantes, com conteúdos em comum.

3. A análise qualitativa de um número excessivo de informações é difícil e, em alguns casos, pode se tornar inviável.

4. Finalmente, deve ser apontada a relação custo–benefício: os custos elevados de cada evento de tomada de informações qualitativas fazem que o planejamento precise ser cuidadoso, evitando o excesso de eventos.

O número de grupos ou entrevistas depende das características do target/público (variáveis, diferentes segmentos) e dos objetivos do projeto; nunca é uma decisão arbitrária.

Ao planejar a amostra de uma pesquisa qualitativa deve ser levada em conta uma série de aspectos, como os que se seguem (levantados a partir do que foi definido no brief, das características do produto/serviço e de nosso conhecimento anterior sobre o tema, além de dados da desk research):

- O produto é de consumo geral ou é consumido prioritariamente por pessoas com características demográficas em especial (por exemplo, por pessoas de alguma faixa etária específica, de uma determinada classe econômica)?

- Outras características podem influir no consumo, tais como estado civil e presença ou não de filhos?

- Sua distribuição é nacional ou somente em áreas específicas? Pode-se imaginar que haverá diferenças entre as respostas das pessoas que residem em praças diferentes?

- Considerando agora variáveis ligadas ao estilo de vida das pessoas, pode haver respostas diferentes entre as pessoas que apresentam determinados hábitos?

- É importante também ouvir autoridades profissionais, como médicos, psicólogos, professores, jornalistas, para ter um quadro geral mais completo?

- A pesquisa deve ser conduzida também com os não consumidores ou os rejeitadores do produto em questão?

- É interessante incluir na amostra líderes de opinião e consumidores críticos e diferenciados, pela complexidade dos temas a serem debatidos?

Poderiam ser levantadas ainda mais questões e chegar-se a uma grande lista de possíveis variáveis. O que é preciso fazer é selecionar as que são realmente importantes para o projeto.

Esses cuidados se justificam, pois, ao acrescentarmos variáveis para a qualificação dos respondentes, vamos aumentando a amostra em progressão geométrica.

Isso está exemplificado no quadro a seguir, em que se consideram possibilidades amostrais para a fase qualitativa do caso do Xampu "Beleza+" (brief no Capítulo 4).

Caso – Xampu "Beleza+"

Por que a amostra em pesquisa qualitativa deve ser limitada?

Vamos imaginar que para a fase qualitativa inicial do projeto, que seria desenvolvido para o Xampu "Beleza+" (veja brief no Capítulo 4), será utilizada a técnica de discussões em grupo.

- Podemos, inicialmente, pensar em dois segmentos básicos, focalizando somente usuários atuais da marca "Beleza+" – homens e mulheres.
- Se a idade for importante e separarmos as pessoas em duas faixas etárias, teremos quatro segmentos – dois de cada faixa etária, sendo dois femininos e dois masculinos.
- Se acrescentarmos a classe econômica e decidirmos trabalhar com duas faixas, já teremos oito segmentos (os quatro que tínhamos com sexo e idade, multiplicados pelas duas classes).
- Se considerarmos também que precisamos falar com pessoas de no mínimo quatro cidades, teremos 32 segmentos (4 x 8 segmentos). Com um grupo em cada segmento, já teremos 32 grupos.
- E se imaginarmos ainda que poderia ser interessante falar também com os não usuários, para estudar as resistências, e quisermos manter todas as variáveis, duplicaremos a amostra e chegaremos a 64 discussões em grupo, algo impensável em termos de viabilidade de tempo e investimento.

Há ainda algumas recomendações importantes no planejamento da amostra em pesquisas qualitativas:

- Em geral, pessoas envolvidas profissionalmente em marketing, publicidade, pesquisa e vendas (ou que tenham parentes próximos atuantes nessas áreas) e também as ligadas ao ramo pesquisado são excluídas das pesquisas qualitativas.
- No caso de grupos, deve-se trabalhar com faixas estreitas de variação de idade, classe econômica e outros filtros, pois é importante considerar a homogeneidade dos entrevistados, para que se tenha resultados mais coerentes por segmento e comparáveis entre os segmentos; além disso, pode não haver empatia se houver, no mesmo grupo, participantes muito diferentes entre si (por exemplo, pessoas de idade ou classe econômica discrepantes entre elas).
- Tratando-se de grupos, também, evitam-se pessoas conhecidas entre si, porque isso pode influenciar suas respostas.

Devemos observar que essas recomendações são gerais e mais dirigidas ao trabalho com consumidores finais ou com o público em geral, não sendo válidas sempre. Quando há grupos criativos ou com profissionais, por exemplo, elas não se aplicariam.

9.3 Referências para planejamento de amostras e amostragem

Para o planejamento de amostras e os tipos de amostragem é muito importante o conhecimento das informações sobre o universo a ser estudado.

Neste item, colocamos algumas informações sobre demografia que são úteis para orientar o planejamento das pesquisas, extraídas do Censo demográfico do IBGE e organizadas pelo departamento de estatística da Millward Brown.

9.3.1 Mapas e setores censitários como base para sorteio dos domicílios das amostras probabilísticas.

De uma forma geral, quando se trata de uma pesquisa domiciliar com a realização de entrevistas pessoais, é necessário ter um mapa para a seleção da amostra de uma forma aleatória.

Em cidades muito pequenas, o mais comum é ter um mapa com todos os quarteirões da cidade, numerar e sortear. Ou, ainda, dividir a cidade em quatro setores cardiais: norte, sul, leste, oeste. Estabelecer o número de entrevistas em cada setor e fixar um ponto para início do percurso do entrevistador.

Em cidades maiores, o mais comum é utilizar os mapas dos setores censitários sorteados de forma probabilística.

Os setores censitários são demarcados pelo IBGE, obedecendo a critérios de operacionalização da coleta de dados, de tal maneira que abranjam uma área contínua que possa ser percorrida por um único recenseador em um mês (cada setor possui em torno de 250 a 350 domicílios, em áreas urbanas). São mais de 200 mil setores censitários em todo o Brasil.

O mapa de um setor censitário apresenta a configuração mostrada na Figura 9.4.

Considerando que cada setor censitário tem aproximadamente de 250 a 300 domicílios, podemos estabelecer quantos setores censitários existem na cidade. Estabelecemos o número de entrevistas limite em cada setor e sorteamos o número de setores censitários necessários para compor a amostra.

9.3.2 Critérios para seleção dos domicílios

Sorteados os mapas, o critério mais comum utilizado para a seleção do domicílio é o chamado percurso aleatório do entrevistador, com "pulo" sistemático de domicílios entre um contato e outro.

O percurso aleatório do entrevistador deve começar pela face norte do quarteirão sorteado, caminhando em seguida sempre com a mão direita voltada para a parede (para sistematizar a forma de realizar o percurso).

Estabelece-se o critério de pulo de três domicílios a cada contato feito (seja a entrevista efetivada ou não), ou pulo de três domicílios após uma entrevista efetivada. Portanto, se encontrarmos casas vazias ou que não atendem, vamos contatando sem intervalos, até conseguir uma entrevista. Depois de conseguida a entrevista, pula-se três casas.

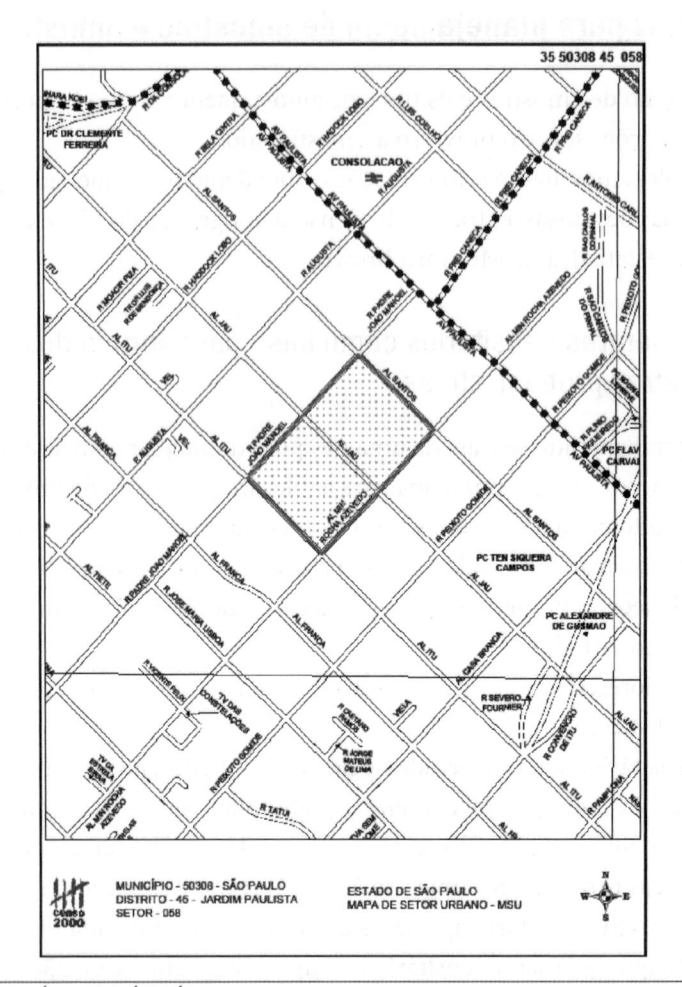

Figura 9.4 Percurso do entrevistador.

Fonte: IBGE, Censo Demográfico 2000.

Este número de domicílios pode ser maior ou menor. O padrão mais utilizado é o de três casas para evitar muito deslocamento do entrevistador e disponibilidade suficiente de domicílios para compor a amostra.

Quando um quarteirão é esgotado passa-se ao quarteirão ao lado, seguindo o esquema padrão de numeração conforme o desenho da Figura 9.5, que mostra um conjunto de quarteirões, ou o chamado "cluster" na pesquisa de mercado.

É importante considerar que nem todos os quarteirões apresentam uma configuração esquemática padrão como o do exemplo. Deve-se, portanto, elaborar procedimentos padrão para quarteirões com formatos irregulares.

É preciso considerar também procedimentos padrão para contatar prédios, casas de vilas, casas em ruas sem saída, casas em condomínios fechados, favelas (ou urbanizações com traçados muito irregulares), domicílios coletivos ou os chamados cortiços etc.

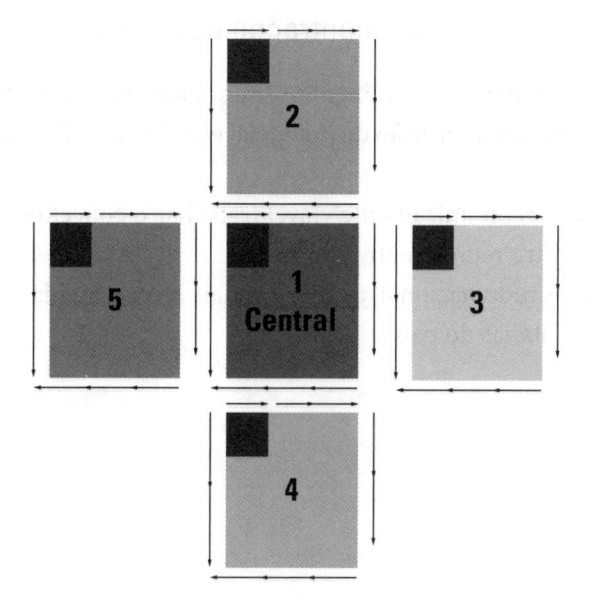

Figura 9.5 Exemplo de Cluster

9.3.3 Critérios para seleção da pessoa a ser entrevistada dentro do domicílio

No domicílio, quando estamos selecionando a dona de casa ou o chefe de família, precisamos saber quem se enquadra na definição estabelecida, e não são muitas as dúvidas sobre quem vamos entrevistar.

Mas, se, por exemplo, temos uma amostra de um público de 15 anos ou mais, de ambos os sexos, e no domicílio encontramos mais de uma pessoa qualificada (o que é bastante comum), precisamos ter um critério para a seleção da pessoa a ser entrevistada.

Os critérios mais utilizados são o do aniversário mais próximo (quem fará aniversário na data mais próxima) e a seleção com base em tabela de números aleatórios: faz-se uma lista das pessoas, começando da que tem mais idade para o mais novo, ou vice-versa; coloca-se uma lista correspondente de números aleatórios e entrevista-se a pessoa correspondente ao número mais alto ou mais baixo (dependendo do critério estabelecido).

Apesar de esse critério ser ideal para atender ao princípio da aleatoriedade, na prática, deve-se tomar alguns cuidados para evitar desvios em função de praticidade e disponibilidade: pessoas com mais idade ou bem mais jovens, que não trabalham fora, são mais fáceis de ser encontradas no momento do contato.

Para evitar viés na amostra, colocam-se critérios de voltas racionais ao domicílio antes da pessoa sorteada ser substituída por outra de igual perfil de sexo e idade.

O perfil da amostra deve ser acompanhado de perto, conforme vai sendo estruturado, considerando-se os dados de perfil, para que esteja em conformidade com os dados da população.

9.3.4 Dispersão geográfica e concentração econômica

O Brasil é um país de dimensões continentais, mas temos que considerar, para efeitos de pesquisa, que existe uma concentração de potencial econômico e de população em algumas poucas áreas.

Nesse sentido, não é economicamente viável trabalhar o conceito de amostra representativa nacional ou amostra representativa do Brasil.

Em geral, para um estudo nacional, a amostra mais recomendada é a que inclui as principais regiões metropolitanas do país:

- Nordeste
  - Fortaleza
  - Recife
  - Salvador
- Sudeste
  - Belo Horizonte
  - Rio de Janeiro
  - São Paulo
- Sul
  - Curitiba
  - Porto Alegre
- Centro-Oeste
  - Brasília

Analisando o mapa do Brasil, podemos observar que a seleção das principais regiões metropolitanas do Brasil permite uma representação das diferentes regiões geográficas do país (exceto a região norte), com grande dispersão da amostra.

Fonte: Volina/Shutterstock

Dependendo do objetivo de cada estudo, podem ser escolhidas diferentes combinações das principais cidades, adequando a dispersão geográfica conforme a necessidade de leitura.

Há casos de estudos, chamados nacionais, realizados em São Paulo, Rio de Janeiro, Recife e Porto Alegre (cada cidade representando uma das regiões geográficas), e outros incluindo apenas São Paulo e Rio de Janeiro.

Dependendo da necessidade e da categoria de produto, costuma-se também priorizar a inclusão de cidades do interior de São Paulo, como Campinas, Bauru, São José do Rio Preto ou Ribeirão Preto (por exemplo).

A composição das cidades e o número de cidades do interior de São Paulo devem ser analisados caso a caso, conforme a necessidade do projeto; no entanto, por questões de custo–benefício da coleta de dados, não se recomenda menos de 100 entrevistas por cidade.

9.3.5 População dos maiores municípios das principais regiões metropolitanas

Tabela 9.2

Município	População
Fortaleza	2.452.185
Caucaia	325.441
Maracanaú	209.057

Município	População
Recife	1.537.704
Jaboatão dos Guararapes	644.620
Olinda	377.779
Paulista	300.466
Camaragibe	144.466

Município	População
Salvador	2.675.656
Camaçari	242.970
Lauro de Freitas	163.449
Simões Filho	118.047

Município	População
Belo Horizonte	2.375.151
Contagem	603.442
Betim	378.089
Ribeirão das Neves	296.317

Município	População
Rio de Janeiro	6.320.446
São Gonçalo	999.728
Duque de Caxias	855.048
Nova Iguaçu	796.257
Belford Roxo	469.332
Niterói	487.562
São João de Meriti	458.673
Mesquita	168.376
Nilópolis	157.425

Município	População
São Paulo	11.253.503
Guarulhos	1.221.979
São Bernardo do Campo	765.463
Osasco	666.740
Santo André	676.407
Diadema	386.089
São Caetano do Sul	149.263

Município	População
Curitiba	1.751.907
São José dos Pinhais	264.210
Colombo	212.967
Pinhais	117.008
Araucária	119.123
Campo Largo	112.377

Município	População
Porto Alegre	1.409.351
Canoas	323.827
Novo Hamburgo	238.940
Gravataí	255.660
Viamão	239.384
São Leopoldo	214.087
Alvorada	195.673

Fonte: IBGE, Censo Demográfico 2010

9.3.6 População dos maiores municípios do interior do estado de São Paulo

Tabela 9.3

Município	População
Campinas	1.080.113
São José dos Campos	629.921
Ribeirão Preto	604.682
Sorocaba	586.625
Santos	419.400
São José do Rio Preto	408.258
Piracicaba	364.571
Jundiaí	370.126
Bauru	343.937

Fonte: IBGE, Censo Demográfico 2010

9.3.7 Importância das principais regiões metropolitanas no total Brasil

Tabela 9.4

Regiões metropolitanas	UF	População	% (do total Brasil)
Fortaleza	CE	3.615.767	2%
Recife	PE	3.690.547	2%
Salvador	BA	3.573.973	2%
Belo Horizonte	MG	5.414.701	3%
Rio de Janeiro	RJ	11.835.708	6%
São Paulo	SP	19.683.975	10%
Curitiba	PR	3.174.201	2%
Porto Alegre	RS	3.958.985	2%
Brasília	DF	2.570.160	1%
Total Regiões Metropolitanas		57.518.017	30%
Total Brasil		190.755.799	100%

Fonte: IBGE, Censo Demográfico 2010

9.3.8 Potencial de consumo

As nove principais regiões metropolitanas englobam 30% da população, de acordo com o *Censo Demográfico 2010 – IBGE*, e respondem por 40% do potencial de consumo do país, de acordo com o estudo *Brasil em Foco – IPC Target 2010*.

Portanto, esse é o conceito que se usa como base para justificar que uma amostra nacional não precisa ir além das regiões metropolitanas, ao se considerar sua representatividade em termos de potencial econômico. Incluir outras regiões agrega muito pouco em relação ao que representa em potencial econômico e também representa um custo muito alto em função de maior dispersão para coleta de dados.

9.3.9 Definição da amostra por regiões

Para uma composição de amostra com as principais regiões metropolitanas do Brasil, temos, na Tabela 9.5 uma sugestão de amostra mínima para cada região metropolitana (para um estudo *ad hoc*, por exemplo). O número de entrevistas em cada região fica aproximadamente proporcional à população.

Tabela 9.5

Regiões metropolitanas	UF	População	%	Amostra	%
Fortaleza	CE	3.615.767	6%	150	8%
Recife	PE	3.690.547	6%	150	8%
Salvador	BA	3.573.973	6%	150	8%
Belo Horizonte	MG	5.414.701	9%	150	8%
Rio de Janeiro	RJ	11.835.708	21%	300	17%
São Paulo	SP	19.683.975	34%	450	25%
Curitiba	PR	3.174.201	6%	150	8%
Porto Alegre	RS	3.958.985	7%	150	8%
Brasília	DF	2.570.160	4%	150	8%
Total Regiões Metropolitanas		57.518.017	100%	1.800	100%

Fonte: IBGE, Censo Demográfico 2010

9.3.10 Ponderação dos dados

Considera-se a necessidade de ponderação dos dados quando a distribuição das entrevistas por região metropolitana não foi feita de forma proporcional (porque precisávamos de uma leitura por região metropolitana) e precisamos de um resultado de "Total Brasil" (do total das regiões metropolitanas incluídas no estudo).

A ponderação é feita para corrigir o fato de a distribuição não ter sido feita de acordo com a população, para que cada região metropolitana tenha o peso correto na composição do total, como no exemplo da Tabela 9.6:

Tabela 9.6

Regiões metropolitanas	UF	População	%	Proporcional	Amostra	Fator de ponderação
Fortaleza	CE	3.615.767	6%	226	400	0.57
Recife	PE	3.690.547	6%	231	400	0.58
Salvador	BA	3.573.973	6%	224	400	0.56
Belo Horizonte	MG	5.414.701	9%	339	400	0.85
Rio de Janeiro	RJ	11.835.708	21%	741	400	1.85
São Paulo	SP	19.683.975	34%	1.232	400	3.08
Curitiba	PR	3.174.201	6%	199	400	0.50
Porto Alegre	RS	3.958.985	7%	248	400	0.62
Brasília	DF	2.570.160	4%	161	400	0.40
Total Regiões Metropolitanas		57.518.017	100%	3.600	3.600	

Fonte: IBGE, Censo Demográfico 2010

9.3.11 Distribuição da população por sexo

Pelos resultados do Censo Demográfico do IBGE de 2010, em todas as regiões, o número de mulheres é ligeiramente superior ao de homens. No entanto, para efeitos de composição de amostra sempre usamos a distribuição 50%/50%.

Tabela 9.7

Regiões metropolitanas	H	M
Fortaleza	47%	53%
Recife	47%	53%
Salvador	47%	53%
Belo Horizonte	48%	52%
Rio de Janeiro	47%	53%
São Paulo	48%	52%
Curitiba	48%	52%
Porto Alegre	48%	52%
Brasília	47%	53%

Fonte: IBGE, Censo Demográfico 2010

9. 3.12 Distribuição da população por faixas de idade

Considerando-se que os dados do último censo do IBGE mostram uma concentração maior na população mais jovem, recomendamos, para efeitos de segmentação de amostra, uma divisão em faixas de idade não equivalentes para que as proporções sejam mais ou menos semelhantes em cada uma das faixas.

Tabela 9.8

Regiões metropolitanas	18 a 24	25 a 34	35 a 44	45 a 64
Fortaleza	22%	28%	22%	27%
Recife	19%	27%	23%	30%
Salvador	19%	30%	23%	28%
Belo Horizonte	19%	28%	22%	31%
Rio de Janeiro	17%	26%	22%	35%
São Paulo	18%	28%	23%	31%
Curitiba	19%	27%	23%	31%
Porto Alegre	18%	26%	21%	35%
Brasília	20%	31%	24%	26%

Fonte: IBGE, Censo Demográfico 2010

9.3.13 Critério de classificação econômica

O Critério de Classificação Econômica Brasil, ou apenas Critério Brasil, é um sistema de pontuação padronizado, de fácil coleta e operacionalização, que tem como objetivo classificar os domicílios de acordo com sua capacidade de consumo de produtos e serviços.

Assume-se que a classe é uma característica familiar, ou seja, considera-se que todas as pessoas pertençam à mesma classe do domicílio em que residem.

O Critério Brasil é publicado pela Associação Brasileira de Empresas de Pesquisa (Abep), disponível no site <www.abep.org>.

A base para construção do Critério Brasil é o Levantamento Socioeconômico (LSE), realizado pelo Ibope em 11 mil domicílios, nas nove principais regiões metropolitanas do país: Fortaleza, Recife, Salvador, Belo Horizonte, Rio de Janeiro, São Paulo, Curitiba, Porto Alegre e Brasília.

Para mais detalhes, veja Capítulo 16 – Classificação econômica.

Tabela 9.9

Regiões metropolitanas	A	B	C	D
Fortaleza	3%	16%	48%	34%
Recife	2%	16%	49%	32%
Salvador	3%	20%	53%	24%
Belo Horizonte	6%	25%	49%	20%
Rio de Janeiro	3%	27%	53%	17%
São Paulo	5%	34%	48%	12%
Curitiba	7%	37%	43%	13%
Porto Alegre	5%	31%	51%	13%
Brasília	9%	36%	42%	13%

Fonte: Critério Brasil 2011 – Abep.

Para as regiões que não são contempladas pelo levantamento, a recomendação é utilizar uma região mais semelhante e utilizá-la como referência.

9.3.14 Crescimento da classe C no Brasil

Uma tendência a ser considerada na composição das amostras de pesquisa de mercado é o crescimento da classe C, ou a redução das desigualdades econômicas que teve origem na implantação do Plano Real e foi impulsionada pelo crescimento econômico, estabilidade monetária, crescimento de emprego, facilidade de crédito e planos do governo de transferência de renda, tais como o programa Bolsa Família. Veja o quadro a seguir.

Pesquisa é notícia
Saiu na mídia

Pesquisa aponta consolidação do aumento da Classe C e diminuição da desigualdade de renda no país (*)

O Observador, estudo pioneiro no Brasil e encomendado pela instituição financeira Cetelem BGN em parceria com o instituto de pesquisa Ipsos Public Affairs, tem como objetivo mapear e compreender os hábitos de consumo do varejo brasileiro e antecipar as tendências do mercado.

Fundado em 1989 pela Cetelem na França, a pesquisa, que já está em sua 7ª edição no Brasil, também é feita em outros 13 países, como França, Itália, Espanha, Portugal, Alemanha, Reino Unido e Bélgica, o que permite uma avaliação global, comparando os diversos mercados.

O Observador Brasil 2008 apontou avanços importantes em relação ao consumo brasileiro no ano de 2007.

Os dados foram coletados a partir de 1.500 entrevistas, pessoais e domiciliares, de habitantes de 70 cidades e 9 regiões metropolitanas. Entre as principais conclusões do estudo, destacamos: a consolidação do aumento da classe C; a diminuição das classes DE; a diminuição na desigualdade de renda das classes A e E e o aumento da renda disponível do brasileiro e da confiança na Economia do país.

Distribuição da População brasileira por classe de consumo (%) – 2005 – 2006 – 2007

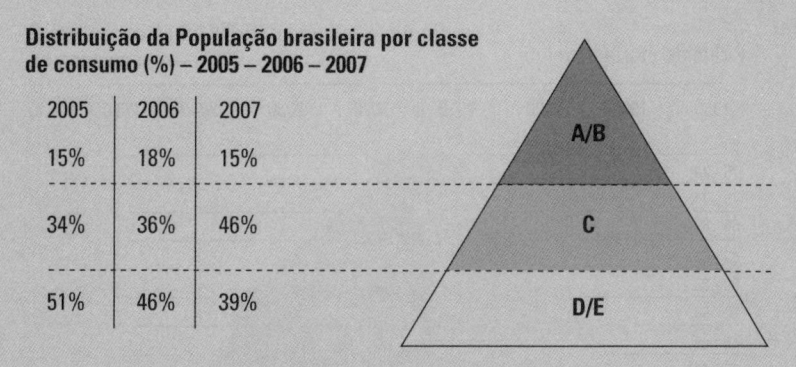

2005	2006	2007
15%	18%	15%
34%	36%	46%
51%	46%	39%

Fonte: Pesquisa Cetelem – Ipsos 2005/2006/2007.

(*) Seleção de trechos da reportagem.

Fonte: Artigo sobre crescimento da classe C publicado pela Cetelem FSC Comunicações.

Extraído do site <www.cetelem.com.br/portal/elementos/ pdf/pdf_press_release2008.1.pdf>. Acessado em: 20 ago. 2011.

9.3.15 "Envelhecimento" da população

Analisando a projeção da população feita pelo IBGE, mesmo em um curto intervalo de apenas dez anos, comparando 2010 e 2020, já é possível perceber que há "envelhecimento" da população, observando-se que a população cresce no sentido do topo da pirâmide etária.

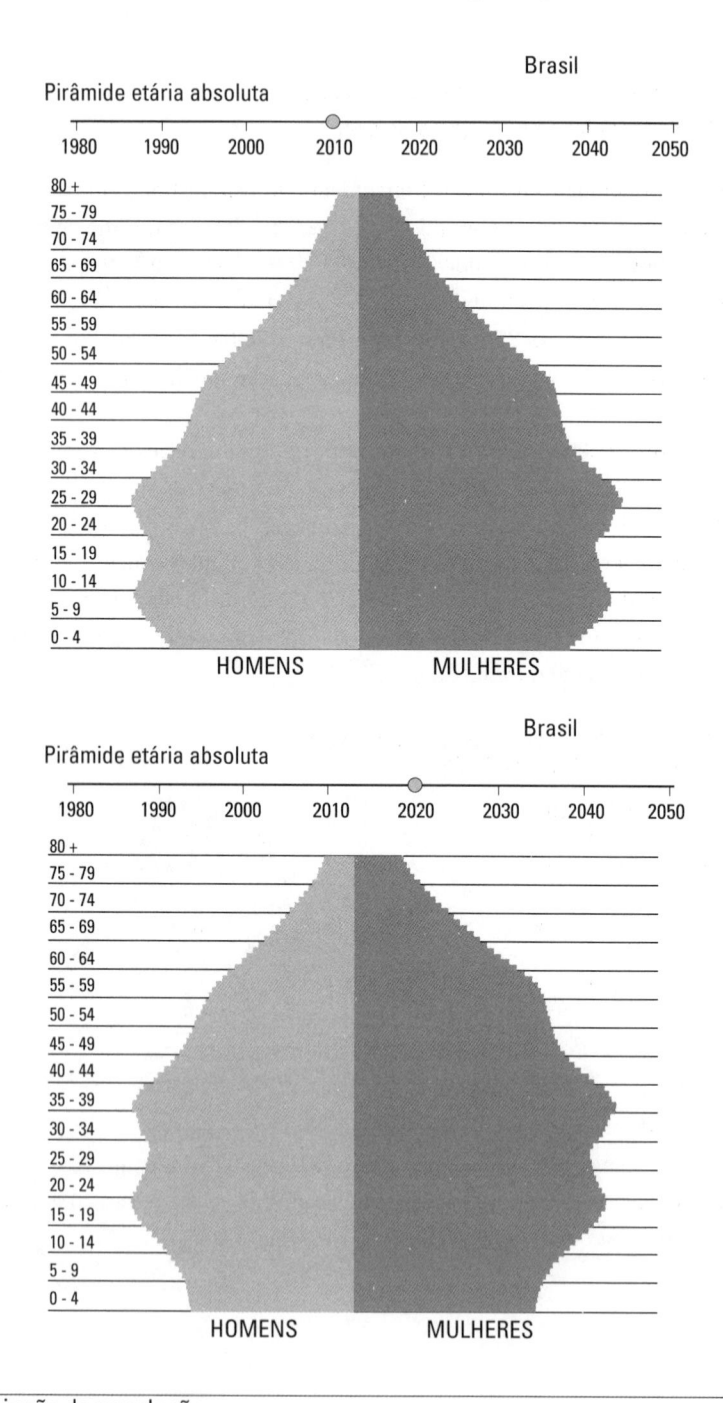

Figura 9.6 Projeção da população

Fonte: IBGE, Censo Demográfico 2010

A Figura 9.7 mostra a evolução da população acima de 60 anos e sua projeção de crescimento.

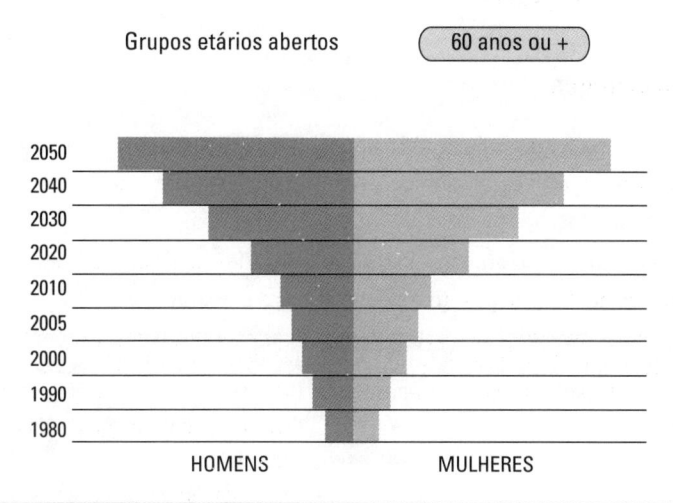

Figura 9.7 População por sexo e grupos de idade 1980-2050

Fonte: IBGE, Censo Demográfico 2010

Esta tendência em termos demográficos deve ser considerada no planejamento dos projetos de pesquisa. É também um elemento fundamental a ser considerado na análise de cenário para planejamento dos produtos e serviços.

Resumo

Amostra e amostragem

- Em pesquisa de mercado utilizamos o conceito de amostra para representar uma determinada população ou universo – em contraponto ao censo, em que todos os elementos precisam ser contatados.
- Há vários procedimentos amostrais que são utilizados na prática de pesquisa de mercado, bem diferentes no caso de pesquisas quantitativas e qualitativas.

Amostra em pesquisas quantitativas	Amostra em pesquisas qualitativas

• Os procedimentos amostrais dividem-se em dois grandes grupos:
• Probabilística
  • Simples
  • Sistemática
  • Estratificada
  • Por conglomerados
• Não probabilística
  • Por conveniência
  • Por julgamento ou intencional
  • Por cotas
	• O conceito de amostra em pesquisa qualitativa é discutível, sendo muito usada a nomenclatura "seleção".
	• Os respondentes são escolhidos de forma intencional e não há preocupação com a questão da representatividade.
	• Os critérios para a seleção da amostra diferem conforme os objetivos de cada trabalho e dos mercados envolvidos.
	• A amostra é reduzida, e esta não é uma limitação em si, mas uma característica inerente ao método.

Instrumentos de coleta de dados

O que é importante em pesquisa de mercado? Analisar requer atenção aos detalhes, requer um distanciamento do analista sobre o que está sendo analisado, para que se chegue o mais próximo possível da tão falada imparcialidade (ou neutralidade científica). Porém, o que diferencia uma análise mais aprofundada e rica em conteúdo de uma análise meramente descritiva é a capacidade de um analista ir "além do óbvio", é fazer conexões entre os dados e as informações (de um gráfico, de uma tabela, de transcrições, de falas dos entrevistados, do ambiente...).

Essa capacidade está relacionada à experiência e ao background que o analista possui para fazer uma análise com propriedade, segurança e firmeza, captando a essência entre o dito e o não dito (em expressões não verbais, em diários de campo, em análise de conjuntura). O óbvio é aquilo que os clientes veem quando assistem aos grupos ou leem uma tabela. Cabe ao analista enriquecer a visão dos clientes mostrando o que eles não viram, não perceberam, fazendo conjecturas seguras dentro do que foi coletado no estudo.

– Eunice Mota
Sócia Diretora da Foco Pesquisas – Recife

Neste capítulo:

- Aspectos práticos para a construção de ferramentas básicas para a coleta de dados em pesquisa de mercado.
- Pesquisa quantitativa: questionários e aplicações mais utilizados.
- Pesquisa qualitativa: questionários de recrutamento, fichas de controle, roteiros de discussões em grupo e entrevistas em profundidade.

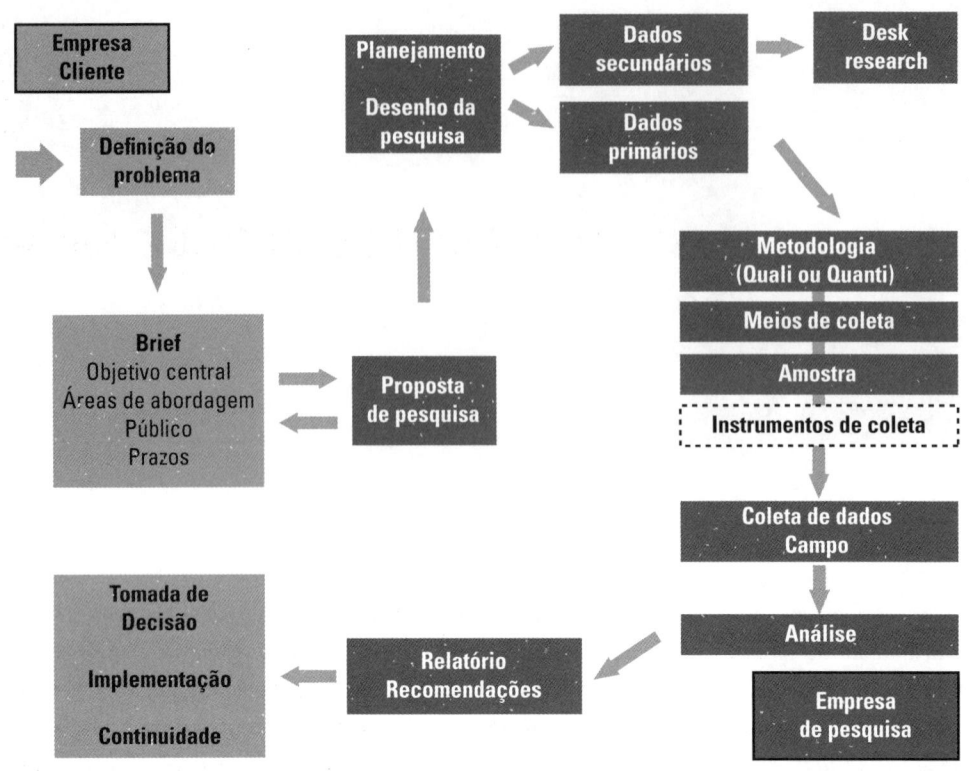

Fonte: Adaptado de Oliveira e Pupo (2005).

A coleta de dados é a base para a execução da pesquisa de mercado. Deve ser feita de forma sistematizada, utilizando as ferramentas corretas e tecnicamente construídas.

O uso de instrumentos de coleta bem elaborados é importante para permitir a realização de análises adequadas e responder aos questionamentos elaborados no início do projeto de pesquisa.

10.1 Questionário: instrumento básico de coleta de dados da pesquisa quantitativa

O questionário é a ferramenta básica para sistematizar a coleta de dados da pesquisa quantitativa.

Os principais objetivos do questionário e a sua importância dentro do processo de execução da pesquisa são:

- Padronizar as formas de perguntar e de registrar as respostas para que seja possível reproduzir da mesma maneira em outras situações, outras épocas e outras pessoas, visando obter um resultado sistemático. A padronização é o que permite também as aplicações de tratamentos estatísticos.

- Ser o elemento mediador entre o pesquisador e o pesquisado, lembrando que o pesquisador, que é o coordenador do projeto, não será o único a aplicar o questionário. O questionário é o que vai dar a garantia de que todas as perguntas serão aplicadas da mesma maneira pelos vários entrevistadores ou profissionais que compõem a equipe de coleta de dados.

- Ter um registro sistematizado das informações: um registro organizado que tem como base um fluxo de pensamento analítico (segue as hipóteses formuladas anteriormente). A tabulação destes registros possibilita a análise das informações.

- Forma de operacionalizar as variáveis e as hipóteses levantadas na formulação da pesquisa.

Elaborar um questionário é uma arte, ou uma *"arte imperfeita"*, como mencionam Pinheiro, Castro, Silva e Nunes (2006), porque não existem regras muito claras para construir um questionário adequado, e muitas vezes o retorno que se tem das perguntas formuladas pode não ser exatamente o que se pretendia na fase de seu planejamento.

O questionário é a base ou o início para uma BOA pesquisa, que ao final responde às hipóteses levantadas, sem viés proveniente de erros de fluxo e formas de estruturação das perguntas.

Construir um questionário não significa fazer um amontoado de perguntas. Deve-se considerar que o entrevistado é um colaborador, um voluntário, e o pesquisador deve ter o controle sobre as perguntas. Este último precisa ter claro qual a hipótese que aquela pergunta está respondendo e qual vai ser a análise que será feita sobre os resultados daquela pergunta.

Pesquisa na prática

Dicas básicas para a construção de um questionário.

1. **Retomar o brief** que foi elaborado para a pesquisa, as discussões sobre os objetivos envolvidos e a **proposta** elaborada para responder ao brief, os objetivos de negócios, o Padrão de Ação, as anotações de reuniões que foram feitas etc.

2. **Organizar os assuntos** antes de começar a construir o questionário, separando em áreas, itens, subitens etc. Devemos dar uma sequência lógica, começando dos aspectos mais gerais para os mais específicos. Esta sequência lógica permite a elaboração de um FLUXOGRAMA do questionário, com a estrutura da ordem das perguntas e seus desdobramentos.

3. **Montar um fluxograma**, a estrutura do questionário que estabelece o "caminho" que a entrevista deve percorrer, dependendo das respostas de cada entrevistado. Exemplo: se usa a categoria x, responder às questões 5, 6, 7 referentes ao uso da categoria. Quem não usa, "pula" ou "salta" estas questões. (Veja no final do capítulo exemplo de fluxograma de questões.)

4. **Ordem das perguntas**

- Perguntas mais gerais devem ser colocadas no início do questionário. Como, por exemplo: sexo, idade, classe econômica, cidade etc.

- Perguntas sobre a categoria devem ser colocadas no início do questionário, quando ainda não são reveladas nem fornecidas dicas sobre a marca em que estamos interessados na pesquisa.

- Perguntas espontâneas ou sem estímulo devem vir antes das estimuladas, quando já contextualizamos os entrevistados com algumas marcas. Exemplo: "Pensando em marcas de sabonetes, qual é a primeira marca que vem à sua cabeça?" é uma pergunta espontânea. A pergunta estimulada que mostra, por exemplo, uma lista de marcas, deve vir depois. "Dessas marcas que eu vou ler, quais você conhece só de ouvir falar?" (Ler cada uma das marcas ou mostrar um cartão com as marcas).

5. **Perguntas "filtro",** quando temos uma pergunta filtro, ou seja, uma pergunta cujas respostas são condição para outras, é muito importante fazer um exercício de estimativa de quantas pessoas vão responder a cada uma das perguntas desdobradas ou condicionadas à resposta anterior. Muitas vezes submetemos o entrevistado a um enorme esforço, que acaba não sendo utilizado na análise porque as bases de respondentes para aquelas perguntas foram insuficientes. Exemplo: quais marcas de xampu costuma usar? (Para cada marca perguntar): Por que gosta de usar a marca... (marca citada)? Muito possivelmente não haverá número suficiente de entrevistas respondendo para cada marca. O mercado de xampus é muito pulverizado, tem muitas marcas, e o número de respostas para cada marca deve ser muito pequeno.

6. **Cada pergunta deve ter um papel ou objetivo no questionário,** cada pergunta precisa desempenhar sua função para atender aos objetivos da pesquisa e para a análise da informação. Deve estar associada diretamente às hipóteses colocadas no planejamento da pesquisa. Faça um questionamento a cada pergunta: "por que devo estar neste questionário?", "qual hipótese estou respondendo?". Perguntas que não desempenham uma função não devem ser colocadas no questionário apenas para matar a curiosidade.

7. **Perguntas fáceis de entender.** As perguntas devem ser elaboradas de forma simples, ser claras e fáceis de entender. Devem ter um entendimento único e consistente para todos os respondentes. Devemos diminuir ao máximo a necessidade de raciocínio do respondente.

 # Pesquisa na prática

Check list para a elaboração do questionário

Todos os "filtros" estão previstos no questionário? Filtros referem-se a perguntas de classificação de perfil que depois servirão de variáveis de cruzamentos de análise. Também se referem a perguntas de classificação, ou para qualificação na amostra, quando estamos buscando algum segmento específico ou é preciso excluir os segmentos que não interessam para a pesquisa. Por exemplo, se estamos fazendo uma pesquisa sobre fraldas, precisamos do "filtro" se "há crianças que usam fraldas" para qualificar e selecionar o domicílio.

A linguagem está adequada ao público-alvo? Ter sempre em mente qual o público da pesquisa, especialmente quando se trata de crianças e pessoas mais simples, de classes mais baixas e/ou pouco alfabetizadas.

A formulação das perguntas segue uma sequência lógica? As perguntas anteriores podem influenciar as respostas de perguntas posteriores? Não há viés de uma pergunta na outra?

Perguntamos uma coisa de cada vez? Se perguntamos duas coisas numa mesma pergunta nunca saberemos a qual pergunta corresponde aquela resposta.

As perguntas são amplas, possibilitando diferentes opções de respostas? São imparciais? Não são tendenciosas? A pergunta já sugere uma determinada resposta? Existe alguma pergunta ambígua que tenha dupla interpretação?

As instruções nas perguntas estão claras? Os saltos/pulos das perguntas, a apresentação de estímulos, tais como cartões, logos, embalagens etc.

Cuidado na formulação de perguntas "delicadas". Verificar se existem perguntas que envolvam questões de preconceito, orgulho, autoestima, intimidade, foro íntimo etc.

As perguntas obrigam o entrevistado a remeter a um passado distante?

As perguntas exigem muitos cálculos para as respostas?

Planejamos um rodízio para as alternativas de respostas, para a leitura de uma bateria de atributos, para uma lista de marcas etc.? Para evitar que uma mesma marca seja mencionada sempre em primeiro lugar ou a avaliação das frases de atitudes ou de imagem seja feita sempre na mesma ordem, coloca-se um rodízio para cada entrevistado (assinalando qual a frase ou a marca que deve ser a primeira a ser mencionada, estabelecendo o início para as demais).

As alternativas de respostas incluem as opções mais prováveis ou as mais importantes?

Os estímulos (cartões, conceito, embalagens, filmes etc.) estão apresentados na ordem correta para não causar viés nas respostas? Por exemplo: se precisamos da avaliação baseada apenas na descrição do produto (conceito) sem a ajuda do filme, o conceito deve ser mostrado antes dele.

E o tempo de aplicação do questionário? Não está longo demais? Lembrar que os entrevistados são colaboradores e os questionários longos, além de aborrecê-los, afetam a qualidade da informação em decorrência do cansaço. Para ser educados, os entrevistados começam a responder rapidamente, muitas vezes sem pensar muito no assunto.

Pesquisa na prática

Erros mais comuns na construção do questionário

- Confundir perguntas do cliente com perguntas do questionário.
- Elaborar perguntas diretas para a solução do problema de marketing. Problema de marketing é diferente de objetivos da pesquisa.
- Considerar que os respondentes trarão as respostas para as suas decisões. A pesquisa traz elementos para auxiliar a tomada de decisão.
- Não investigar possíveis fontes de problemas para o cliente, mesmo tentando agir de forma preventiva.
- Assumir entendimento uniforme e comum para as palavras e expressões-chave das perguntas. É superimportante um piloto ou um pré-teste do questionário, ou seja, aplicar alguns questionários teste antes de ele ser colocado em definitivo no campo.
- Exigir que o respondente faça cálculos, estimativas e referências a épocas muito distantes. Exercícios de memória são muito cansativos e pouco produtivos. Tempo é uma medida subjetiva: último mês tem significados diferentes para cada pessoa.

10.1.1 Tipos de perguntas

A – Perguntas abertas – Quando não há alternativas de respostas previstas e registradas no questionário. As respostas para essas perguntas são registradas pelo entrevistador do modo como são dadas pelos respondentes, com as palavras destes.

As perguntas abertas podem ser "não pré-classificadas", que o entrevistador anota como foi falado, e depois é atribuído um código que classifica essas respostas. Já as "pré-classificadas" – ou com alternativas previstas no questionário, considerando-se as possíveis respostas –, o entrevistador enquadra nos códigos previstos.

B – Perguntas fechadas – Quando a pergunta já inclui todas as alternativas de respostas possíveis. As perguntas fechadas podem ser:

- **Resposta única, ou RU**: quando somente uma alternativa de resposta é permitida. Exemplo: Qual a marca de xampu que costuma usar com maior frequência?
- **Resposta múltipla, ou RM**: quando se tem duas ou mais alternativas de respostas possíveis e previstas. Exemplo: Quais dessas marcas de xampu costuma comprar?
- **Respostas dicotômicas**: são as perguntas fechadas com duas alternativas de respostas que são excludentes: sim/não; gosto/não gosto; quente/frio etc.
- **Perguntas de avaliação**: normalmente feitas com base no uso de escalas para permitir tratamentos estatísticos sobre os resultados. (Veja detalhes sobre escalas no item 10.1.3.)

De forma geral, as perguntas fechadas são aplicadas mostrando-se um cartão estimulando as respostas. O cartão reproduz as alternativas de respostas que estão no questionário. Essas alternativas devem ser elaboradas com base em um piloto ou pré-teste do questionário (feito com um número pequeno de entrevistados), e devem representar as possíveis respostas a serem encontradas.

10.1.2 Ferramentas de mensuração das variáveis – as escalas

Mensuração é a base para a pesquisa de mercado quantitativa, e precisamos construir ferramentas básicas para mensurar as variáveis que temos intenção de medir.

Escala é a representação da variável mais utilizada, e é muito importante porque estamos sempre na busca de quantificação de informações, tais como o número de consumidores; volume que consome; volume que compra; atitudes; comportamentos; preferências; satisfação; perfil de quem compra ou de quem consome etc.

As escalas são a base para mensuração por meio de um processo de atribuição de números ou valores a determinadas características ou atributos dos objetos de estudo: produtos, marcas ou pessoas, de acordo com regras preestabelecidas.

Escala é um processo em que se cria um *continuum* no qual os objetos são identificados e mensurados de acordo com a quantidade que possuem daquela característica ou atributo em questão.

Veja os exemplos:

Tabela 10.1

Sexo	
Masculino	1
Feminino	2

Tabela 10.2

Idade	
15 a 24 anos	1
25 a 34 anos	2
35 a 44 anos	3
45 a 54 anos	4

Escala é a base da técnica de coleta de dados utilizada em pesquisa de mercado para a mensuração de atitudes. Mensurar atitudes é muito importante na medida em que, segundo Pinheiro, Castro, Silva e Nunes (2006, p. 27),

as atitudes são predisposições, sentimentos e tendências relativamente consistentes de um indivíduo em relação a uma determinada situação ou a um objeto. Por ser uma predisposição para a ação, a atitude serve como referência para um consumidor avaliar um produto de maneira positiva ou negativa, proporcionando a proximidade ou o afastamento do consumidor em relação a este.

Mensurar atitudes refere-se ao que Mattar (2001, p. 93) chama de autorrelato: "consiste em solicitar às pessoas que respondam a um questionário com questões a respeito de suas atitudes" baseadas em representações que de alguma maneira refletem a maneira de pensar ou agir do consumidor.

Tipos de escalas diferentes foram desenvolvidos para melhor representar a intensidade das atitudes e o sentido dado a elas, adequando aos mais diferentes tipos de aplicação.

Os vários tipos de escalas são, em geral, relacionados aos tipos de variáveis, cujos quatro tipos mais comuns e mais utilizados em pesquisas de mercado são:

- **Variáveis nominais**: são as que representam uma identidade ou uma identificação. Atribuem-se números para efeitos de quantificação, mas estes não representam um contínuo ou um crescente/decrescente. Elas são representadas pelas escalas denominadas nominais.

- **Variáveis ordinais**: os números que são atribuídos representam uma ordem, crescente ou decrescente. São faixas de idade, classes econômicas, ordem de preferência de determinado produto, ordem de importância de determinados atributos ou características, mensuração de atitudes, opiniões etc.

- **Variáveis de intervalo**: quando se estabelecem intervalos para medir atitudes, preferências, opiniões etc. Mensuradas por meio de variáveis chamadas intervalares, em que os intervalos entre os números dão a posição e quanto as pessoas, os objetos ou os fatos estão distantes entre si em relação a uma determinada característica.

- **Variáveis de razão**: em geral, as variáveis de razão apresentam as mesmas características de uma variável de intervalo, mas apresentam uma vantagem adicional, que é a presença de um zero absoluto, como marco inicial das medidas que também são absolutas, como, por exemplo: preço, volume de vendas, volume de investimentos, faixas de renda etc.

A seguir, temos o detalhamento das várias escalas, considerando-se as mais utilizadas em pesquisas de mercado para mensuração de variáveis de pesquisa com o consumidor/comprador.

Algumas delas, em termos estritamente teóricos, podem apresentar inúmeras restrições, mas na prática do marketing têm se tornado de uso muito comum na medida em que seus resultados são acionáveis e de fácil operacionalização.

A – Escalas nominais

Têm o único objetivo de identificar as categorias de respostas atribuindo números correspondentes a elas com o simples objetivo de identificar as respostas para efeitos de digitação e processamento dos dados.

Para entendimento da escala, vamos considerar a variável sexo, em que atribuiremos ao sexo masculino o número 1 e ao sexo feminino o número 2. Observe a tabela a seguir.

Tabela 10.3

Masculino	1
Feminino	2

Neste caso não há uma ideia de ordem, de frequência ou de tamanho. O número 1 poderia ser atribuído tanto ao sexo masculino como ao feminino. Se não há ideia de ordem também não se calcula médias e demais tratamentos estatísticos normalmente aplicados em escalas.

Outro exemplo: falando sobre cores, na pergunta "Qual a sua cor preferida?". Os números atribuídos são totalmente ao acaso.

Tabela 10.4

Amarelo	1
Verde	2
Roxo	3
Vermelho	4
Azul	5

B – Escalas de avaliação

As escalas de avaliação servem para mensurar a intensidade das atitudes, opiniões e componentes afetivos. Para identificar ou avaliar um gradiente ou uma intensidade em que as variáveis ordinais, de intervalo e de razão acontecem.

As escalas de avaliação podem, ainda, servir para avaliar as variáveis de intervalo (quando se estabelece que há um intervalo linear entre um ponto da escala e outro) e as variáveis de ordenação (quando se estabelece uma ordem ou se quantifica uma ordem). Também servem para mensurar variáveis nominais, quando a atribuição do número aos pontos da escala não representa uma quantificação; por exemplo, se a pergunta pede uma resposta sim ou não ou então concorda /não concorda, essas respostas se transformam em variáveis nominais.

Podem-se dividir as escalas de avaliação em três grandes grupos:

1. Gráficas
2. Avaliação verbal
3. Categorias itemizadas

1. Escalas gráficas

As escalas gráficas, Figura 10.1, são as que utilizam representações gráficas para indicar a opinião dos respondentes, indicando desde os extremos mais favoráveis até os mais desfavoráveis.

São as mais utilizadas nos questionários a serem aplicados com as crianças, visando facilitar as respostas quando elas ainda não têm entendimento amplo e alfabetização.

Figura 10.1 Escalas gráficas.

2. Escalas de avaliação verbal

Nestas, as opções de respostas são dadas por meio de expressões verbais, identificando um contínuo do mais positivo ao negativo, do mais favorável ao desfavorável, ou, ainda, identificando uma ordem ou uma hierarquia.

As escalas, genericamente chamadas de escalas verbais, em pesquisas de mercado, são denominadas originariamente escalas Likerdt, por vários autores, e se caracterizam por atribuir números para cada ponto da escala e possibilitar que sejam feitos tratamentos estatísticos adequados.

Escalas verbais são muito utilizadas em pesquisa de mercado para avaliar a intensidade de apreciação de uma característica ou uma opinião. Veja um exemplo de escala verbal a seguir.

Tabela 10.5

Muito favorável	5
Favorável	4
Nem favorável nem desfavorável	3
Desfavorável	2
Muito desfavorável	1

Como se trabalha a escala: atribuindo médias ou transformando em escalas nominais. A Tabela 10.6 mostra como esta escala é trabalhada para quantificar a favorabilidade ou não de determinado serviço ou produto ou um tema em específico.

Tabela 10.6

	Pontos (A)	Número de respondentes (B)	Valor ponderado (A x B)
		%	
Muito favorável	5	10	50
Favorável	4	20	80
Nem favorável nem desfavorável	3	30	90
Desfavorável	2	20	40
Muito desfavorável	1	20	20
Total de entrevistados/total ponderado		100	280
Média ponderada Soma A x B/100	/////	//////	2,80
Desvio Padrão			1,25

A média de avaliação da favorabilidade está próxima do item "nem favorável nem desfavorável" na escala de favorabilidade.

Esse mesmo procedimento pode ser utilizado para todas as escalas verbais que se transformam em intervalares ao se atribuir números a cada ponto da escala.

A atribuição dos números aos vários pontos das escalas indica qual a verbalização correspondente. Nesse sentido, é muito importante, ao se considerar a média ponderada para a análise, verificar qual a ordem dos números atribuídos aos pontos/itens.

Se o maior número foi atribuído ao ponto positivo, as médias maiores representam a maior favorabilidade. Mas se o menor número foi atribuído ao ponto positivo, as médias menores é que representam a menor favorabilidade.

Uma escala verbal pode ser trabalhada também como uma nominal ao se considerar a porcentagem de respostas aos vários pontos/itens da escala.

Considerando-se as porcentagens de respostas, é muito comum em pesquisa de mercado usar o que é denominado análise de:

- **Top Box**, a porcentagem de respostas no ponto/item mais alto da escala. Por exemplo: porcentagem de respostas "concordo muito" numa escala verbal de concordância.
- **Top Two Box**, a porcentagem de respostas nos dois pontos/itens mais altos da escala. Por exemplo: porcentagem de respostas "concordo muito" + porcentagem de respostas "concordo um pouco".
- **Bottom Box**, a porcentagem de respostas no ponto/item mais baixo da escala. No caso, seria a porcentagem de respostas "discordo muito".

Com este tipo de análise, a escala se transforma numa nominal e os tratamentos e testes estatísticos recomendados são os indicados para as escalas nominais (*veja resumo das estatísticas e testes estatísticos no item 10.1.3*).

Escala verbal com pontos/itens não balanceados ou equilibrados

Na escala verbal com pontos/itens não balanceados ou equilibrados, não existe um ponto/item neutro, e pode-se considerar três pontos/itens no sentido positivo e apenas um ponto/item no sentido negativo. Veja o exemplo, apresentado na Tabela 10.7, no qual avalia-se a satisfação do cliente em relação ao atendimento bancário.

Tabela 10.7

Com relação ao atendimento bancário	
Muito satisfeito	4
Satisfeito	3
Razoavelmente satisfeito	2
Insatisfeito	1

Escala verbal com pontos/itens balanceados ou equilibrados

No caso da escala verbal com pontos/itens balanceados ou equilibrados, exemplificado na Tabela 10.8, existe um ponto neutro, dois pontos/itens representam uma opinião favorável e dois opiniões desfavoráveis.

Tabela 10.8

Muito bom	5
Bom	4
Regular	3
Ruim	2
Muito ruim	1

Escala verbal com pontos/itens num *continuum*

Neste tipo de escala, todos os pontos/itens representam um contínuo na avaliação, do mais positivo ao mais negativo. Veja a tabela a seguir:

Tabela 10.9

Excelente	7
Muito bom	6
Bom	5
Regular	4
Ruim	3
Muito ruim	2
Péssimo	1

Escalas com identificação verbal dos extremos

A classificação dos extremos representa o grau máximo de satisfação ou insatisfação. Pode ser de cinco ou sete pontos/itens.

Para sua aplicação, é muito importante que seja dada uma explicação ao respondente sobre o que efetivamente esses quadrinhos e os extremos significam.

Explicação mais usual: (Mover o dedo da extrema esquerda para a extrema direita) quanto mais para a direita o sr(a) marcar o X, mais estará dizendo que está muito insatisfeito, e (Mover o dedo da extrema direita para a extrema esquerda) quanto mais à esquerda o sr(a) marcar o X, mais estará dizendo que está muito satisfeito. Observe a figura a seguir.

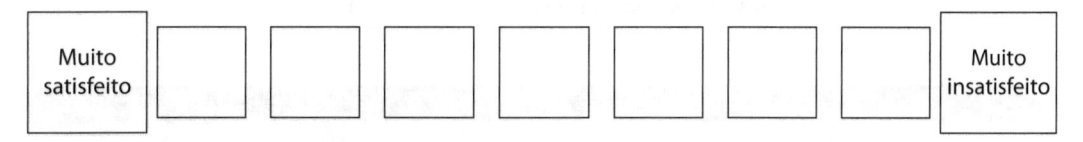

Figura 10.2 Identificação verbal dos extremos.

Escala verbal de intenção de compra

Muito utilizada para a avaliação de marca, produto ou conceito. Com ela pretende-se verificar o grau de mobilização da amostra no sentido de uma aceitação no futuro. Representa a atitude positiva ou negativa com relação ao objeto avaliado. *Não significa necessariamente um potencial de venda do produto.* Veja o exemplo a seguir.

Tabela 10.10

Qual destas frases representa sua intenção de comprar esse produto:	
Certamente comprarei	5
Provavelmente comprarei	4
Não sei se comprarei ou não	3
Provavelmente não comprarei	2
Certamente não comprarei	1

Escala verbal de frequência

Escalas verbais de frequência são muito utilizadas para estabelecer volume de um determinado comportamento ou atitude. Como, por exemplo:

Tabela 10.11a

Costuma lavar os cabelos no cabeleireiro:	
Regularmente	3
Ocasionalmente	2
Nunca	1

Tabela 10.11b

Costuma lavar os cabelos	
Todos os dias	5
De 5 a 6 vezes por semana	4
De 3 a 4 vezes por semana	3
De 1 a 2 vezes por semana	2
Menos de uma vez por semana	1

Pesquisa na prática

Algumas perguntas sobre o uso de escalas verbais

1. **Existe um número ideal de pontos/itens?**

   Alguns cuidados devem ser tomados em relação à definição do número de pontos/itens: uma lista muito grande confunde o entrevistado; fica difícil identificar expressões verbais que realmente refletem um contínuo de opinião e, também, estabelecer expressões que representem uma mesma distância (intervalo) entre uma classificação e outra.

   Precisamos de um mínimo de pontos/itens para expressar um contínuo e uma ordem: um mínimo de três seria o mais recomendável.

   Escalas de cinco pontos/itens são mais utilizadas que as de sete, porque são mais simples e permitem a transformação para a escala de três pontos/itens se necessário.

   Escalas de cinco pontos/itens também apresentam uma maior sensibilidade de avaliação que uma de três pontos/itens.

2. **Escalas em pares de pontos/itens ou ímpares com um ponto/item central?**

   O ponto/item no meio de uma escala balanceada, em geral, representa o equivalente a "não sabe"; "não tem uma opinião formada". Alguns pesquisadores recomendam que é mais eficiente excluir este ponto/item da escala para forçar o respondente a dar uma avaliação, mas o que acontece na realidade é que, de fato, em nenhuma situação eliminamos a possibilidade de respostas evasivas.

   Outros são de opinião exatamente oposta, de que não devemos forçar o respondente a emitir uma avaliação.

3. **Escalas balanceadas ou não balanceadas.**

   O número de pontos/itens no sentido positivo é igual ao número de pontos no sentido negativo para as escalas balanceadas, e desigual para as escalas não balanceadas.

   Não existe uma solução mais correta que outra. O uso de uma ou outra depende da direção que precisa de uma maior sensibilidade e diferenciação nas respostas, ou, em outras palavras, qual a tendência mais provável das respostas. Se a tendência está mais para o lado positivo, tentar uma diferenciação maior no sentido positivo, e o contrário no caso de a tendência de respostas estar para o lado negativo.

   Se não temos muito claro qual é a tendência mais provável, o mais adequado é utilizar a escala balanceada.

Escalas de diferencial semântico

A origem do uso destas escalas está nas escalas de diferencial semântico propostas por Osgood, Suci e Tannenbaun na década de 1950.

Basicamente, trata-se de uma avaliação de determinado objeto em um conjunto de escalas bipolares (palavras opostas colocadas nos extremos) de sete pontos/itens.

O objeto a ser avaliado (marca ou produto) o é assinalando-se na escala o ponto/item que melhor representa a opinião do entrevistado, considerando as classificações nas extremidades.

Originariamente, os autores desenvolveram as escalas para 50 adjetivos bipolares que representavam as dimensões avaliativa, potência e atividade.

Hoje, o uso em pesquisa de mercado apenas utiliza o conceito bipolar e avalia os objetos em estudo em atributos diretamente relacionados às características a serem estudadas em cada caso. Não há a ideia de reproduzir a avaliação nos mesmos adjetivos desenvolvidos originariamente pelos autores.

Figura 10.3 Escalas de diferencial semântico.

Pesquisa na prática

Na escala de sete ou de cinco pontos é recomendável identificar os números?

Não há efetivamente uma solução que seja mais adequada que outra:

- Se não identificarmos os números, deve-se analisar como uma escala ordinal.

- Se atribuirmos números e estes forem identificados para os respondentes, isto significa que a avaliação foi feita com base em uma escala de intervalo.

Para cada uma das situações deve-se utilizar os tratamentos e testes estatísticos adequados aos respectivos tipos de escalas.

Escalas de ordenação

Em geral, é utilizada quando se tem uma série de características ou atributos e é necessário, por exemplo, o grau de importância de cada um deles.

Veja o exemplo apresentado na Tabela 10.12, no qual há seis atributos ou características a serem avaliados em um xampu.

Tabela 10.12

Coloque na ordem de 1 (o mais importante) ou 6 (o menos importante) os aspectos que você considera mais importantes na compra de um xampu.

	Ordem
Preço	3º
Embalagem	5º
Perfume	1º
Consistência	7º
Quantidade de espuma	4º
Tipo de cabelo (se é para cabelos secos, oleosos, encaracolados etc.)	2º
Propaganda	6º

Pesquisa na prática

Vantagens da escala de ordenação:

Fácil aplicação.
Reproduz processo mental de decisão.
Lúdica: tarefa pouco cansativa.

Desvantagens da escala de ordenação

Temos apenas avaliações ordinais; fornece a ordem de preferência ou de importância, no entanto, não provê a distância entre um ponto e outro. A distância do primeiro para o segundo pode não ser a mesma do segundo para o terceiro, e assim por diante.
Quando temos uma lista muito grande de atributos, torna-se uma tarefa muito complicada.
A ordenação é "forçada"; mesmo que não goste ou não considere algum item, a pessoa é forçada a classificar.
As análises estatísticas são limitadas; temos apenas a frequência com que cada item apareceu em primeiro, segundo lugar, e assim por diante.

Escalas comparativas

A avaliação é feita considerando um elemento como referência; pode ser uma marca, o produto habitual, a marca concorrente, o produto testado, o produto ideal, a marca ideal etc. É a avaliação comparativa feita com base em um padrão de referência. Veja o exemplo a seguir.

Tabela 10.13

Para cada um dos itens, o sr.(a) diria que o produto testado em comparação com a sua marca habitual é: muito melhor, melhor, igual, pior, ou muito pior?

	Muito melhor	Melhor	Igual	Pior	Muito pior
Perfume que deixa nos cabelos	5	4	3	2	1
Perfume quando lava os cabelos	5	4	3	2	1
O brilho que deixa nos cabelos	5	4	3	2	1
A facilidade de pentear	5	4	3	2	1

Escala de preferência por soma constante

A escala de preferência por soma constante é uma forma de obter ordenação quando se tem a hipótese de que há um grau de dificuldade maior dos respondentes em estabelecer uma ordenação.

A ordenação é conseguida por meio de resultado de share de preferências.

- Para se obter share de preferência entre *n* objetos (marcas, por exemplo) pode-se usar o método clássico de soma constante, ou – o que tem sido preferido – uma variante deste método, chamada CSP (Constant Sum Preference).

- Os n objetos são combinados dois a dois. Para cada combinação, faz-se um exercício de soma constante.

- Usualmente distribuem-se 11 fichas entre os dois objetos, de modo a forçar uma preferência.

- Exemplo de resultado (de um respondente) de um exercício de CSP com quatro marcas:
  - A x B : A = 7   B = 4
  - A x C : A = 11   C = 0
  - A x D : A = 5   D = 6

Escala de comparação pareada

Muito usada em casos nos quais se têm vários atributos ou características para avaliar e é preciso comparar a avaliação de várias marcas, vários produtos testados.

Ficaria uma tarefa difícil e repetitiva pedir a avaliação de todos os atributos, um a um, ordenando todos os produtos testados.

A escala de comparação pareada é muito utilizada em testes de produtos (perfume, sabor, conceitos etc.) quando se tem muitas opções a testar.

Trata-se da comparação de todos os itens avaliados, aos pares, em que cada elemento teste é comparado a todos os outros o mesmo número de vezes.

Essa comparação pode ser feita pelo mesmo respondente ou por respondentes diferentes. Ou seja, cada par de itens avaliado é avaliado junto a amostras diferentes.

A grande restrição do uso desta escala são os números de itens a serem avaliados e de atributos/características, que acaba resultando na necessidade de amostras muito grandes para cobrir todas as combinações.

Por exemplo, no caso da comparação aos pares, se temos quatro produtos, vamos ter seis pares, e no caso de cinco, dez pares.

Escalas de categorias itemizadas

É um tipo de escala na qual se tem uma lista de opiniões organizados na forma de uma escala, mas não fica muito claro se a distância entre um ponto/item e outro é a mesma.

Se atribuímos um valor a cada ponto da escala, pode ser considerada uma escala intervalar e utilizar os testes estatísticos correspondentes. No entanto, para que isso seja possível é importante ter um estudo de validação desta escala para verificar qual a distância dos intervalos entre um ponto e outro.

Se não se houver esta validação, os números que foram atribuídos devem funcionar apenas como uma escala nominal, e utilizar apenas os tratamentos correspondentes à escala nominal.

Exemplo de uma escala itemizada, apresentada na Tabela 10.14, utilizada pela empresa de pesquisas Millward Brown como intervalar, atribuindo valores correspondentes a cada um dos pontos/itens para se conseguir efetuar testes estatísticos adequados:

Tabela 10.14

	Pontos escala nominal	Pontos escala intervalar
É a única marca que considero	1	65
Dentre as marcas que considero é a minha primeira escolha	2	50
É uma marca que uso normalmente	3	20
É uma marca que compro somente para uma ocasião ou fim específico	4	15
É uma marca que eu compraria somente para variar	5	5
É uma marca que eu compraria somente se estivesse em oferta ou se tivesse um cupom promocional	6	5
É uma marca que eu não consideraria	7	0

10.1.3 Resumo: tipos de variáveis, escalas, estatísticas e testes estatísticos

No Quadro 10.1 a seguir, apresentamos um resumo dos tipos de variáveis, seus correspondentes em tipos de escalas, as aplicações mais comuns em pesquisas de mercado, as estatísticas geradas e os testes estatísticos adequados.

Quadro 10.1

Variáveis	Tipos de escalas	Aplicações em pesquisa de mercado	Estatísticas	Testes Estatísticos
Nominal	Pontos/itens que não representam uma ordem; simples atribuição de números.	Sexo; marcas; categorias; cores; regiões; tipos de estabelecimentos; uso/não uso; gosto/não gosto.	Porcentagens Moda Regressão Logística	Binomial Quiquadrado McNemar Kolmogorov-Smirnov Cochran
Ordinal	Os pontos/itens representam uma ordem; pode-se atribuir uma ordem aos códigos; comparar marcas; estabelecer preferências; grau de importância; fazer uma classificação por ordem etc.	Ordenação de preferências, de importância de atributos, de atitudes, ordem de classe social etc.	Percentis Quartis Decis Medianas Anova de Friedman	Friedman Spearman Kruskal-Wallis Wilcoxon

Variáveis	Tipos de escalas	Aplicações em pesquisa de mercado	Estatísticas	Testes Estatísticos
Intervalar	Cada ponto /item da escala permite a comparação dos intervalos.	Atitudes Opiniões Avaliações Favorabilidade Níveis de satisfação	Média Média ponderada Desvio padrão Correlação de Pearson Anova de Friedman Análise de regressão Análise fatorial	Friedman Teste F Teste T Teste Z

Fonte: Quadro adaptado de Mattar, Fauze N. em *Pesquisa de Marketing*, atualizado para aplicações padrão na prática da pesquisa de mercado.

Disponível em: <www.ats.ucla.edu/stat/spss/whatstat>. Acessado em 7/02/12.

10.1.4 Exemplos de cartões apresentados para estimular e padronizar as respostas

Cartão A

Concordo muito

Concordo um pouco

Nem concordo nem discordo

Discordo um pouco

Discordo muito

Cartão B

A Gazeta Esportiva

Jornal da Tarde

Folha de S.Paulo

O Estado de S. Paulo

Valor Econômico

Há também os cartões com logomarcas e fotos de embalagens que têm o objetivo de estimular a lembrança com base nos elementos visuais.

10.1.5 Fluxograma de questionário

Exemplo de fluxograma de questionário

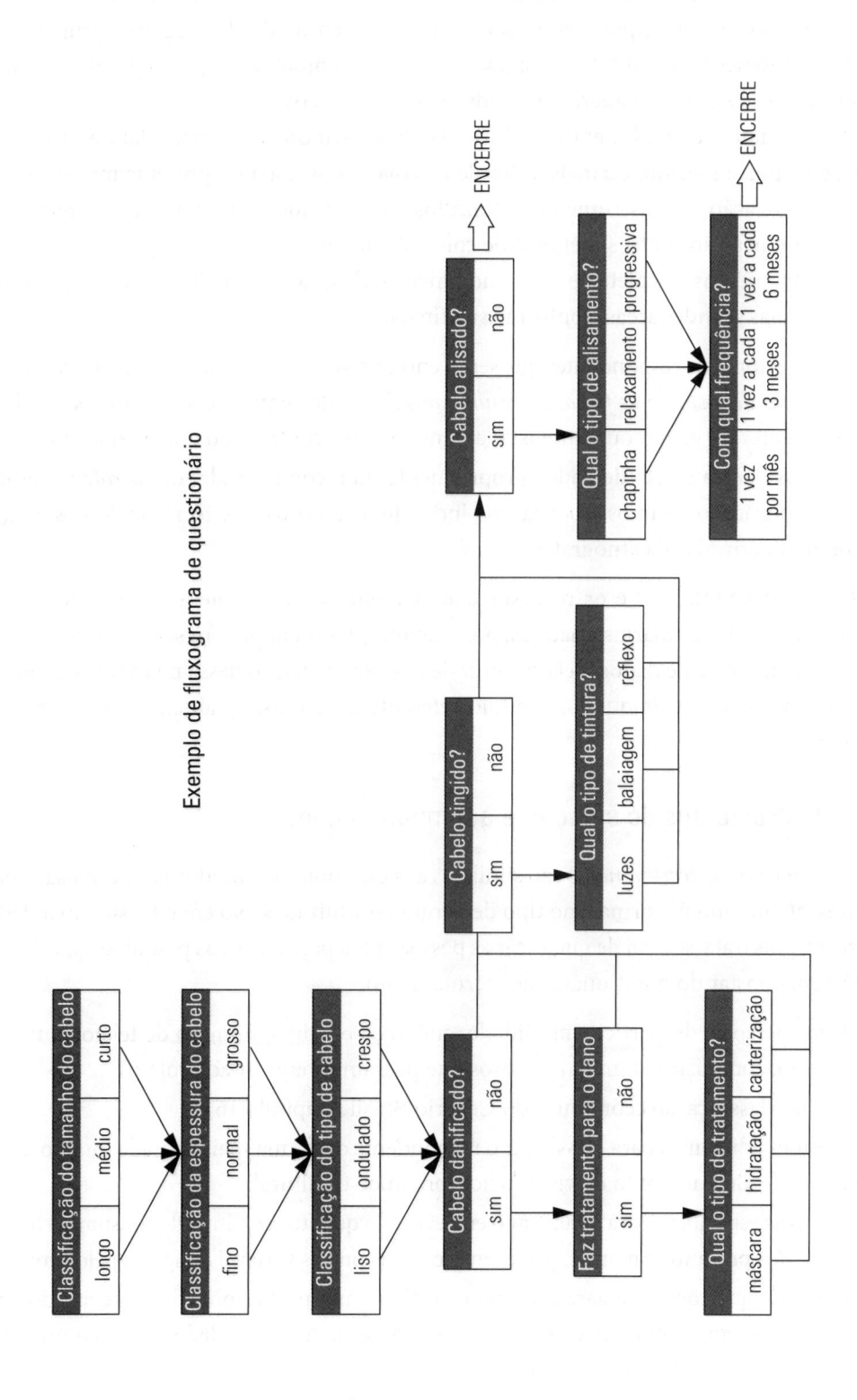

10.2 Instrumentos de coleta de dados em pesquisa qualitativa

Os instrumentos usados para a coleta de dados na área de pesquisa qualitativa seguem sempre os mesmos princípios gerais, seja qual for o método de abordagem – grupal ou individual, presencial ou remoto. Pequenas adaptações eventualmente poderão ser necessárias conforme o caso, mas não alteram os padrões aqui expostos.

Para facilitar o entendimento, será focalizada a metodologia presencial de Discussões em Grupo, por ser de longe a mais utilizada nos dias atuais e a que apresenta maior complexidade em relação aos instrumentos utilizados. Sempre que houver diferenças relevantes, será feita menção aos outros métodos de coleta de dados.

Os instrumentos de coleta de dados no universo da pesquisa qualitativa podem ser divididos em duas grandes áreas, conforme sua finalidade:

1, Para selecionar os respondentes que serão entrevistados, os *questionários de recrutamento* e as *folhas de rosto* ou as *fichas de resumo dos dados* dos entrevistados, usados imediatamente antes do grupo ou entrevista, e também para controle do andamento do campo.

2. Para auxiliar na coleta de dados propriamente dita, compreendendo os *roteiros* usados na condução dos grupos, abordagens individuais e no uso de técnicas de observação, como as derivadas da etnografia.

As técnicas projetivas e os recursos complementares para obtenção das informações qualitativas (como os diários criativos, por exemplo) também podem ser considerados instrumentos de coleta de dados. Pela sua grande relevância dentro dessa metodologia, porém, são abordados com destaque no capítulo referente à pesquisa qualitativa como um todo (Capítulo 7).

10.2.1 Instrumentos de seleção e acompanhamento

Os *questionários de recrutamento* são similares aos questionários usados nas pesquisas quantitativas, até mesmo na forma e no tipo de perguntas utilizadas. No entanto, sua finalidade é diferente, pois trata-se aqui de qualificar as pessoas para participar das pesquisas qualitativas.

Devem constar do questionário de recrutamento:

- Dados pessoais do participante (idade, endereço e bairro, número de telefone, tipo de trabalho, composição familiar e outros que possam interessar ao projeto).

- Itens de classificação econômica do Critério Brasil (Capítulo 16).

- Questões adicionais para classificar o respondente de forma mais acurada quanto ao seu padrão de vida do ponto de vista socioeconômico e cultural.

- Perguntas específicas para qualificar o entrevistado quanto aos filtros de consumo – hábitos de uso dos produtos e marcas, por exemplo – e as outras variáveis exigidas pelo projeto.

- Bateria de questões para garantir o não envolvimento profissional do entrevistado e parentes próximos com as áreas de pesquisa, marketing e publicidade, assim como com o foco de negócios do cliente contratante.

Pesquisa na prática

Algumas dicas em relação ao questionário de recrutamento:

- Simplifique, pois o recrutamento em geral é feito por telefone.
- Faça também algumas perguntas extras, sem relação com o tema, para que os participantes não saibam de antemão sobre o que vão falar.
- A ordem das questões é importante para não viesar as informações e também para que o entrevistado fique à vontade para fornecer os dados.
- Para avaliar a capacidade comunicativa do entrevistado e a habilidade em se expressar pode-se acrescentar, ao final do questionário de recrutamento, uma pergunta aberta, não necessariamente ligada ao tema do estudo, e explorar bem as colocações espontâneas e os argumentos do participante.

As *folhas de rosto* dos grupos ou entrevistas (também chamadas *fichas-resumo de dados dos respondentes* – veja o Quadro 10.2 a seguir) permitem visualizar rapidamente as características dos participantes e a distribuição do grupo ou entrevistas quanto às variáveis da amostra do projeto.

As folhas de rosto são úteis para a seleção, imediatamente antes da realização do grupo, dos que estão aptos para participar segundo os critérios estabelecidos e dos que efetivamente participarão. Lembramos que, de forma geral, o número de convidados é um pouco maior que o necessário para compor os grupos, a fim de cobrir eventuais falhas de última hora e selecionar os que apresentam melhores condições de colaborar durante as discussões.

As folhas de rosto podem, ainda, ser usadas para controle do recrutamento e agendamento, seja qual for a metodologia da pesquisa (grupo, entrevista ou visita etnográfica) ou o meio pelo qual é feito o recrutamento – por telefone, e-mail ou painéis on-line, por exemplo. Elas podem ser preenchidas à mão ou na forma de planilha, como as do Excel. Veja o exemplo de uma folha de rosto a seguir.

Quadro 10.2

Recrutamento de discussões em grupo

Nome	RG	Idade	Classe/pts	Bairro	Marca/s	Último uso	Obs.

10.2.2 Instrumentos para a condução da pesquisa – roteiros

Na condução de todos os tipos de eventos de campo das pesquisas qualitativas a coleta de dados deve sempre permitir a *expressão livre dos participantes*.

Por isso, não há um questionário a ser respondido, e sim um *roteiro* não estruturado e não diretivo, que serve de guia para o moderador[1].

Trata-se de uma relação dos pontos importantes que devem ser abordados na entrevista ou no grupo, cobrindo os aspectos do brief nas várias áreas de abordagem delimitadas no planejamento da pesquisa.

Para facilitar o momento de usar o roteiro, pode-se pensar previamente em alternativas de perguntas para abarcar as questões do brief, mas que não precisam ser feitas utilizando exatamente as mesmas palavras ou expressões.

As perguntas finais devem ser formuladas no momento da entrevista ou do grupo, pois assim soam mais espontâneas, favorecendo a empatia e deixando os participantes da pesquisa qualitativa mais à vontade para se expressar, de modo também informal.

Pesquisa na prática

Características básicas dos roteiros para pesquisa qualitativa:

- Não diretividade.
- Flexibilidade e ritmo maleável.
- Ordem lógica, cobrindo as questões do brief.
- Devem garantir acesso a dois tipos de dados:
    - *Racionais* – verbais, concretos, lineares – por meio especialmente de colocações verbais e conteúdos manifestos;
    - *Emocionais* – intuitivos, não verbais, menos conscientes – com o auxílio de técnicas projetivas e recursos adicionais para acionar conteúdos latentes, não manifestos;
- São baseados no princípio de que as pessoas são capazes de relatar suas vivências, emoções e sua autopercepção.

---

[1] Para maior clareza, também neste capítulo será usado o termo "moderador" de forma genérica, abrangendo tanto o moderador de discussões em grupo como os profissionais qualitativos que conduzem a coleta de dados por meio de variadas técnicas, como Entrevistas em profundidade, Etnografia, Quali on-line etc.

Particularmente, a não diretividade é um requisito fundamental dos roteiros utilizados na obtenção de dados qualitativos, como aponta Pergentino de Almeida (1980), referindo-se especificamente a grupos, mas em uma colocação que é válida também para as abordagens individuais:

> uma técnica não diretiva é requisito obrigatório para que o grupo tenha condições de desabrochar naturalmente e usar toda sua linguagem para transmitir mensagens ao analista – simbolismos, associações, omissões, o fluxo dos debates e os processos de bloqueio. Além disso, o grupo deve manter-se livre para utilizar a sua linguagem em tantos níveis (recorrências) quantos forem necessários para tratar com todas as implicações do assunto. Roteiros muito detalhados simplesmente impedirão que isso aconteça e irão reduzir a informação fornecida, em vez de estimulá-la.

O roteiro qualitativo é elaborado seguindo uma ordem lógica dos temas. A ideia é manter essa ordem do roteiro na condução do encontro, mas caso os entrevistados sigam espontaneamente por outras áreas, isso deve ser permitido e até estimulado.

As alterações de ordem dos assuntos feitas em função dos participantes têm um significado importante, pois podem indicar áreas pelas quais eles manifestam maior interesse, ou, ao contrário, inibições ou mesmo bloqueios emocionais ao abordar algum dos temas.

Como já se comentou, muitos dos eventos de coleta de dados qualitativos, em especial as discussões em grupo, são acompanhados de perto pelos clientes solicitantes da pesquisa através de salas de espelho.

É interessante que eles sejam esclarecidos de que essa conduta não diretiva assegura a coleta de dados realmente espontâneos, e que o roteiro é um instrumento auxiliar. O moderador também precisa se sentir à vontade para usá-lo de forma a respeitar seu estilo pessoal e manter a espontaneidade geral.

O moderador tem um duplo papel na condução da pesquisa:

- Coletar os dados necessários para cobrir as questões levantadas no brief e investigar os objetivos do projeto.
- Zelar pelo andamento e a dinâmica do grupo ou entrevista, assegurando que as pessoas se expressem livremente e que consigam comunicar suas opiniões, impressões e sensações.

No início do encontro é necessário haver uma fase de aquecimento (ou rapport). É nesse momento que o moderador estabelece o tom do seu contato com os entrevistados e comunica aspectos importantes, tais como:

- Esclarece os papéis (entrevistados x entrevistador) e os seus objetivos (lembrando que o moderador não revela aos respondentes os objetivos da pesquisa, diz algo mais geral, como *"saber o que vocês pensam sobre alguns assuntos"*).
- Estabelece um clima favorável, descontraído, amigável e não ameaçador.
- Demonstra transparência e confiabilidade, garantindo a confidencialidade dos dados que serão coletados e a não identificação das colocações individuais nos relatórios de análise da pesquisa.
- Assegura que está interessado na participação e nas colocações de todos, igualmente importantes, e que *"não há certo nem errado, o que conta é o que se pensa a respeito do assunto"*.

- Fala sobre aspectos importantes, como a existência de uma gravação em áudio e/ou vídeo e a função do espelho falso.

Este último ponto faz parte do código de ética de pesquisa e os respondentes têm o direito de se recusar a participar se não se sentirem à vontade em ter seus comentários gravados e/ou em ser observados.

É necessário, também, haver uma primeira rodada de colocações dos entrevistados, em que estes se apresentam ao moderador e aos demais, no caso de grupos. Esta fase é importante e faz parte do processo de ambientação das pessoas à situação de pesquisa qualitativa. O moderador inicia apresentando-se rapidamente e, com isso, além de "quebrar o gelo", estabelece um padrão de respostas adequado para a apresentação pessoal dos participantes.

Clientes de outras culturas podem estranhar a necessidade dos brasileiros e latinos, em geral, de ter esse período de aquecimento pessoal. Por isso, devem ser alertados pelo analista sobre a relevância de dedicar esse tempo inicial do encontro para esse aquecimento.

 **Pesquisa na prática**

Algumas dicas para a construção de roteiros para pesquisa qualitativa:

- Incluir a fase inicial de apresentação pessoal e da técnica (*aquecimento*).
- Partir dos temas mais *gerais* para os mais específicos.
- Começar pelos temas mais importantes para a pesquisa, a fim de que tenham as respostas mais espontâneas, sem influência dos demais itens do roteiro.
- Evitar perguntas diretas; indicar os tópicos gerais.
- Optar, quando for necessário perguntar, por *perguntas abertas* (Por exemplo: *"O que se pode falar da embalagem A? e dessa outra, a B?"* ao em vez de *"Qual prefere, A ou B?"*).
- Manter o foco, evitando a dispersão dos objetivos da discussão.
- Usar, sempre que possível, a linguagem/nomenclatura dos entrevistados.
- Prestar atenção nos sinais não verbais, como postura, olhares, gestos etc.
- Provocar novas associações, investigar mais profundamente, ter a certeza de que seus objetivos de pesquisa estão cobertos.
- Garantir que a quantidade de estímulos e áreas a serem trabalhadas não tornem o roteiro muito longo ou cansativo.
- Ter alguns cuidados em relação aos estímulos a serem utilizados: deve-se limitar sua *quantidade* (as pessoas não conseguem avaliar muitos estímulos ao mesmo tempo de forma satisfatória), verificar sua *qualidade* (claros, autoexplicativos, boa qualidade de produção) e sua *padronização*.
- Rodiziar entre estímulos (conceitos, embalagens, caminhos criativos, por exemplo) para prevenir vieses na avaliação pela ordem de apresentação.

Apesar de o moderador ter certa flexibilidade e liberdade para conduzir o encontro de forma a seguir o fluxo de pensamento dos entrevistados, isto tem limites, pois não se pode perder de vista sua tarefa de aprofundar a coleta de dados e explorar os aspectos relevantes para a pesquisa. Isto é particularmente importante tratando-se de projetos internacionais. A necessidade de conduzir a pesquisa em vários mercados diferentes, cobrindo basicamente os mesmos aspectos, requer certa padronização dos roteiros.

Os dados coletados devem permitir a comparação entre os países e uma análise consolidada dos resultados, respeitando o ritmo e a cultura de cada local.

Na realização de discussões em grupo, particularmente, o moderador deve ainda zelar por alguns aspectos adicionais:

- Promover a participação de todos.
- Estimular aqueles que precisem ser encorajados a falar.
- Facilitar a interação entre os membros do grupo.
- Manter os papéis dos vários participantes dentro de um equilíbrio saudável/produtivo para o grupo e para o trabalho.
- Observar o que a dinâmica do grupo comunica (posturas corporais, silêncios, lideranças).
- Evitar a monopolização de alguns participantes sobre outros[2].

A título de exemplo e exercício, encontra-se a seguir um roteiro qualitativo sumarizado, elaborado para discussões em grupo.

Esse roteiro foi desenvolvido para o problema da marca "Beleza+" de xampu, que vem sendo usada como exemplo desde o Capítulo 4, quando foi elaborado um brief de pesquisa tendo como foco o problema da marca (que vem perdendo vendas e competitividade em favor de sua concorrente "Beleza mais ou menos").

Deve ser observado que nesse roteiro há apenas as áreas de abordagem que devem ser levantadas, sem constar ainda as perguntas que poderiam ser feitas para cobrir esses aspectos no desenvolvimento dos grupos.

A tarefa de completar o roteiro com alternativas de perguntas específicas, que poderiam ser usadas no momento dos grupos, é um exercício que propomos seja realizado como reforço da aprendizagem dos aspectos relativos ao roteiro em pesquisas qualitativas.

Imaginemos que a pesquisa planejada incluiu discussões em grupo.

Como definido no brief desenvolvido no Capítulo 4, o objetivo central dos grupos será:

- Levantar a percepção dos consumidores quanto à marca "Beleza+" e a categoria de xampus.
- Identificar as forças e fraquezas da marca diante da concorrente.
- Detectar diferenciais de posicionamento que possam justificar o preço e trazer subsídios para planejar uma nova campanha de comunicação.

---

[2] É importante evitar que alguns monopolizem os debates, mesmo que os vários movimentos do grupo e fluxo das discussões, até mesmo "o liderar e deixar-se liderar", possam ser indicativos de elementos relevantes para a análise.

Os outros objetivos do projeto do shampoo "Beleza+", ligados ao levantamento do perfil dos consumidores da marca e da concorrência, devem ter uma abordagem quantitativa.

A título de exemplo, consideremos que as discussões em grupo sejam realizadas com mulheres, pois essas são as principais usuárias de xampu.

Para poder fornecer as informações necessárias, vamos exigir que sejam usuárias da categoria e que conheçam, ao menos de ouvir falar, a marca "Beleza+" e sua concorrente "Beleza mais ou menos".

Caso – Xampu "Beleza+"

Roteiro – discussões em grupo

1 – Apresentação e aquecimento

- Apresentação pessoal e da técnica (rapport).
- Exploração de expectativas gerais quanto à categoria e aspectos valorizados em xampu.

2 – Conhecimento de marcas de xampus

- Marcas conhecidas e usadas (menções espontâneas).
- Verificar menções espontâneas e primeiros comentários às marcas "Beleza+" e "Beleza mais ou menos", assim como traços associados.

3 – Percepção de marcas na categoria

- Razões de escolha de marcas em xampus.
- Fidelidade a marcas em xampus – razões de fidelidade x infidelidade.
- Mercado de xampus: percepção de novidades / lançamentos.

4 – Imagem projetiva das marcas

- Mapeamento das principais marcas de xampu, incluindo "Beleza+" e "Beleza mais ou menos".
- Verificar atributos considerados e razões.
- Identificar a posição ocupada pelas marcas "Beleza+" e Beleza mais ou menos, e razões.
- Personificação das marcas "Beleza+", "Beleza mais ou menos" e a marca líder da categoria (para haver parâmetros de comparação).
- Analogias às marcas "Beleza+", "Beleza mais ou menos" e a marca líder (animais, cidades brasileiras e artistas nacionais).

5 – Fechamento

- Avaliação, com o grupo, das forças e fraquezas da marca "Beleza+" frente à concorrência.

Resumo

Instrumentos de coleta

- A correta elaboração dos instrumentos de coleta de dados é vital no desenvolvimento das pesquisas de mercado, contemplando os objetivos do brief e as necessidades de análise.
- O questionário ou o roteiro fazem parte integrante do planejamento e são criados já com vista à análise que deverá ser feita posteriormente; é muito relevante verificar com cuidado a forma de perguntar, a ordem das perguntas e a linguagem utilizada.

Pesquisas quantitativas	Pesquisas qualitativas
• O questionário é a base da sistematização da coleta em pesquisa quantitativa, uniformizando a forma de perguntar e a aplicação propriamente dita. • Isso é o que garante que os resultados sejam passíveis de consolidação e possam ser feitos cálculos e aplicação de fórmulas estatísticas. • A estrutura do questionário precisa ser fixa e predeterminada, para que possa ser aplicado do mesmo modo por uma equipe grande de entrevistadores, muitas vezes dispersos geograficamente ou até mesmo em momentos diferentes, como em ondas de tracking. • Os tipos de perguntas devem ser planejados de modo a possibilitar tratamentos estatísticos dos dados.	• O roteiro a ser seguido nos grupos ou entrevistas deve cobrir todas as áreas de interesse para o projeto, mas precisa ser flexível quanto à forma de introduzir as questões e temas. • A fase inicial do contato, o aquecimento, é vital para o estabelecimento de um bom relacionamento entre pesquisador e pesquisados e para coletar dados produtivos. • O moderador ou entrevistador deve permitir a expressão verbal e não verbal dos respondentes. • A não diretividade é uma das características mais importantes do roteiro – é o que garante a coleta de dados espontâneos e genuínos.

Execução da pesquisa – Os trabalhos de campo

Os processos de campo são ações estruturais que auxiliam na execução efetiva da pesquisa: a coleta de dados, que é, sem dúvida alguma, a etapa mais valiosa e importante de um estudo. Para garantir o sucesso e a qualidade dos dados coletados, alguns procedimentos de apoio são adotados para ajudar os entrevistadores no momento da investigação, tais como questionários que devem ser bem elaborados para obtenção de dados, coordenadas de campo que contenham o objetivo da pesquisa e instruções de campo realizadas corretamente e que esclareçam as possíveis dúvidas sobre o projeto.

Além disso, é importante para nós pesquisadores participar dos processos de campo, não deixando apenas esse trabalho para os supervisores. Quando possível é interessante acompanhar a coleta de dados, participar das reuniões com os entrevistadores. São essas experiências obtidas que acrescentam no nosso trabalho do dia a dia com a pesquisa

–Bruna Mota
Analista de Pesquisa de Mercado – São Paulo

Neste capítulo:

- Procedimentos de execução das pesquisas de mercado: campo e coleta dos dados.
- Rotinas e cuidados a serem tomados no decorrer dos trabalhos de campo, garantindo a qualidade dos dados coletados.
- Características próprias dos trabalhos de campo para pesquisas quantitativas e qualitativas.

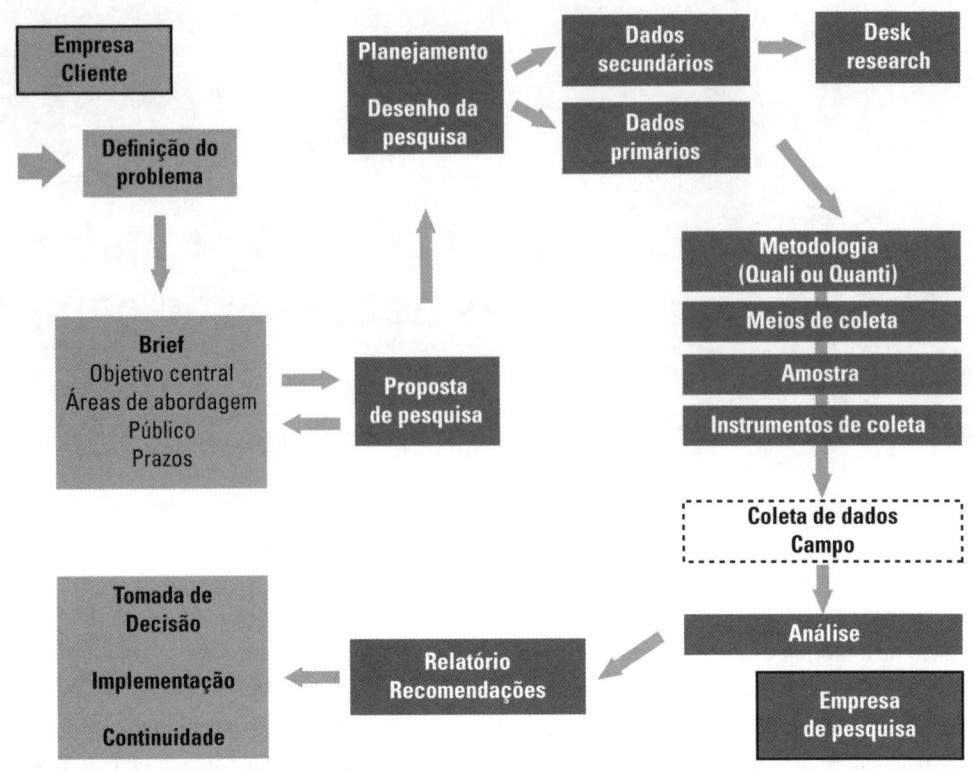

Fonte: Adaptado de Oliveira e Pupo (2005).

Nos projetos de pesquisa que envolvem o emprego de dados primários, os trabalhos de campo constituem-se em uma das etapas fundamentais do desenvolvimento do processo.

Trata-se da coleta dos dados que constituirão a base de todo o trabalho analítico posterior e das recomendações da pesquisa.

O início dos trabalhos de campo segue-se, no cronograma geral das pesquisas, às fases de:

- Aprovação do projeto.
- Detalhamento do planejamento da pesquisa – metodologia, meio de coleta de dados e amostra a ser selecionada.
- Definição e aprovação dos instrumentos de coleta de dados (questionários ou roteiros e material a ser testado, conforme o caso).

No Brasil, a execução dos trabalhos de campo em pesquisa de mercado é estruturada fundamentalmente de duas maneiras: como um setor interno das grandes empresas de pesquisa, ou, de forma até mais frequente, como um serviço terceirizado, prestado por empresas especializadas neste tipo de trabalho.

Há empresas de campo, na maior parte das vezes pequenas ou médias, voltadas para os vários meios de coleta presenciais ou remotos.

Como uma particularidade, as que lidam com coleta de dados via internet ou eletrônicos (mobile/smartphones ou palms) são diferenciadas das demais, pela especialização e tecnologia envolvidas.

Mesmo as grandes empresas de pesquisa contam com assessoria de empresas de TI (tecnologia de informação) quando empregam meios remotos, dadas as rápidas mudanças e sofisticação crescente dos meios de coleta de dados em pesquisa.

Para maior clareza da exposição, serão mais focalizados aqui os trabalhos de campo dos meios presenciais. Os procedimentos abordados neste capítulo são pertinentes para todos os meios de coleta de dados, apenas com particularidades específicas em alguns casos, que serão oportunamente apontadas.

Por outro lado, os procedimentos de campo são muito diferentes quando se trata de pesquisas quantitativas e qualitativas, embora haja alguns aspectos em comum.

Essas diferenças são consequência do papel diferente que é desempenhado pelos moderadores[1] das pesquisas qualitativas e pelos entrevistadores dos projetos quantitativos e da divisão das tarefas nas empresas de pesquisa.

Em ambas as metodologias, a importância do campo é patente e indiscutível, envolvendo muitas pessoas e uma logística que precisa ser muito bem estruturada e planejada.

Nunca será demais enaltecer e agradecer a dedicação e a competência dos profissionais de campo, que dão a base de sustentação para o trabalho de pesquisa de mercado. Eles são a face mais visível e exposta da pesquisa de mercado para as pessoas comuns, e, também, por isso mesmo, a mais vulnerável.

O público brasileiro parece reconhecer as qualidades dos entrevistadores, como mostram as informações da pesquisa destacada a seguir, sobre o nível de confiança das pessoas em vários tipos de profissionais.

Pesquisa é notícia
Saiu na mídia

Aumenta confiança da população brasileira nos pesquisadores de mercado (*)
Abep News – Ed. 76 – 05/07/2011

A confiança da população brasileira nos pesquisadores de mercado se mantém em alta em 2011. Com aumento de um ponto percentual em relação a 2010, os profissionais têm 81% do nível de confiança dos brasileiros e se mantêm na 6ª colocação da pesquisa, que avalia a confiança dos cidadãos em relação a 20 grupos profissionais e organizações. Internacionalmente, a categoria sofreu queda de 1 ponto percentual no desempenho, caindo da 9ª para a 10ª posição.

---

[1] Como em outros capítulos, será usada, para unificação da linguagem, a denominação "moderador" para abranger os profissionais de pesquisa qualitativa que entram em contato com os entrevistados, conduzindo grupos, entrevistas ou observações, quer presenciais, quer remotas.

No ranking geral, os Bombeiros são apontados como os profissionais mais confiáveis, com índice de 97% de credibilidade no Brasil e de 94% na média geral de todos os países.

Embora tenha melhorado a percepção da população sobre os políticos, a categoria segue na última posição do ranking, como a pior avaliada na média de todos os países pesquisados. No Brasil, em 2010, o índice era de 11%, este ano subiu para 19%. O mesmo acontece na média global, que era 14% e agora está em 17%.

A pesquisa da GfK determina o nível de confiança que os cidadãos têm em 20 grupos profissionais e organizações: advogados, bombeiros, carteiros, diretores de grandes empresas, executivos de bancos, exército, funcionalismo público, instituições de caridade, instituições religiosas, jornalistas, juízes, médicos, organizações de proteção ao meio ambiente, pesquisadores de mercado, policiais, políticos, professores do ensino fundamental e médio, profissionais de marketing, publicitários e sindicatos.

Para o estudo, que foi realizado na Alemanha, Bélgica, Brasil, Bulgária, Colômbia, Espanha, EUA, França, Índia, Hungria, Holanda, Itália, Portugal, Polônia, Reino Unido, República Tcheca, Romênia, Suécia e Turquia, foram ouvidas 19.261 pessoas (1.000 no Brasil), com idades acima de 15 anos, entre os meses de março e abril deste ano.

Extraído do site: <www.abep.org/novo/Content.aspx?ContentID=667>.

Acessado em: 25 jun. 2011

(*) Seleção de trechos da reportagem.

Notícia sobre este mesmo estudo foi publicada pela *Folha de S.Paulo* em 23 jun. 2011 sob o título "Credibilidade de jornalistas é maior no Brasil", assinada por Mariana Barbosa

11.1 Procedimentos de campo em pesquisas quantitativas

Para que a pesquisa tenha um andamento satisfatório, é muito importante haver uma boa sintonia entre as equipes de planejamento e análise, de um lado, e, de outro, as que executam o campo.

A comunicação com o campo é feita formalmente por meio de:

- *Instruções* de campo
  - emitidas antes do início dos trabalhos pela equipe de planejamento (analistas);
  - detalhamento das exigências e padrões a serem seguidos.

- *Relatórios* de campo
  - elaborados periodicamente pelos responsáveis pelo campo;
  - comunicação do andamento das entrevistas, cotas da amostra e ocorrências específicas.

Nas instruções de campo devem constar itens como:

- Objetivos do estudo, claramente definidos.
- Meio de coleta de dados, incluindo forma de contato.
- Amostra, critérios de amostragem e sorteio para qualificação dos respondentes.

- Procedimentos de crítica, verificação e controle da qualidade do campo.
- Horários e locais das entrevistas.
- Informações sobre o questionário a ser aplicado:
  - detalhamento do que se pretende obter com cada pergunta ou bateria de perguntas;
  - características e exigências da aplicação do questionário:
    - sequência e rodízios de perguntas, pulos;
    - o que explorar ou esclarecer, como preencher as questões;
    - filtros e critérios de classificação econômica.
- Condições do treinamento e supervisão das equipes.

O treinamento do campo é vital para a correta execução dos trabalhos. É a oportunidade para que os entrevistadores tomem contato com os objetivos do projeto, o processo de amostragem e a seleção da amostra, além da estrutura do questionário e suas particularidades de aplicação.

É importante que o entrevistador tenha conhecimento do processo de pesquisa como um todo e que os objetivos da pesquisa e a razão de ser dos procedimentos exigidos fiquem claros, para que haja cooperação e um rendimento satisfatório.

Como regra geral, um questionário não deve ser utilizado sem que tenha sido testado. O pré-teste dos questionários, junto a uma pequena amostra, é fundamental para que sejam detectados eventuais problemas de entendimento, de sequência ou de formulação das perguntas.

Todos os aspectos do questionário são examinados, tais como layout e forma, linguagem, extensão, conteúdo e sequência das perguntas.

Pesquisa na prática

Recomendações quanto ao pré-teste de questionários

1. Deve-se pré-testar os questionários sempre; mesmo os melhores questionários podem ser melhorados.
2. Os entrevistados no pré-teste devem ser similares aos que serão entrevistados na pesquisa.
3. As entrevistas pessoais são a melhor forma para pré-testar o questionário, mesmo que a pesquisa real seja conduzida por outros meios.
4. O pré-teste deve ser feito no mesmo contexto e situação da pesquisa real; por isso, se forem usados outros meios na pesquisa real, o ideal seria iniciar o pré-teste presencialmente e, depois dos primeiros ajustes, pré-testar a performance do questionário no meio em que a pesquisa será aplicada (telefone ou meio digital, por exemplo).
5. Para maior sensibilidade, o pré-teste deve ser feito por mais de um entrevistador.
6. Depois de ajustado o questionário, recomenda-se fazer um novo pré-teste com o material corrigido, para avaliar seu desempenho no campo.

Fonte : MALHOTRA, Naresh K. *Pesquisa de Marketing,* 6 ed. Porto Alegre: Bookman, 2012.

Em geral, os trabalhos de campo, sob a coordenação de um gerente da área, são conduzidos por equipes lideradas por um supervisor e compostas de entrevistadores, verificadores e crítica (leitura, consistência e edição da aplicação dos questionários).

As empresas normalmente seguem o padrão de campo estabelecido pelos códigos de conduta de qualidade da Abep. Para a qualidade dos trabalhos de campo, 100% dos questionários passam pela supervisão e crítica, enquanto 20% da produção de cada entrevistador é verificada no campo (retornando o contato para os entrevistados), obedecendo aos parâmetros estabelecidos para a verificação.

Considerados aprovados pelo campo, os questionários passam para uma equipe de codificação para atribuir códigos às perguntas abertas e respostas não previstas nos questionários, e para uma nova leitura, visando verificar a consistência da aplicação.

Padrões básicos envolvidos nos trabalhos de codificação e uma explicação do significado e importância da codificação no projeto de pesquisa são detalhados no Capítulo 12 – Análise dos resultados e relatório.

Nas entrevistas feitas por telefone, usando software ou não, além do procedimento padrão de verificação (retornando o contato aos entrevistados para verificar a veracidade das respostas), utiliza-se também a escuta, presencial ou remota, feita por supervisores.

No caso de entrevistas on-line, na qual precisamos controlar o perfil do respondente, coloca-se controle sobre os IPs das máquinas dos entrevistados, baseados em registros anteriores feitos na fase de sua inclusão para participar de painéis on-line.

Para os questionários eletrônicos aplicados, usando-se software de aplicação – telefones, smartphones, palms, PCs ou tablets – a consistência das informações é feita de forma automática, seguindo o fluxo estabelecido para a entrevista. Por exemplo, se a pergunta deve ser feita só para quem respondeu "sim", ela nem aparece para os que responderam "não". E, nesses casos, também não temos o trabalho de digitação. Deve-se evitar aqui, a qualquer custo, a inclusão de perguntas abertas, porque a logística para codificação de questionários eletrônicos é bastante onerosa e consome muito tempo.

11.2 O campo na pesquisa qualitativa

Os trabalhos de campo em pesquisas qualitativas diferenciam-se de forma marcante dos usados em pesquisa quantitativa.

Compreendem duas etapas consecutivas, desempenhadas por equipes e profissionais diferentes:

- A fase de *recrutamento* (quando são convidadas e selecionadas as pessoas que participarão como respondentes do projeto), que guarda alguma similaridade com os processos de campo em projetos quantitativos.
- Depois disso, segue-se a etapa de *coleta dos dados* propriamente dita, com a realização dos grupos, entrevistas ou observações.

As necessidades e questões são diferentes para esses dois momentos dos trabalhos de campo das pesquisas qualitativas, e, por isso, serão abordadas separadamente.

11.2.1 Recrutamento dos participantes

A primeira etapa dos trabalhos de campo em pesquisas qualitativas, em seus vários formatos, é o recrutamento dos entrevistados que serão selecionados para responder à pesquisa.

A amostra em pesquisa qualitativa é intencional (Capítulo 9) e composta com base em critérios definidos previamente como filtros (variáveis como sexo, faixa etária, uso de produtos, hábitos de consumo e lazer etc.).

A seleção criteriosa de pessoas que preencham esse requisitos e possam contribuir positivamente com a coleta dos dados é uma tarefa complexa e delicada.

Existem algumas áreas de dificuldade no processo de recrutamento que devem ser cuidadas:

- Selecionar respondentes que respondam efetivamente aos critérios de recrutamento e filtros.
- Escolher pessoas que se comuniquem bem e de forma articulada, tendo condições de colaborar com a obtenção de dados interessantes e ricos sobre o tema pesquisado.
- Evitar fraudes no recrutamento, detectando, em tempo, eventuais "respondentes profissionais".

Fatores como a popularização do marketing e das pesquisas, além da atração que pode representar para o entrevistado o fato de ter sua opinião ouvida e até "remunerada" com ajuda de custo e incentivos[2], facilitaram o surgimento dessa figura do respondente profissional – que existe também no exterior e preocupa os profissionais de pesquisa.

Os grandes passos do processo de recrutamento são análogos aos que se apontou quanto ao campo das pesquisas quantitativas:

- A equipe de planejamento e análise elabora as instruções para a equipe de recrutamento ou empresa contratada com essa finalidade:
  - As *Normas de campo* são comunicadas por escrito e nelas constam as principais informações sobre o projeto, como:
    - metodologia e composição da amostra, em relação aos principais requisitos e filtros a serem aplicados;
    - datas desejáveis para os eventos de coleta de dados e as eventuais limitações de tempo.
  - O *Questionário de recrutamento* algumas vezes é elaborado pela equipe de análise e, em outras, é parte das tarefas da equipe de recrutamento, conforme o acordo entre os profissionais ou empresas envolvidas. Ele deve sempre ser feito de forma a garantir que as pessoas selecionadas estejam de acordo com os filtros dos critérios da amostra.

---

[2] Costuma-se dar uma ajuda de custo, a título de incentivo e agradecimento, para as pessoas que participam de pesquisas qualitativas.

- A equipe de recrutamento começa, então, o processo de seleção dos candidatos a respondentes da pesquisa:
  - o supervisor de recrutamento treina os recrutadores que irão a campo buscar os possíveis entrevistados para responder àquela pesquisa específica;
  - os recrutadores, em geral, são mulheres, de todas as classes, com amplo relacionamento social e contatos;
  - é altamente recomendável que os recrutadores sejam informados somente dos dados demográficos básicos da amostra e com isso façam uma pré-seleção de potenciais entrevistados;
  - o restante dos requisitos é obtido diretamente pelos supervisores, em geral por entrevista telefônica com os potenciais respondentes;
  - os supervisores completam os questionários de recrutamento e selecionam os habilitados a compor a amostra da pesquisa.
- É feita em seguida a consulta da frequência dos potenciais convidados em outras pesquisas, por uma checagem on-line de cada um deles no Controle de Qualidade no Recrutamento (CRQ) da Abep, que centraliza nacionalmente os dados das pessoas que participaram de discussões em grupo e outros tipos de pesquisa qualitativa;
  - conforme o caso, é exigido que o entrevistado não tenha participado de pesquisas qualitativas no último ano ou nos últimos dois anos, ou que nunca tenha respondido sobre a categoria em questão (critério acordado entre a empresa de pesquisa e o cliente).
- Uma vez que o candidato a respondente seja aprovado, no filtro e no CRQ, é feito o convite para a pesquisa, por carta ou mensagem eletrônica com os dados de local, data e hora do evento de coleta de dados – grupo, entrevista ou obervação.
- No local e dia marcados para a pesquisa, um coordenador da equipe de recrutamento recebe os convidados, checa pessoalmente sua identidade[3], e reaplica o questionário se houver alguma divergência.
- Em caso de grupo, esse coordenador seleciona os convidados que efetivamente responderão à pesquisa, preenchendo uma *folha de rosto* do grupo com seus principais dados (Capítulo 10) que, junto com os questionários, é passada para o analista ou moderador; todos, inclusive os dispensados por excesso de pessoas (para grupos costuma-se convidar um número maior, a fim de cobrir os que eventualmente faltem), recebem um brinde e/ou ajuda de custo.
- Após a pesquisa, o responsável pela equipe de recrutamento deve incluir a participação de todos no CRQ da Abep, alimentando essa base de dados, de uso comum e de cobertura nacional.

---

[3] É interessante exigir a identificação de todos pela apresentação do RG original, para evitar fraudes e os chamados "respondentes profissionais".

Esses procedimentos, como os demais descritos neste capítulo, são mais dirigidos para as pesquisas presenciais, mas as regras são as mesmas em caso dos meios remotos de coleta de dados, com as devidas adaptações.

O recrutamento pode também ser feito por listagens fornecidas pelo cliente, ou, mais raramente no momento atual no Brasil, por meio de painéis on-line. Mas o procedimento detalhado anteriormente é o mais empregado atualmente pelos profissionais de pesquisa de mercado.

11.2.2 A coleta de dados propriamente dita em pesquisa qualitativa

O ponto alto na coleta de dados em pesquisa qualitativa é o contato do moderador com os entrevistados. Pode-se considerar os trabalhos de recrutamento como uma preparação, sem a qual esse evento de coleta de dados não teria condições de acontecer.

A conduta do moderador durante os grupos, entrevistas, observações etnográficas ou outra forma de contato com o público deve ser pautada pela neutralidade, não diretividade e respeito ao ritmo dos participantes para permirir o acesso aos dados que, analisados, poderão responder aos questionamentos da pesquisa que está sendo realizada.

O que distingue a tomada de dados qualitativos da entrevista quantitativa é a flexibilidade do moderador na sua condução e o relacionamento menos formal que estabelece com os respondentes.

Os aspectos relativos à condução dos grupos e entrevistas qualitativas foram abordados em outros capítulos do livro: o roteiro no Capítulo 10, as técnicas e recursos no Capítulo 7.

11.3 Relacionamento com o campo

Os procedimentos de campo em geral envolvem um número muito grande de pessoas, com habilidades, formação e até personalidade bastante diferentes entre si. Em alguns projetos, muitas equipes e fornecedores diferentes estão envolvidos na fase de campo, trabalhando juntos.

É o caso das discussões em grupo, em que, normalmente, se tem pelo menos as equipes de análise, de recrutamento e das empresas que locam salas de espelho atuando simultaneamente no momento da realização dos grupos – além da presença do cliente e, eventualmente, de pessoas de agências de publicidade, design e outros.

Por isso, não pode ser negligenciada a questão do relacionamento entre as equipes que atuam durante a realização da pesquisa.

Como o campo é um elo fundamental da cadeia de pesquisa, deve-se dar especial atenção para a comunicação entre as equipes de análise e as demais que nele atuam.

Uma série de cuidados pode ser tomada para que tudo corra a contento, como se vê em algumas dicas que constam em documento presente no site da QRCA, no qual nos baseamos para elaborar o quadro Pesquina na prática a seguir; estas recomendações são interessantes para todo o tipo de relacionamento com o campo, embora o paper tenha sido concebido inicialmente tendo como referência a realidade norte-americana e focalizando pesquisas qualitativas, em especial discussões em grupo.

 **Pesquisa na prática**

Dicas para relacionamento com o campo

- Tenha tudo por escrito – evite confusão e possíveis mal-entendidos:
  - delineie claramente as especificações do projeto e qualquer instrução ou exigência especial nas Normas de Campo;
  - documente por escrito qualquer mudança nas especificações ou ordens;
- Mas não se esqueça de falar também – nada substitui o contato pessoal.
  - discuta detalhadamente o projeto e seus objetivos com os responsáveis pelo campo;
  - aceite suas recomendações e experiência.
- Mantenha o campo atualizado com prazos e datas.
- Comunique-se regularmente com o campo durante o projeto.
- Ao trabalhar com listas fornecidas pelo cliente, é desejável obter permissão para revelar a fonte das informações ao entrevistado, evitando desconfiança e dificuldade de acesso aos respondentes;
  - se isso não for possível, considere essa dificuldade adicional ao estabelecer o prazo para o campo.
- Não escolha a empresa de campo apenas com base em preço.
- Não dê instruções especiais em cima da hora (por exemplo, necessidades de equipamentos especiais, materiais a serem comprados etc.).
- Se houver necessidade de locais especiais para a execução da pesquisa (por exemplo, locais com cozinha ou para exibição de vídeos, assim como maior número de pessoas que o usual para assistir às discussões em grupo), combine previamente.
- Treine bem a pessoa ou equipe encarregada de acompanhar e apoiar o andamento do campo.
- Construa um bom relacionamento com as empresas ou equipes de campo, dando feedback a respeito do andamento de cada projeto.
- Todo e qualquer pedido que envolva custos ou pessoas extras deve ser feito previamente (por exemplo, compra de material, contratar uma pessoa para cuidar dos estímulos a serem usados etc.).
- E a "regra de ouro": respeite e trate o pessoal de campo como você gostaria de ser tratado pelos seus clientes.
- Resumindo, ver o pessoal de campo como profissionais e parceiros é nada mais que justo – e aumenta muito as possibilidades de o projeto ser bem-sucedido.

Adaptado de QRCA - Field and industry relations committee (FAIRCom), 2009. SCHMAYER, Marry; LANGER, Judy. Sweet 16' DOs and DON'Ts to building better relationships with facilities. Disponível em: www.qrca.org. Acesso em: 10 fev.2011.

11.4 Acompanhamento do campo pelo cliente

Em alguns tipos de pesquisa o cliente tem possibilidade de acompanhar os trabalhos de campo como observador. Isso ocorre na grande maioria dos projetos qualitativos e pode acontecer também ao menos em parte das entrevistas quantitativas.

Esse acompanhamento é importante, tanto para o cliente se inteirar e controlar o que está ocorrendo no dia a dia da pesquisa contratada, como para que se possa entrar em contato com o público real, que consome ou pode vir a consumir os produtos e serviços da empresa cliente.

A oportunidade de assistir a um grupo ou entrevista, ir até a casa do consumidor ou acompanhar suas compras é de grande valor para o cliente, que pode ouvir pessoalmente as necessidades e reações de seu público consumidor.

Para haver um aproveitamento efetivo dessa experiência, o cliente precisa assumir uma postura aberta e receptiva, assim como treinar sua disposição para ouvir e observar de forma imparcial e sem julgamento o que as pessoas têm a dizer sobre os produtos, serviços, marcas ou temas sociais.

Assim, é necessário despojar-se de suas próprias verdades e exercitar a prática de entrar no ponto de vista do outro, enxergar as coisas como o outro enxerga.

No quadro Pesquisa na prática a seguir há algumas recomendações que podem ajudar o melhor aproveitamento da experiência de contato com o público.

Pesquisa na prática

Como aproveitar a experiência de contato com o público

- Dicas para acompanhamento do campo – na rua, em local central ou casa das pessoas:
    - comportar-se de forma a minimizar a ansiedade natural do entrevistado;
    - observar se não está com identificadores da empresa na qual trabalha (crachá, bolsas);
    - usar roupas despojadas e sapatos confortáveis – jeans, camisetas;
    - evitar roupas de grife ou muito diferentes, chamativas;
    - ter atenção à pontualidade para chegar à casa do consumidor;
    - evitar atitudes que podem ser consideradas "invasivas" da privacidade.
- Dicas gerais para acompanhar pesquisas qualitativas:
    - observar que o moderador não se prende ao tempo de duração do grupo ou entrevista, e sim ao "timing" dos entrevistados;
    - o roteiro é apenas um guia; o fundamental é extrair todas as informações desejadas, não necessariamente na ordem do roteiro;

- anotar, enquanto acompanha as atividades, pode ajudar a sistematizar impressões, separar áreas de interesse.
- O que observar em pesquisas qualitativas:
  - verbalizações – o que as pessoas falam;
  - significados – o que querem dizer;
  - tipo de linguagem utilizado, vocabulário, expressões;
  - omissões – o que não falam;
  - interrupções e mudanças de atitudes ou de assunto;
  - questões que são levantadas espontaneamente;
  - pensamentos e associações;
  - sinais não verbais:
    - expressões faciais, gestos, linguagem corporal;
    - emoções, sentimentos.
- Dicas para acompanhar grupos:
  - não quantificar o grupo;
  - não se preocupar com respostas individuais, tentar assimilar o todo;
  - evitar prestar atenção somente aos que concordam com a própria opinião sobre o tema.
- Dicas para visitas etnográficas e compras acompanhadas:
  - fotografe a casa, ponto de venda, vizinhança, as pessoas presentes, a família;
    - procure filmar ou fotografar as pessoas falando e expressões espontâneas;
  - observe o lugar/clima geral da casa, do ponto de venda.

Algumas circunstâncias que ocorrem quando se observam discussões em grupo merecem especial destaque:

- Deve-se evitar mandar bilhetes ao moderador: podem atrapalhar sua concentração e retirar o sentido positivo de intimidade que se estabelece entre ele e o grupo. Muitas vezes, o moderador toca no assunto logo depois, espontaneamente, ou algum dos entrevistados coloca a questão.
- É possível combinar que o moderador vá periodicamente à sala de observação para verificar se há dúvidas, especialmente antes do final.
- Quando algum dos entrevistados se destaca, é comum que quem está observando se preocupe com a possibilidade de essa pessoa liderar e influenciar as colocações dos demais. Isso deve ser discutido com o moderador, que tem recursos técnicos para controlá-la. Mas temos que considerar que a questão da liderança é complexa e, como os demais fenômenos grupais, pode oferecer indicações importantes sobre o assunto que está sendo pesquisado. Devemos investigar, por exemplo, questões como essas:
  - o grupo está deixando essa pessoa liderar? Por que isso está ocorrendo? O que isso significa?
  - será que essa pessoa está sendo, de alguma forma, um porta-voz do grupo? Ou o silêncio dos demais representa uma forma de responder ao que está sendo questionado?

Resumo

Execução da pesquisa – Os trabalhos de campo

- O campo é uma das etapas fundamentais do desenvolvimento das pesquisas que envolvem a coleta de dados primários; é a base de todo o trabalho analítico e das recomendações.

- Os procedimentos de campo são diferentes quando se trata de pesquisas quantitativas e qualitativas, mas há aspectos importantes em comum, como a necessidade de haver uma logística muito bem estruturada e planejada, assim como reuniões de instrução/treinamento.

- A comunicação com o campo é vital: normas formais e por escrito são importantes, assim como o bom contato verbal e o acompanhamento do campo pelos profissionais de análise.

- O acompanhamento do campo pelos clientes implica processos e cuidados específicos; algumas vezes é interessante haver um treinamento e discussão sobre os papéis, postura e procedimentos para bom aproveitamento da experiência de contato com o consumidor.

Campo em pesquisas quantitativas	Campo em pesquisas qualitativas

• As instruções de campo exercem papel fundamental no andamento do trabalho, na medida em que há o detalhamento do que se pretende em relação a exigências e padrões a serem seguidos, assim como do questionário e objetivos da pesquisa
• O pré-teste do questionário é um procedimento para corrigir eventuais erros e garantir a qualidade do trabalho final
• A comunicação das ocorrências do campo é muito importante para o controle do andamento do projeto.
	• As preocupações, aqui, ocorrem em dois planos:
	  • Processo de recrutamento dos participantes e seu controle, análogo ao que ocorre em quantitativa.
	  • Coleta propriamente dita dos dados qualitativos: realização dos grupos, entrevistas ou observações.
	• O rigor na coleta dos dados qualitativos é vital; embora informais e fruto de "conversa", é muito relevante a não diretividade e cuidados na facilitação da expressão espontânea dos respondentes.

Análise dos resultados e relatório

Este momento da pesquisa (a análise) é de vital importância e deve ser realizado com muito critério para que opiniões e observações de cunho pessoal não interfiram nos resultados. Ou seja, a característica mãe de um analista deve ser a imparcialidade. Algo difícil de ser praticado e que se alcança com os anos através da experiência.

Muitas vezes as pessoas acham que analisar é algo que se aprende de um dia para outro. Descrever ou ler tabelas sim, mas a verdadeira análise exige que se observe as "entrelinhas", os significados dos números. Não sendo, portanto, uma simples descrição dos fatos ou números.

Ione Almeida
– Consultora de Pesquisa de Mercado e Professora
da ESPM, ABA e Abep – São Paulo

Neste capítulo:

- Papel da análise no projeto de pesquisa.
- Particularidades da análise em pesquisas qualitativas e quantitativas.
- Aspectos formais e de conteúdo dos relatórios finais e apresentações verbais dos resultados de análise.

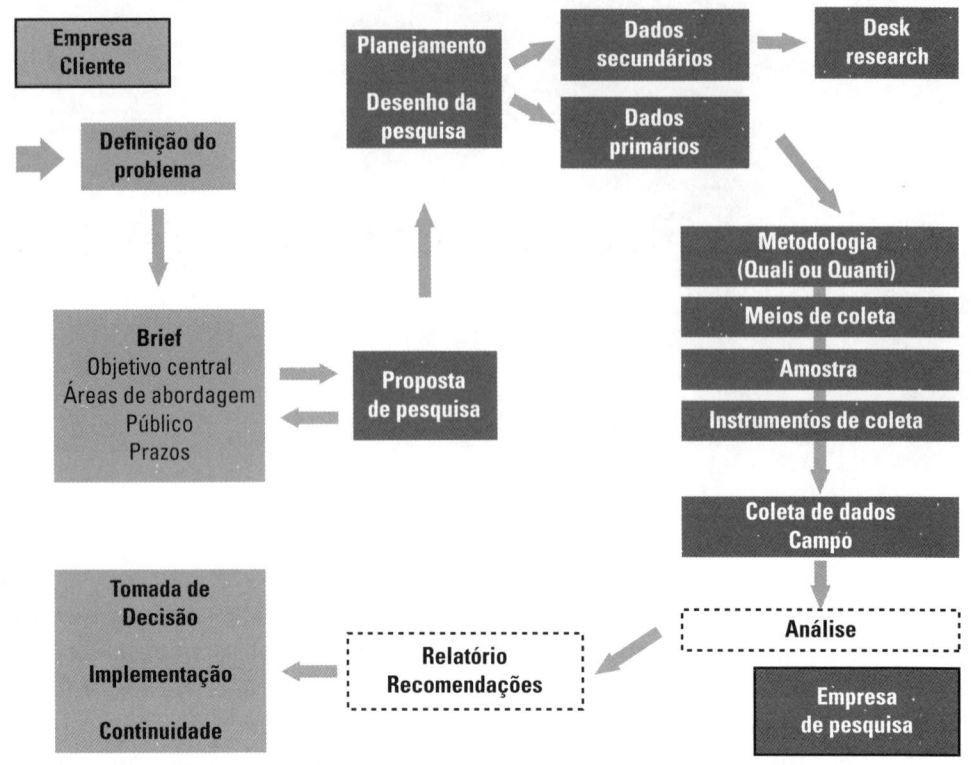

Fonte: Adaptado de Oliveira e Pupo (2005).

12.1 Significado da análise em pesquisa de mercado

A análise e, particularmente, o relatório e/ou a apresentação dos resultados são a etapa final do projeto de pesquisa de mercado. Trata-se do documento no qual se colocam todos os achados e o pesquisador fornece as recomendações a serem acionadas pelos envolvidos na pesquisa.

Analisar os resultados nada mais é do que mostrar, de uma forma lógica, consistente e interessante, os resultados da pesquisa que estavam sendo aguardados com alguma expectativa para a tomada de decisões.

O processo de análise é contínuo, e a preocupação analítica acompanha o pesquisador em todas as etapas do projeto. Isto fica claro quando se recorda que a meta da pesquisa de mercado é, basicamente, subsidiar as tomadas de decisões, o que só é conseguido se há uma análise adequada do que foi coletado em campo.

A pesquisa busca, em todos os seus passos, gerar *dados* que se transformarão – depois de analisados e contextualizados – em *informações, conhecimento* e *inteligência,* que subsidiarão as *recomendações* para planejamento estratégico e *ações* táticas, visando *resultados* para os negócios ou objetivos.

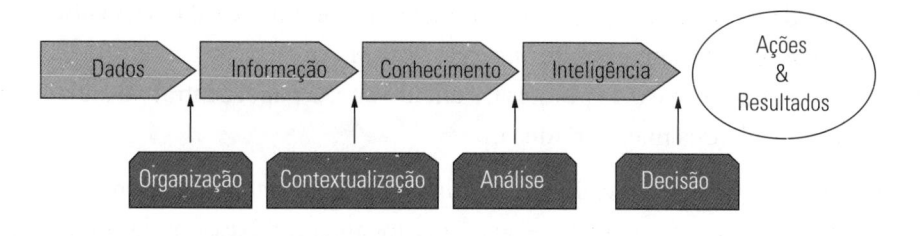

Figura 12. 1 Processo de transformação de dados em resultados.

Fonte: KOTLER, Philip. *Administração de Marketing*. São Paulo: Prentice Hall, 2000.

A Figura 12.1 a seguir é bastante didática para mostrar como o trabalho de análise pode ir da geração de dados à produção de conhecimento, passando a ter uma participação mais ativa no processo de decisão estratégica, agregando valor à informação.

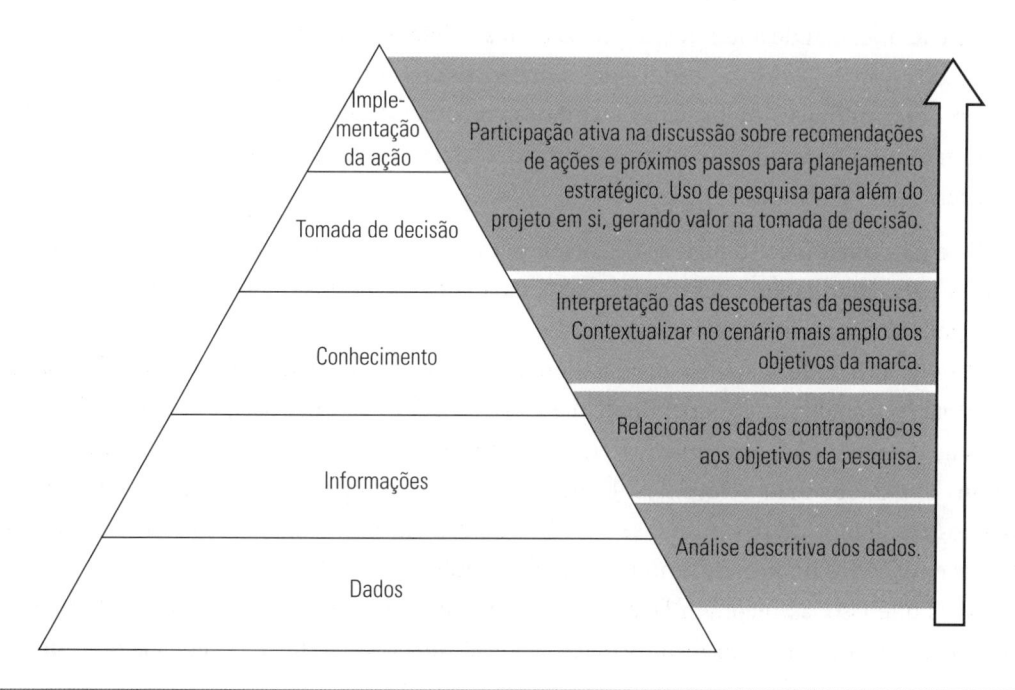

Figura 12.2 Pirâmide do conhecimento e cadeia de valor da informação.

A análise da pirâmide, relativa aos *dados*, no primeiro nível, descreve, relaciona e comunica as "descobertas". No segundo nível, a análise relaciona os dados, considera os objetivos da pesquisa e traz respostas às questões, transformando-os em *informações*. No terceiro, interpreta as descobertas da pesquisa, muitas vezes associando informações de vários projetos ou incorporando referências externas, transformando-as no que podemos chamar de *conhecimento*. Se o conhecimento é transformado em recomendações para tomada de decisões estratégicas e possíveis caminhos para ações a serem implementadas, chegamos ao nível mais alto da cadeia de valor da informação e aos objetivos máximos de um trabalho de análise. É o nível que corresponde ao que chamamos de *inteligência de mercado*.

Desde o início do processo da pesquisa, a análise ocupa papel central no andamento das pesquisas de mercado dos mais variados tipos:

- Na fase do planejamento inicial, é primordial delimitar que procedimentos de pesquisa serão necessários para responder aos seus questionamentos. Nesse estágio, o pensamento analítico já se impõe na elaboração e interpretação do brief, da proposta e também no estabelecimento do desenho da pesquisa (metodologia, amostra e meios de coleta de dados).

- Durante o planejamento da execução do projeto, ou seja, na criação dos instrumentos de coleta de dados e da logística que será empregada na realização da pesquisa, contemplam-se as metas traçadas no planejamento inicial, visando à análise final das questões que se deseja pesquisar.

- No decorrer da execução do campo, aspectos como o controle de qualidade, o monitoramento das ocorrências e sua interpretação estão sempre voltados para a obtenção de dados fidedignos e relevantes para a análise.

- Na etapa formal de análise, em que os dados coletados são trabalhados, avaliados, codificados e processados, o pesquisador sintetiza os aprendizados e estuda suas repercussões em cenários mais amplos. Chega, então, às recomendações finais, ponderando como os resultados impactam nas questões táticas e estratégicas que motivaram a procura do cliente pela pesquisa.

Esse movimento configura-se de forma semelhante para qualquer tipo de pesquisa. Algumas particularidades a ser consideradas na análise de dados qualitativos e quantitativos são apontadas mais adiante.

Para ter utilidade, a análise deve ir além dos dados mais imediatos e acrescentar valor à informação trabalhada, independente das características de uma pesquisa em particular.

A análise não é apenas uma descrição dos resultados, embora seja necessário descrever alguns dos dados mais relevantes. É uma síntese a que o pesquisador chega tendo como base os resultados da pesquisa e seu conhecimento em vários níveis: mercado, categorias, temas envolvidos no projeto e no negócio do cliente.

Mais que isso, as recomendações a que a análise conduz devem considerar também o momento do mercado, em termos macro, e as atitudes concretas e potenciais dos concorrentes, que podem afetar as estratégias traçadas pelo cliente.

Siqueira (2008, p. 82), referindo-se a pesquisas qualitativas, mas em um comentário válido para as demais metodologias, postula que "toda e qualquer análise qualitativa deve levar em conta o contexto macro no qual a questão de marketing está inserida, por mais tática e pontual que seja a pesquisa".

Em suma, lembrando que a pesquisa tem como finalidade básica fornecer elementos para apoiar as tomadas de decisões, precisam ser acionados os conceitos de inteligência de mercado para que se chegue a uma visão completa das questões estudadas no projeto de pesquisa.

Os procedimentos de análise e a forma como os dados são trabalhados na elaboração dessa síntese são bastante individualizados, variando muito entre os pesquisadores.

Não há regras rígidas, mas pode-se falar em uma série de cuidados que devem ser tomados e que podem ajudar na fase de análise das pesquisas, como exposto a seguir.

Pesquisa na prática

Dicas gerais para a análise dos resultados

1. A análise é a resposta ao brief de pesquisa: tenha em mãos o brief de pesquisa que foi o ponto de partida para o projeto. Ele é a base da análise, e é importante verificar seus objetivos e, principalmente, *o Padrão de Ação*.

2. Questionário e roteiro: tenha sempre o questionário ou roteiro como base para análise – caso a pesquisa seja quantitativa ou qualitativa, respectivamente. Para entender os resultados precisamos saber como a informação foi coletada: qual a redação da pergunta (no caso de questionário), se o dado é espontâneo ou estimulado, qual a posição no questionário ou no roteiro etc.

3. Organizar as informações por áreas e assuntos: a estrutura da análise deve considerar os objetivos da pesquisa e as perguntas que efetivamente estão no questionário ou os temas abordados no roteiro.

4. A estrutura da análise *nunca deve* seguir a ordem das perguntas do questionário ou dos itens do roteiro.

5. A análise deve contar uma história: a apresentação dos resultados deve ter um fluxo de fácil entendimento com começo, meio e fim. Questões que se mostraram irrelevantes nem devem ser apresentadas. Assuntos "carona" devem fazer parte de um anexo ou um deck em separado.

6. Busca de outras informações além da pesquisa: é muito importante usar desk research para complementar, contextualizar e enriquecer a análise das informações. Lembrar que a desk research inclui vários tipos de dados secundários, mas o mais importante para enriquecer a análise são os resultados e aprendizados de pesquisas anteriores feitas sobre o mesmo tema ou temas correlatos.

Existem alguns procedimentos que podem guiar o raciocínio de análise e auxiliar o pesquisador a ir um pouco além descrição, abordando aspectos mais estratégicos dos resultados.

Um desses recursos, bastante interessante e presente nas práticas e metodologias de *inteligência de mercado*, é a análise SWOT. Trata-se de um estudo das forças, fraquezas, oportunidades e ameaças (*Strenghts, Weaknesses, Opportunities* e *Threats*) relacionadas aos produtos e iniciativas na área de marketing.

No caso de análise de pesquisa, a SWOT seria um exercício para visualizar e facilitar a organização das recomendações que serão feitas a partir dos resultados da pesquisa.

Para que se possa visualizar melhor a situação, devem ser discutidas e mapeadas as possíveis forças, fraquezas, oportunidades e riscos nos quadrantes de um esquema como o apresentado na Figura 12.3.

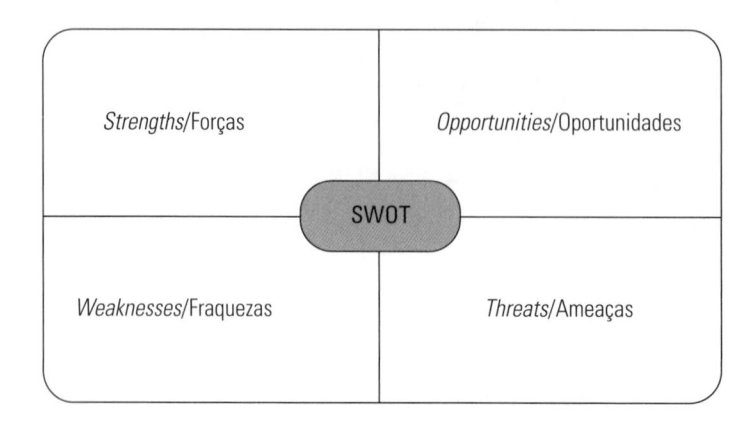

Figura 12.3 Análise SWOT.

Um exercício de SWOT pode ser realizado em conjunto com o time do cliente e os analistas da empresa de pesquisa, gerando melhores resultados quando há uma discussão e soma de pontos de vista diferentes.

12.2 Análise de pesquisas quantitativas

Na análise das pesquisas quantitativas detalharemos cinco aspectos que são mais específicos:

- Cruzamento dos dados
- Tratamento das perguntas fechadas
- Codificação das perguntas abertas
- Análises estatísticas especiais
- Gráficos e recursos visuais

12.2.1 Cruzamento dos dados

Desde a fase de planejamento da pesquisa é preciso estabelecer quais são as variáveis de cruzamento dos dados e como será feita sua segmentação.

A decisão sobre estas variáveis e o número de segmentos de cada uma delas devem orientar a elaboração do questionário e a decisão sobre o tamanho da amostra. Se o objetivo é dividir a idade (por exemplo) em três faixas, precisa-se de uma amostra mínima de 300 entrevistas, para se ter 100 entrevistas em cada segmento de idade.

Cruzamento dos dados ou tabulação cruzada/cross tabs é o detalhamento do dado que mostra os números e as porcentagens de pessoas que responderam a cada alternativa da questão e como esses dados se distribuem nos vários segmentos da análise.

É muitas vezes identificado como tabela de dupla entrada, como no exemplo da Tabela 12.1 a seguir, na qual os dados estão cruzados por sexo, idade e classe econômica. As três variáveis foram consideradas independentes entre si.

Tabela 12.1

Na sua casa vocês separam o lixo?									
Base: Total									
		Sexo		Idade				Classe		
	Total	Masculino	Feminino	18 a 24	25 a 34	35 a 44	45 a 64	A + B	C1	C2
Sim	224	94	130	33	67	57	67	102	69	53
	56	48,2	63,4	34,4	60,4	63,3	65	53,4	54,3	64,6
Não	176	101	75	63	44	33	36	89	58	29
	44	51,8	36,6	65,6	39,6	36,7	35	46,6	45,7	35,4
Base: Total da amostra	400	195	205	96	111	90	103	191	127	82
	100	100	100	100	100	100	100	100	100	100

Fonte: Millward Brown Brasil Sustentabilidade – abril/2011

Em termos práticos, a tabulação cruzada (Tabela 12.1) mostra que 224 entrevistados disseram que separam o lixo. Destes, 94 são do sexo masculino e 130 do sexo feminino. É uma tabela para analisar se aquele dado "separa o lixo" é mais presente entre homens ou entre mulheres. O mesmo raciocínio deve ser feito para as faixas de idade e classe econômica.

Nas empresas de pesquisa que têm acesso a softwares mais elaborados de tabulação e preparação de dados para análise, praticamente não se usa mais a tabela para a análise dos dados. O analista tem as hipóteses de análise, e solicita as informações já organizadas para atender aos requisitos da interpretação.

12.2.2 Tratamento das perguntas fechadas

Nas perguntas fechadas, as alternativas já estavam previstas no questionário. Deve-se, então, dispor os resultados ordenando do maior para o menor, ou classificados em subgrupos, para melhor entendimento da análise, ou utilizar recursos gráficos para sua exposição.

No caso de escalas NÃO se deve ordenar as alternativas pelo número de respostas. A ordem da escala deve ser mantida, seja qual for o resultado obtido da avaliação.

Para as escalas pode-se utilizar tratamentos estatísticos adequados: cálculos de médias, desvio padrão, testes de significância etc.

Tabela 12.2

Qual é o seu nível de satisfação em relação às companhias aéreas disponíveis atualmente no mercado? – WEB AIR Base: Viajou alguma vez pela WEB AIR?									
		Cidade		Classe		Faixa etária			
	Total	São Paulo	Rio de Janeiro	AB	C	18-30	31-45	46-55	56-65
Base: Amostra não ponderada	355	165	190	122	233	127	137	50	41
1 – Nada satisfeito	0	0	0	0	0	0	0	0	0
2	1	1	1	1	1	0	1	1	0
3	3	4	3	3	3	1	6	1	1
4	13	9	14	17	11	11	17	6	11
5	38	34	40	42	36	43	31	51	38
6	24	26	24	21	26	28	22	27	20
7 – Extremamente satisfeito	21	26	19	17	23	18	22	14	29
Média	5.45	5.56	5.41	5.3	5.5	5.52	5.33	5.42	5.65
Desvio padrão	1.09	1.16	1.06	1.06	1.10	0.94	1.24	0.96	1.07

Dados fictícios

12.2.3 Codificação das perguntas abertas

A codificação de perguntas abertas é um processo manual de atribuição de códigos para efeitos de processamento que é alimentado apenas por números. Ainda não existem softwares suficientemente sensíveis para leitura de linguagem alfabética. Algumas iniciativas nesta linha já existem, mas apenas para pequeno número de casos, como ocorre na pesquisa qualitativa.

A atribuição de códigos faz parte integrante do processo analítico. Os códigos devem ser concordados entre a equipe de codificação e o analista, considerando-se os objetivos do estudo e as hipóteses levantadas no planejamento que guiaram a execução da pesquisa até este momento.

Numa pergunta aberta a linguagem ou verbalização dos entrevistados varia muito. O que a codificação deve fazer é agrupar em categorias significativas as várias maneiras de falar sobre aquela questão específica e atribuir um código numérico. Uma resposta pode conter mais de uma ideia interessante para a análise; para cada ideia deve-se indicar um código correspondente.

Por exemplo respostas do tipo: "deixou a raiz dos cabelos fortes"; "a raiz ficou mais saudável"; "deixou a raiz mais fácil de pentear" poderiam ser agrupadas como "age na raiz dos cabelos" ou "resultados positivos na raiz dos cabelos", dependendo do que fizer mais sentido para os objetivos da pesquisa.

Na prática, para cada pergunta aberta é montada uma lista de códigos, com os agrupamentos relativos a cada código, para que os trabalhos de codificação sejam realizados de forma sistemática e uniforme por uma equipe de vários codificadores utilizando-se o mesmo critério.

A estrutura da lista de códigos deve ser bem planejada e voltada às necessidades de análise. Depois do material processado, é muito difícil tentar fazer novos agrupamentos ou mesmo fracionamentos.

12.2.4 Análises estatísticas especiais

A análise feita sobre uma tabulação cruzada considera a relação entre duas variáveis, ou no máximo três, e atende à grande maioria das necessidades de análise de uma pesquisa.

Mas, algumas vezes, temos necessidade de relacionar mais de duas variáveis, de uma maneira não tão direta, considerando-se também as inter-relações, que dificilmente podem ser resolvidas com base em uma tabela. São as chamadas análises multivariadas.

Precisa-se de softwares estatísticos, que em geral estão disponíveis nas universidades, como, por exemplo, o SAS ou o SPSS. Esses softwares, apesar do foco em análises bastante complexas, podem ser utilizados de maneira muito amigável.

O escopo e os objetivos deste livro não cobrem o detalhamento teórico e matemático dessas análises. Listaremos os principais usos dados pelas análises mais frequentemente utilizadas:

- **Análise fatorial**: utilizada para redução de frases ou perguntas sobre atitudes em fatores. Muito utilizado para pesquisas de segmentação, quando há uma lista muito grande de frases/atributos e queremos verificar quais deles se agrupam de forma matemática, porque representam um padrão de respostas similares. Ou seja, aquele grupo de frases representa uma mesma ideia (fator) que podemos rebatizar com outros nomes.

- **Cluster analysis**: análise que agrupa grupos de respondentes em função de suas similaridades e diferenças. É importante para identificar grupos homogêneos de pessoas em termos das suas atitudes em relação à marca, ao produto, estilo de vida etc. Na figura a seguir colocamos um exemplo de segmentação da amostra quanto a atitudes relacionadas à sustentabilidade: os muito engajados, os engajados e os nada engajados.

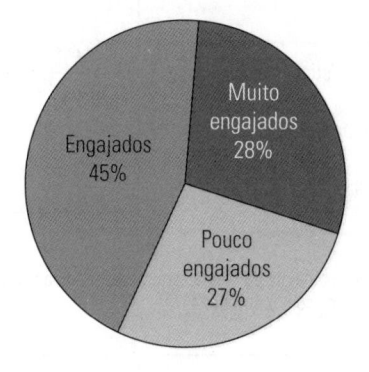

Figura 12.4 Nível de engajamento com sustentabilidade – segmentação.

Fonte: Millward Brown Brasil Sustentabilidade – abril/2011

Análise de cluster é a base para vários tipos de estudos que vemos publicados, que relacionam as informações de hábitos de mídia, de alimentação, por exemplo, com segmentos de estilo de vida: os "descolados", os "modernos", os "saudosistas", os "naturalistas", os "românticos" etc.

Esta segmentação por grupo de pessoas com características homogêneas é utilizada para cruzamento das demais perguntas do questionário. Seria uma variável de cruzamento adicional às variáveis demográficas, as mais comumente utilizadas.

- **Conjoint analysis**: um conjunto de análises estatísticas usado para avaliar a inter-relação mais latente entre as variáveis. Muitas vezes, o declarado diretamente pelos entrevistados não é efetivamente o mais importante. Por exemplo: as pessoas podem não declarar que preço é o importante, para não passar a ideia de restrições econômicas, mas quando se faz uma relação matemática entre as variáveis pode-se descobrir que preço é um dos aspectos mais importantes.

- **Análise de trade-off**: uma variação da conjoint analysis, bastante utilizada em pesquisa de preços para verificar níveis de sua elasticidade de uma marca ou produto em teste através de simulação de cenários.

- **Análise de correspondência**: uma análise multivariada que resume a relação entre duas variáveis, cada uma delas com vários itens. A mais utilizada é a análise de correspondência entre atributos de imagem e as marcas de uma determinada categoria. O resultado é apresentado sob a forma de um mapa (muitas vezes, por esta razão, referido como mapeamento). Os eixos representam fatores, e a correspondência ocorre pela proximidade ou distância entre as marcas e os atributos de imagem.

Análise de correspondência

Técnica que mostra de forma gráfica quais as associações em uma matriz de dados. Uma das vantagens dessa técnica é colocar os dados em um mapa em duas dimensões, nas quais você pode visualizar os dados de imagem da marca e uma foto geral do posicionamento das várias marcas no mercado. O mapa pode responder às seguintes questões:

- Quais atributos discriminam melhor as marcas?
- Quais marcas são percebidas como similares?
- Quais e de que forma as marcas são percebidas como diferentes?
- Quais são os atributos característicos de determinadas marcas?
- Quais marcas são altamente associadas a quais atributos?
- Quais as brechas e as oportunidades que existem no mercado?

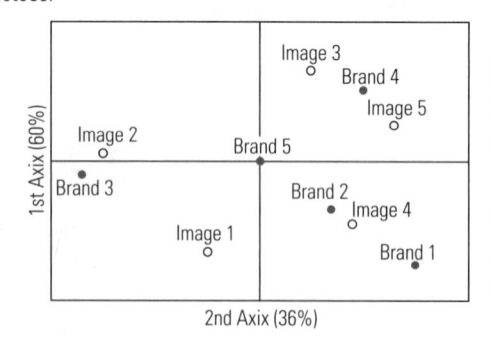

O mapa ao lado mostra um exemplo onde a marca 3 está fortemente associada ao atributo 2 e as marcas 1 e 2 são fortemente associadas com o atributo 4.

Figura 12.5 Imagem e posicionamento – Mapeamento.

Fonte: Millward Brown

- **Análise de forecast (previsão):** com base em séries históricas de informações sobre vendas, distribuição, share de mercado, preço, etc., pode-se fazer modelagens usando técnicas multivariadas para prever comportamento ou resultado no futuro. Não se trata de uma ciência pura ou futurologia, mas é uma forma de se estimar o que pode ocorrer a médio e longo prazos, DESDE que consideradas mantidas as condições que alimentamos no modelo. Sabemos, no entanto, que todos esses modelos são sujeitos, na vida real, a uma série de circunstâncias que são muito dinâmicas e não podem ser totalmente previstas. Especialmente tratando-se de negócios, temos o cenário econômico e social, e as ações da concorrência, que são difíceis de ser totalmente previstas.

12.2.5 Gráficos e recursos visuais

Para tornar a apresentação dos resultados mais interessante, a análise deve utilizar muitos recursos visuais. Além dos gráficos (a seguir damos exemplos de alguns deles), algumas representações gráficas, que facilitam um sumário da análise, são recomendadas: uma delas é a análise SWOT (descrita no item anterior) .

Exemplos de gráficos para apresentação de resultados

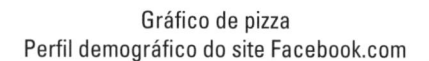

Gráfico de pizza
Perfil demográfico do site Facebook.com

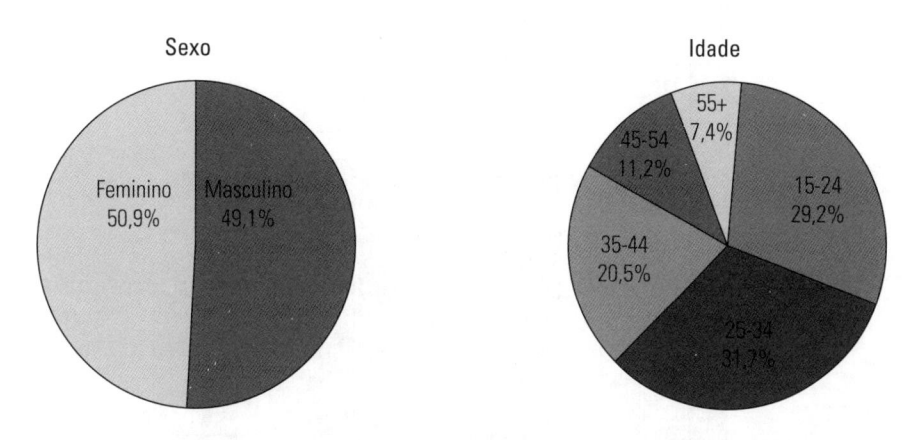

Total Brasil Audiência da internet, idade 6+ com acesso em casa no trabalho.
Fonte: comScore Media Metrix 2011

Gráfico de barra simples
Distribuição da população total por classe econômica

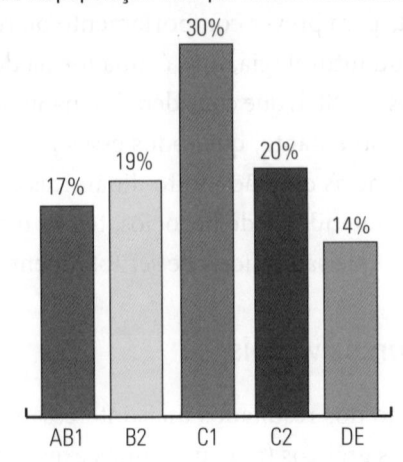

Fonte: Target Group Index BrY10w1 (Fev./2009 – Jan./2010)

Gráfico de barra por agrupamento
Produtos financeiros: evolução 2009 classe econômica

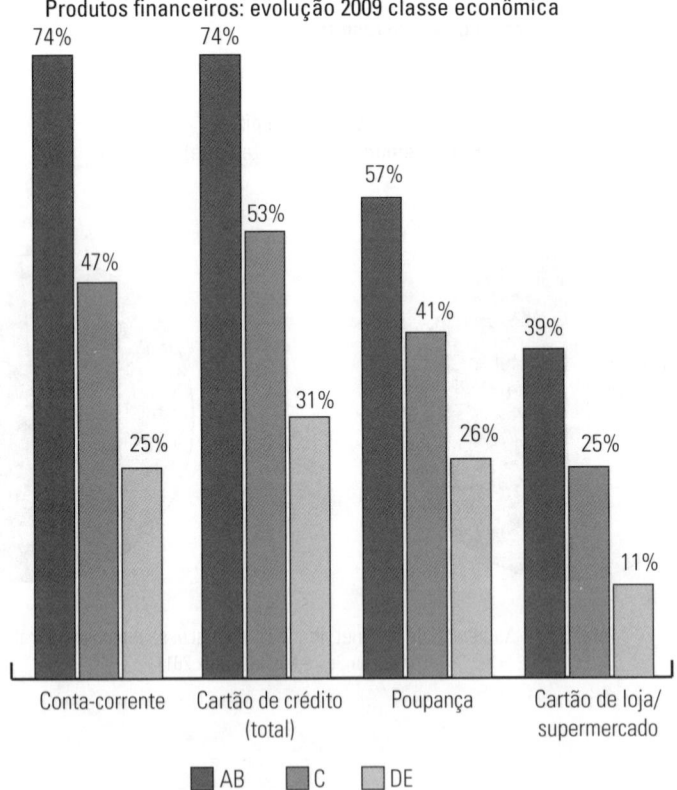

Fonte: Target Group Índex BR Y10W1 (Fev./2009 – Jan./2010)

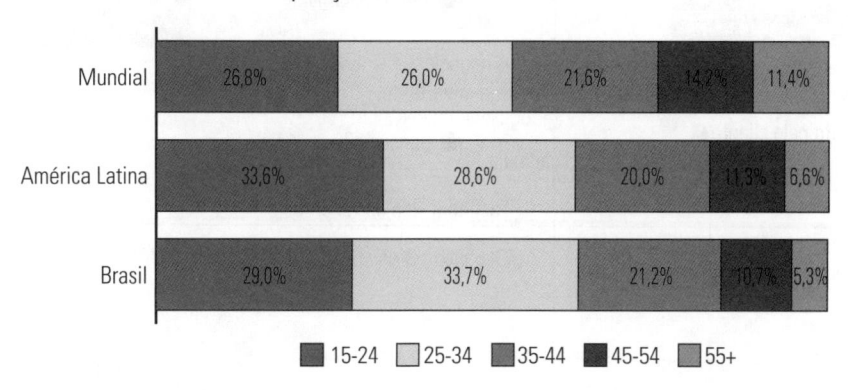

Gráfico de barra empilhada
Composição da audiência da internet

Legenda: 15-24 | 25-34 | 35-44 | 45-54 | 55+

Mundial: 26,8% | 26,0% | 21,6% | 14,2% | 11,4%
América Latina: 33,6% | 28,6% | 20,0% | 11,3% | 6,6%
Brasil: 29,0% | 33,7% | 21,2% | 10,7% | 5,3%

Audiência da internet 15 + acessando a internet de casa ou do trabalho
Fonte: comScore Media Metrix – dezembro 2010

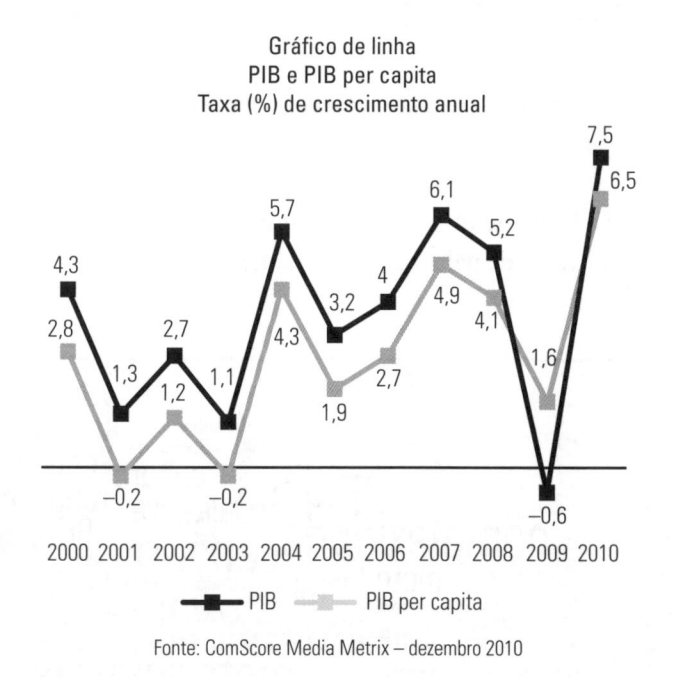

Gráfico de linha
PIB e PIB per capita
Taxa (%) de crescimento anual

PIB / PIB per capita

Fonte: ComScore Media Metrix – dezembro 2010

O próximo, que chamamos de análise de quadrantes, apresenta os dados em dois eixos, cada um deles representando uma variável. Dependendo da variável que se coloca em cada eixo temos análises superinteressantes, como este de importância e satisfação da Figura 12.6 a seguir.

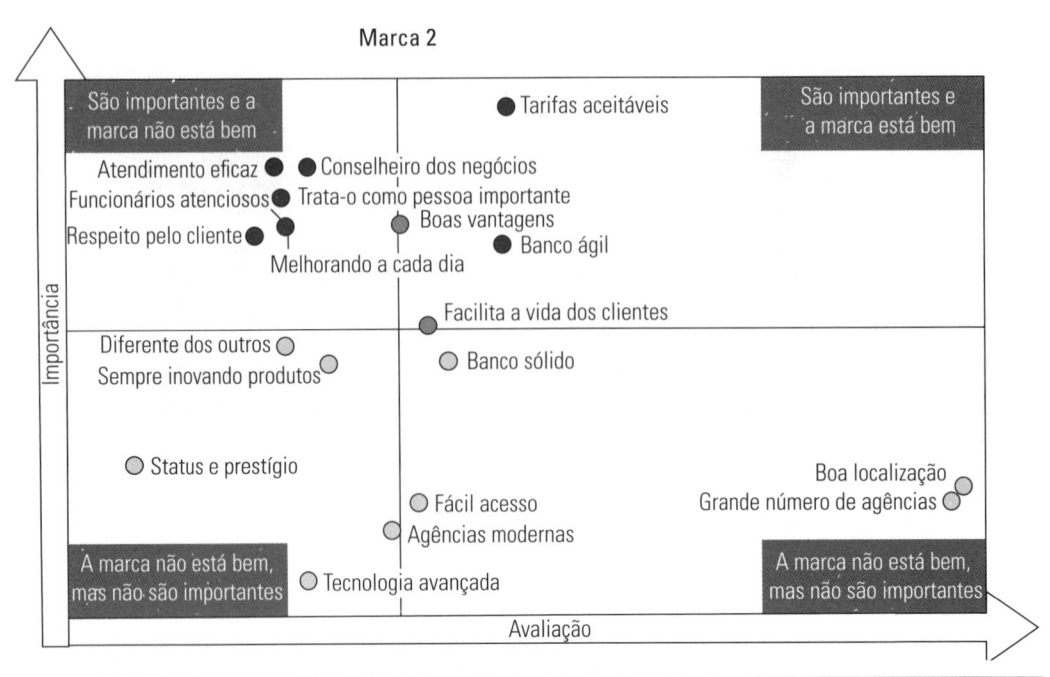

Figura 12.6 Análise de quadrantes. Categoria mercado financeiro
Dados fictícios

Outro recurso visual bastante utilizado como uma forma de resumir resultados é o que podemos chamar de "nuvem" de palavras, como na figura seguir.

Figura 12.7 Nuvem de palavras.

O quadro Pesquisa na prática a seguir mostra algumas dicas básicas para começar e se chegar a uma análise bastante produtiva e interessante.

 # Pesquisa na prática

Dicas específicas para análise de resultados em pesquisas quantitativas

1. Verificar a base da tabela para saber se é robusta. Bases abaixo de 20 não devem ser consideradas como consistentes para efeitos de cálculos de porcentagens, médias e demais tratamentos estatísticos.

2. Verificar a base da tabela para saber quem é o grupo que está respondendo à pergunta, ou seja, a qual base aqueles dados se referem. Exemplo: 30% do mercado experimentou a marca Zero e 60% compraram a marca mais de uma vez. Certamente esses 60% referem-se aos que experimentaram a marca (30%). Portanto, 60% dos 30% representam 18% do mercado.

3. Respostas simples ou múltiplas *versus* base da tabela. Se a base é total de respondentes, a análise é 30% da amostra ou dos jovens etc. Se a base é total de respostas: do total de marcas mencionadas, a marca Zero tem x% de menções.

4. Tratamentos estatísticos: buscar sempre a possibilidade de tratamentos estatísticos – calcular médias de escalas, separar *top box*, montar mapeamentos, gráficos de correlações, agrupar variáveis lineares em faixas (idade, quantidade comprada etc.), transformar alternativas de frequência em variáveis que permitem calcular média (mais de uma vez por dia, diariamente, uma vez por semana etc.).

5. Tenha sempre uma referência para comparar: um número isolado não tem muito significado. O desafio da análise é buscar outras referências para comparação: seja uma base de dados construída sobre estudos anteriores, dados econômicos, sociais e demográficos; ou mesmo uma comparação de segmentos da amostra em relação ao total da amostra (dizer que o uso de uma marca é maior entre homens ou entre mulheres quando comparado com a amostra total, por exemplo).

6. Análise de segmentos: observar se as porcentagens estão na vertical ou na horizontal. Exemplo: os homens têm uma incidência maior de uso de Seda ou dos usuários de Seda tantos % são homens.

7. Visual: é cada vez mais comum valorizarmos o visual, muitas vezes até em detrimento do conteúdo. Usar e abusar dos recursos visuais, especialmente de gráficos, é uma realidade sem volta. No entanto, deve-se considerar sempre que os gráficos precisam servir para facilitar a leitura. O uso de gráficos deve "trabalhar" a serviço da análise. Os números muitas vezes são mais claros na mensagem que pretendemos comunicar. E muitas vezes corremos o risco de utilizar gráficos que distorcem os resultados observados porque não escolhemos os mais adequados.

12.3 Análise de pesquisas qualitativas

O fato de o pensamento analítico estar subjacente no decorrer de todo o fluxo da pesquisa de mercado é particularmente verdadeiro no referencial qualitativo.

Para as pessoas que não estão envolvidas no projeto, a etapa formal de análise dos dados é a face menos visível da pesquisa qualitativa: uma verdadeira "caixa-preta". Como, a partir de uma "conversa informal" e de dados de fontes variadas, o pesquisador consegue equacionar e responder de forma objetiva às demandas presentes no brief da pesquisa?

Como salientado por Mariampolski (2001), a análise deve ser iniciada pela descrição detalhada de atitudes e comportamentos; este será o primeiro passo para o entendimento e levantamento das hipóteses iniciais, embora a análise não se resuma a esse estágio descritivo.

Lillis (2002, p. 38), reforçando a ideia de continuidade dinâmica do processo de análise na pesquisa qualitativa através de três fases consecutivas – descrever os dados, analisar o material e traçar as recomendações para o cliente – coloca que, "... para progredir para a fase de recomendações, o analista tem que ter superado a fase descritiva e exercitado suas habilidades interpretativas".

O propósito fundamental da análise qualitativa de mercado é produzir conhecimento prático e útil, atuando junto ao cliente como intérprete dos anseios e códigos culturais do público. O analista transita, pois, entre dois mundos distintos: o do cliente que solicita a pesquisa, e o do pesquisado, traduzindo de forma compreensível para o cliente o que apreende do universo do pesquisado (Ereaut, 2002).

As tarefas analíticas na pesquisa qualitativa compreendem, como destacado por Siqueira (2008, p. 82): "a análise da simbologia e da linguagem do consumidor, tanto em um nível verbal como não verbal, acessando seu imaginário por meio de projeções e representações psicológicas".

O material que serve de base para essa análise é derivado das anotações e observações do que ocorre nos eventos de coleta de dados. Compreende vários tipos de manifestações, como descrito no quadro Pesquisa na prática a seguir, que contém também algumas das formas usadas para iniciar a compreensão analítica.

 **Pesquisa na prática**

Que dados qualitativos podem ser analisados?

- Verbalizações dos entrevistados.
- Ideias e percepções.
- Reações.
- Sentimentos.
- Comportamentos.

- Gestos e linguagem corporal.
- Valores.
- Preconceitos.

O que buscar como pistas para análise?

- Concordâncias entre as opiniões dos participantes.
- Padrões de resposta repetidos.
- Alterações de opinião durante o decorrer do grupo ou entrevista.
- Dificuldades de se expressar em relação a alguns itens.
- Temas ou situações que provocam entusiasmo.
- Dificuldade de entendimento de algumas questões ou assuntos.

A tarefa de análise qualitativa é bastante complexa, pela profundidade dos temas e porque é feita com base em dados subjetivos, sutis e colhidos informalmente e com nuances de comportamento ou expressão.

A busca por recursos para facilitar a análise qualitativa leva alguns pesquisadores de mercado a tentar o uso de algum dos inúmeros programas de *CAQDAS* (*Computer-aided qualitative* data *analysis* software), desenvolvidos inicialmente para a pesquisa qualitativa na área acadêmica, na década de 1980. O princípio básico é a codificação do texto e o agrupamento das falas codificadas da mesma forma.

Os *softwares* de análise representam idealmente o "sonho dourado" do pesquisador qualitativo: alimentar um programa com os dados e ter a análise completa pronta, em um alto nível de complexidade.

Os resultados a que se chega aproximam-se, entretanto, mais do que chamamos de pré--análise, não prescindindo do processo de síntese analítica por parte do pesquisador.

O processo de codificação de todos os dados dos grupos ou entrevistas nesses tipos de programa é descrito pelos pesquisadores de mercado como muito trabalhoso e demorado diante do que se obtém como resposta, em uma relação desfavorável de custo/esforço/tempo *versus* benefício.

A principal crítica feita pelos pesquisadores de mercado a esse tipo de ferramenta é a tendência de tratar dados qualitativos de forma quantitativa, como a incidência de menções a determinada palavra ou assunto.

O tema voltou recentemente à tona com a emergência do monitoramento das mídias sociais, em que dados qualitativos (os posts das pessoas comuns nos blogs e redes sociais) tendem a receber um tratamento quantitativo. A validade desses procedimentos tem sido alvo de debates entre os pesquisadores de mercado.

Na opinião de boa parte dos pesquisadores qualitativos atuantes na área comercial, as dificuldades e críticas superam as eventuais vantagens dos CAQDAS – que seriam a possibilidade de explorar as relações entre os grupos de dados e haver uma estrutura formal que pudesse auxiliar na construção de um esquema de exposição dos dados.

Um tipo de programa que tem se mostrado mais útil na análise qualitativa de mercado é o de "mapas mentais" (*mind maps*), que auxiliam no estabelecimento do fluxo de pensamento analítico. Também aqui sua utilização somente auxilia na organização do pensamento e sua visualização em gráficos.

Pesquise na internet

- Em um mecanismo de busca, como o Google, veja o que surge quando se digita "CAQDAS". Chegando aos sites de fornecedores deste tipo de programa, selecione um para verificar: o que oferece em termos de possibilidades de codificação e análise? Há versão em português? Existe possibilidade de experimentar gratuitamente, mesmo que com uma capacidade mais limitada? Há indicações de leituras para esclarecer sobre este programa em especial?
- Siga um procedimento semelhante em relação a "*Mind maps*".

Alguns procedimentos e cuidados a serem tomados na análise qualitativa encontram-se expostos no quadro Pesquisa na prática a seguir.

Pesquisa na prática

Dicas específicas para análise de resultados em pesquisas qualitativas

1. A forma de trabalhar com os dados em pesquisa qualitativa é muito individual e varia de pesquisador para pesquisador, e a grande dificuldade é organizar o fluxo do pensamento analítico.

2. De forma geral, os analistas fazem o trabalho em duas fases: uma pré-análise, mais descritiva e baseada nas verbalizações e expressões da amostra. Depois, a análise propriamente dita, quando as tendências, explicações e interpretações mais gerais ganham corpo e consistência.

3. Uma das primeiras providências é separar os dados de significado semelhante em agrupamentos, registrando isso de alguma forma. Procedimentos usados pelos pesquisadores para isso podem ser assim exemplificados: anotar em folhas A4 separadas os dados relativos a cada assunto ou ideia; anotar em folhas de cartolina ou *flip chart* (maiores que os A4 comuns) por áreas; adotar um dos dois procedimentos anteriores, mas, ao invés de anotar, imprimir as anotações dos grupos ou entrevistas, recortar com tesoura e colar as tiras com

os comentários; fazer o mesmo tipo de "recorta-cola" digitalmente – trata-se de, usando os arquivos com as anotações, copiar, realocar e agrupar os comentários dos mesmos assuntos em arquivos eletrônicos.

4. Independente da forma de registrar os dados, exemplificadas no item anterior, alguns analistas usam cores diferentes para identificar a que segmento da amostra os dados ou comentários se referem (grupo x, y ou z, por exemplo, cada um registrado em uma cor diferente).

5. Na sequência, é necessário verificar as relações que esses agrupamentos de assuntos têm entre si, formando os grandes blocos de ideias e caminhos para as recomendações.

6. Nessa fase da análise, as grandes questões seriam:
    a. Que ideias dominam?
    b. Algumas são mais importantes que as outras?
    c. Que tendências se pode visualizar na relação entre os agrupamentos?

7. Com isso, pode-se elaborar um quadro geral das ideias preponderantes.

8. Finalmente, é necessário ordenar a exposição dos temas, de uma forma lógica e encadeada, que faça sentido em termos de explicação para o que foi analisado.

9. Os princípios que devem ser seguidos em qualquer exposição ou dissertação são válidos aqui também: é vital que o fluxo obedeça a uma sequência com "começo, meio e fim" e que as conclusões a que se chegue sejam construídas paulatinamente pelos argumentos utilizados durante o relato dos resultados analíticos.

10. É importante anotar e manter o acesso às falas originais dos entrevistados, pois, na elaboração dos relatórios de análise qualitativa, os verbetes (citações literais de frases ditas pelos entrevistados durante os grupos ou entrevistas) podem ser bastante úteis para dar mais cor ao que está sendo relatado e ilustrar os aprendizados da análise.

11. Porém, deve-se ter muita parcimônia no uso de verbetes no relatório, por vários motivos: eles ilustram, mas não substituem a análise; muitos verbetes perdem o sentido fora do contexto em que surgiram no campo; verbetes em excesso podem atrapalhar o fluxo do pensamento na exposição da análise.

12. Mais que tudo, procurar verbetes para fundamentar cada aprendizado é um equívoco metodológico, pois significaria ignorar as manifestações não verbais dos entrevistados e imaginar que todas as afirmações analíticas teriam que ter correspondência na expressão verbal.

13. A análise qualitativa deve ir muito além da descrição e dos verbetes, na medida em que se refere aos grandes aprendizados em relação ao tema pesquisado.

14. Na análise qualitativa é particularmente importante situar o contexto e os cenários atitudinal, econômico e da concorrência, para basear a compreensão dos resultados.

15. Quando há na amostra segmentos de perfil diferente (por exemplo, grupos masculinos *versus* femininos, usuários *versus* não usuários da marca, praças/cidades diferentes), deve ser lembrado que a análise precisa necessariamente ser feita considerando o total da amostra, e que apenas devem ser destacadas, para cada segmento, tendências realmente diferenciadas.

16. Ainda é importante considerar que em uma amostra de pesquisa qualitativa, os segmentos diferentes são incluídos para garantir uma ampla gama de pontos de vista sobre o assunto, e não especificamente para detectar diferenças entre eles.

Em pesquisas qualitativas há grande proximidade do cliente com a empresa de pesquisa durante todo o decorrer do projeto – seja assistindo aos grupos pela sala de espelho ou pela transmissão por vídeo, seja como parte do time de visitas etnográficas ou como observador na quali on-line.

O fato de o cliente ter uma participação mais ativa e próxima nos projetos é muito importante em termos de vivência e colaboração, mas pode ter duas consequências na análise:

- O cliente, nem sempre presente em todos os grupos ou entrevistas, pode ser tentado a construir explicações e conclusões prematuras, guiado por impressões parciais do que viu em campo.

- O moderador geralmente é solicitado a fazer um "debrief" para o time do cliente, resumindo suas conclusões imediatamente após o término do campo. Em trabalhos envolvendo discussões em grupo tem sido quase praxe uma reunião de debrief no final do último grupo, aproveitando a presença do time do cliente nas instalações da sala de espelho.

Pensando nessas duas possibilidades, Van Patten (2011) recomenda que os pesquisadores tomem alguns cuidados para não comprometer a análise, já que o debrief acaba tendo que ser realizado por demanda do cliente – mesmo que o pesquisador argumente que seria mais proveitoso para todos aguardar pela análise final.

Van Patten (2011) distingue três tipos de debrief: um "pré-brief" antes do início do trabalho, em que se alinhariam as expectativas, especialmente se o cliente não estiver habituado a acompanhar o campo em quali; debriefs intermediários, ou seja, discussões informais durante o campo, para ajustar as impressões e monitorar o raciocínio do cliente a respeito dos resultados; e um debrief final – não logo depois do último grupo, mas a partir do dia seguinte, para que o moderador possa preparar um material por escrito.

Um debrief por escrito é muito importante para documentar o que foi discutido e não haver mal-entendidos posteriormente. Mesmo ficando claro que não se trata de um relatório de análise, e sim de dados preliminares, o analista deve ter presentes a responsabilidade e o compromisso representado pelos resultados entregues ao cliente no debrief.

12.4 Os sete pecados capitais da análise

Como uma referência para se chegar a uma boa análise, detalhamos os principais cuidados que se deve trilhar no processo de análise apresentados sob a forma dos Sete Pecados Capitais da Análise:

Número	Pecado	O que fazer para evitar? Qual a conduta adequada? Qual o antídoto?
1	Ser prepotente	Não pensar que já sabe ou já conhecia os resultados. Considerar todos os detalhes e aprofundar a análise. Buscar informações novas que possam ajudar no entendimento. Discutir seus achados com as pessoas envolvidas no projeto. Rever conceitos pré-formulados.
2	"Dourar a pílula"	Não tomar partido na interpretação. Não favorecer uma situação ou melhorar o quadro. A análise deve ser imparcial.
3	Valorizar resultados inexpressivos	Não encher a análise com informações pouco significativas para o diagnóstico do problema. Não se preocupar com resultados com base (número de respondentes) muito pequena ou resultados sem consistência numérica. Vá direto ao ponto, a solução de questões formuladas no brief.
4	Não validar	Verificar sempre se as diferenças encontradas nos resultados são diferenças estatísticas significativas, validadas com base em testes estatísticos adequados. Verificar se existe banco de dados de referência ou dados secundários ou históricos/casos anteriores que possam validar a análise.
5	Uso de contexto ou referências incorretos para "fazer as contas"	Deve-se verificar qual o segmento que responde àquela questão e quanto representa num cenário mais amplo. Exemplo: uma candidata pode estar bem entre mulheres jovens, mas este grupo representa apenas 10% do eleitorado da cidade.
6	Não considerar adequadamente o tempo	A questão TEMPO pode levar a enganos ou incorreções muito significativas na análise. Para uma correta análise de evolução, crescimento, tendências de declínio etc. (análises relacionadas a tempo) deve-se levar em conta: • Uma base histórica considerável. Pelo menos um período de 6 meses, com no mínimo 3 leituras. • Se os períodos de tempo são sincronizados: por exemplo, ano de 2010 *versus* 2011 (anos cheios). • Questões de sazonalidade: ser inverno ou verão pode afetar significativamente os resultados de consumo e performance das marcas. Exemplo: de forma geral, sorvetes devem ser avaliados no verão ou pós-verão (os meses podem ser diferentes dependendo do país).
7	Desconsiderar a natureza das variáveis ou relações entre elas	Verificar a natureza das variáveis que estão sendo relacionadas na análise. Você pode estar comparando uma medida agregada com outra individual. Exemplo: taxa de otimismo do país e índice de pessoas desempregadas. Verificar se a relação entre duas variáveis é real mesmo ou se, na verdade, ambas estão recebendo interferência de uma terceira, que chamamos de variável interveniente. Exemplo: em uma determinada pesquisa, a lembrança de uma determinada campanha política é maior nas cidades maiores. Pode-se concluir que o tamanho da cidade está relacionado à lembrança da campanha. No entanto, se analisarmos mais profundamente, no caso dessa pesquisa, a lembrança da campanha está relacionada à escolaridade (que é a variável interveniente).

12.5 Relatório e apresentação de resultados

A exposição dos resultados da análise em pesquisa de mercado é feita por um relatório final, que deve condensar os principais dados coletados, os aprendizados e as recomendações para a tomada das decisões que originaram a pesquisa.

A velocidade com que o cliente precisa das informações e a rapidez do processo decisório nas empresas clientes fazem com que frequentemente a comunicação dos resultados se resuma a uma reunião de apresentação e discussão para o time da empresa cliente.

Algumas vezes, estão presentes na apresentação dos resultados de pesquisa também outros profissionais envolvidos com o projeto que foi pesquisado, como pessoas da agência de publicidade ou de empresas de embalagens, por exemplo.

Não é raro que os clientes tomem decisões nessa mesma reunião, discutindo com os envolvidos e partindo logo depois para os "próximos passos" a serem tomados pela empresa.

Apenas raramente são entregues relatórios em linguagem cursiva, sendo mais comum o relatório ser composto, na verdade, por slides de apresentação, como os de PowerPoint ou de outros *softwares* de apresentação.

Por isso, é muito importante que os quadros que compõem a "apresentação + relatório" sejam muito claros, para registro posterior e para que as pessoas que não acompanharam a realização da pesquisa possam se inteirar dos resultados.

Pelo mesmo motivo, é muito interessante que os slides reservados para as recomendações sejam escritos em linguagem mais cursiva, em um estilo de itens, para que não haja dubiedade.

A inclusão de um sumário executivo, também em tópicos e em no máximo duas pranchas, é útil para uma visualização rápida dos principais aprendizados.

A linguagem precisa ser simples e acessível, evitando construções complexas ou rebuscadas, que dificultariam o entendimento.

É necessário haver um bom equilíbrio entre forma e conteúdo no relatório de pesquisa. Quadros bonitos, claros e bem elaborados só têm sentido como informação se as informações forem relevantes analiticamente. Por outro lado, uma apresentação visual confusa pode dificultar a compreensão de alguns pontos interessantes da análise dos resultados.

O bom relatório de pesquisa tem que ter algumas qualidades básicas: deve ser objetivo, analítico e ter uma linguagem clara e precisa.

Deve ser lembrada, na exposição dos resultados de um projeto, sua finalidade básica: prover o cliente de informações que possam subsidiar sua tomada de decisões.

Fogaça (2008, p. 49), ao apontar a importância das recomendações no projeto de pesquisa, enfatiza:

"... o papel do profissional de pesquisa de mercado deve ir muito além da entrega dos resultados de pesquisa: deve incluir a discussão desses resultados, bem como recomendações, sugestões e pensamento estratégico que traduzam informação em ação."

Pesquisa na prática

Dicas quanto a relatórios finais de análise de resultados de pesquisa

1. Embora a apresentação oral para o time do cliente seja um momento bastante importante, em que o pesquisador acrescenta dados interessantes e a exposição torna os resultados mais vívidos, o que vai ficar como registro do trabalho é o relatório. Como em muitos casos este é composto por esquemas e quadros, a clareza do que se pretende comunicar é ainda mais importante, e os quadros precisam ser autoexplicativos.

2. Algumas empresas de pesquisa encadernam, com uma cópia em papel do relatório, os principais documentos do projeto, como o brief, proposta, questionários, roteiros, cópia dos estímulos, assegurando assim a possibilidade de consultas futuras.

3. Poucos clientes dispõem de bibliotecas organizadas com os relatórios e principais documentos de pesquisa, e não é incomum que o cliente solicite nova cópia de um trabalho feito há algum tempo. Os arquivos com os documentos relativos aos projetos devem ser cuidadosamente armazenados, por tempo indeterminado, pelas empresas de pesquisa. Além do arquivamento dos relatórios e documentos contratuais, há algumas convenções sobre o período de tempo que a empresa de pesquisa precisa conservar guardado todo o material de campo do projeto (estímulos, questionários, DVDs gravados dos grupos, por exemplo), em geral por doze meses.

4. Muitas vezes a apresentação dos resultados tem que ser feita em uma reunião com horário restrito e não há tempo para apresentar a análise na íntegra. Pode ser interessante deixar de lado alguns quadros no momento da apresentação, mas é importante deixá-los ocultos no arquivo e entregar o relatório completo para o cliente, para que o time tenha acesso ao todo do raciocínio da análise.

5. Especialmente, os dados referentes ao procedimento, como metodologia empregada e amostra, são muito relevantes e não podem ser omitidos.

6. O mesmo vale para as datas de campo e análise, pois podem ajudar, no futuro, a localizar os resultados em um momento de mercado específico, em que fatores externos (como crises financeiras, lançamentos dos concorrentes, por exemplo) podem ter influenciado os dados obtidos.

7. O formato final do relatório deve ser combinado com o cliente; alguns necessitam de cópia encadernada em papel, enquanto outros preferem que seja entregue somente o arquivo em meio eletrônico.

8. Muitas empresas de pesquisa não abrem mão de entregar o relatório em cópia em papel encadernado, argumentando que isto pode funcionar como um cartão de visitas da empresa e que a boa apresentação visual é muito importante.

9. O arquivo em meio eletrônico deve ser entregue em um formato como PDF, que não pode ser alterado – afinal, esse é o documento final do trabalho, e é importante manter sua integridade.

Não existe uma fórmula única para o relatório de pesquisa, assim como não existe uma resposta pronta para a análise, mas há certa padronização no fluxo geral de exposição das ideias.

O relatório de pesquisa, em geral, compreende os seguintes tópicos:

- Sumário executivo[1].
- Background (também chamado Histórico e Antecedentes ou Situação de Base).
- Objetivos, Metodologia, Amostra e datas.
- Análise dos Resultados.
- Conclusões e Recomendações.
- Anexos[2].

---

[1] O sumário é optativo, mas muitos consideram importante para uma rápida consulta. Algumas vezes, o sumário vem no final do relatório, mas é mais comum que seja colocado logo no início, até para ser mais facilmente localizado.

[2] Documentos relativos aos procedimentos – questionários, roteiros, estímulos utilizados – e outros que sejam relevantes para a pesquisa.

 **Resumo**

Análise e relatório

- A análise de pesquisas é um processo contínuo, presente em todas as etapas do projeto, que não se concentra apenas na fase formal de análise.

- Os procedimentos de análise e a forma como os dados são trabalhados na elaboração dessa síntese são bastante individualizados, variando muito entre os pesquisadores.

- Imparcialidade, objetividade e rigor são alguns dos aspectos centrais na análise de pesquisas, independente do tipo, abordagem ou metodologia usada em um dado projeto.

Análise quantitativa	Análise qualitativa	Relatório ou apresentação
• O foco da análise refere-se à interpretação dos números e relação entre eles • Processos de apoio – Cruzamento dos dados – Tratamento – perguntas fechadas – Codificação – perguntas abertas – Gráficos/recursos visuais • A interpretação deve conduzir para responder às questões do briefing e recomendar ações futuras.	• Para as pessoas não envolvidas no projeto, a etapa formal de análise dos dados é a face menos visível da pesquisa quali; um tipo de "caixa-preta". • O propósito fundamental da análise qualitativa é produzir conhecimento prático e útil, atuando, junto ao cliente, como intérprete dos anseios e códigos culturais do público.	• O relatório de pesquisa muitas vezes é composto pelos slides constantes da apresentação verbal dos resultados. • A inclusão de um sumário executivo, em tópicos e de no máximo duas pranchas, é útil para a visualização rápida dos aprendizados. • É indispensável haver recomendações orientando decisões e futuras ações.

13

Aplicações no desenvolvimento de produtos, serviços e temas sociais

Análise não é descrição e sim interpretação. Dê significado aos resultados obtidos num projeto, integrando os dados de diferentes perguntas e, nunca siga apenas a ordem do questionário ou roteiro. Permanecer na sequência destes instrumentos significa realizar um trabalho muito mais descritivo do que interpretativo.

Não trate um Job (projeto) isoladamente, mas relacione os resultados com estudos anteriores da categoria e/ou marca. Contextualize os aprendizados levando em conta dados secundários, tendências do mercado e/ou segmento estudado, características dos negócios do cliente e suas estratégias. Portanto para uma análise mais precisa há necessidade de conhecer a empresa cliente e seus negócios.

Não permaneça apenas nos dados objetivos, tenha ousadia e, aproveite sua experiência para realmente produzir subsídios relevantes para as decisões e estratégias dos clientes.

Nelsom Marangoni
– Diretor Presidente da MC15 – São Paulo

Neste capítulo:

- Conceituação geral das várias etapas do desenvolvimento de produtos, serviços e temas: planejamento estratégico e diagnóstico; avaliação do mix, envolvendo conceito e comunicação; monitoramento e mensuração do desempenho.
- Levantamento do tipo de informação ou análises normalmente solicitadas em cada uma das etapas.
- Soluções de pesquisa mais comuns disponíveis para atender a essas necessidades.

O objetivo deste capítulo é mostrar a aplicação da pesquisa de mercado dentro do processo de desenvolvimento dos trabalhos para lançamento ou relançamento de produtos, serviços e temas sociais.

Esse desenvolvimento segue um processo detalhado no planejamento estratégico. A cada etapa pode-se estabelecer quais são as principais necessidades de informação, os objetivos que se procura alcançar e as soluções de pesquisa mais comumente utilizadas.

A Figura 13.1 mostra, de forma esquemática, quais são as várias etapas envolvidas no processo de desenvolvimento do trabalho de marketing[1], que pode ser dividido em três grandes blocos:

1. Planejamento estratégico e diagnóstico;
2. Avaliação do *mix* de produto: conceito, produto e comunicação;
3. Monitoramento e mensuração do desempenho.

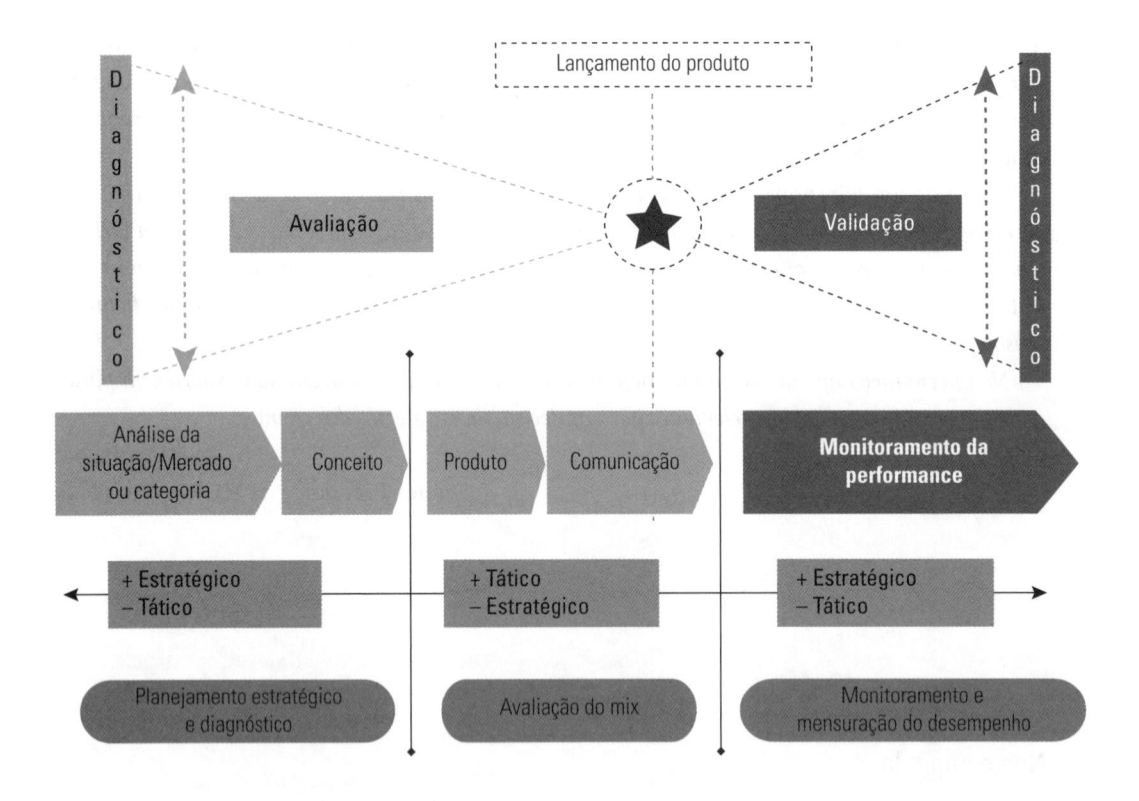

Figura 13.1 Etapas do trabalho de Marketing.

Fonte: Adaptado de Oliveira e Pupo (2005).

---

[1] Nesse capítulo, para maior clareza, serão exemplificados, muitas vezes, necessidades e procedimentos utilizados na área de marketing – e, especificamente, de marketing de produtos –, mas os conceitos são extensíveis, na maior parte das vezes, a serviços e temas sociais e políticos.

A fase 1 do processo refere-se à etapa inicial do desenvolvimento do processo, na qual precisamos de uma *análise mais diagnóstica e exploratória* para subsidiar o planejamento estratégico. Buscamos subsídios para as decisões de natureza mais estratégica, visando ao lançamento ou relançamento do produto.

Na fase 2, que é a etapa intermediária, passamos para situações nas quais se buscam informações de natureza mais *avaliativa e tática*, considerando os vários elementos do *mix*: conceito, produto, embalagem, comunicação etc. Nesta etapa, a pesquisa deve auxiliar na decisão da melhor alternativa a ser trabalhada no lançamento, analisando qual a alternativa com melhor potencial e a que melhor corresponde aos objetivos propostos no planejamento estratégico.

A fase 3 corresponde à etapa final do processo, na qual precisamos de informações que possam *validar* o trabalho que foi feito, *mensurar o desempenho* do lançamento ou relançamento, buscar análises de possíveis correções de rotas e diagnósticas, necessárias para o eventual início de um novo ciclo.

Para cada uma dessas fases, vamos especificar:

- Quais tipos de informações, objetivos e tipos de problemas são normalmente focalizados.
- Quais soluções e tipos de pesquisa podem ser realizados para atender a esses objetivos de cada etapa.

13.1 Fase 1 – Planejamento estratégico e diagnóstico

13.1.1 Análise da situação e cenário de mercado

Esta é a primeira etapa associada ao início do planejamento estratégico de lançamento ou relançamento de um produto ou serviço. Grande parte dos estudos desta fase se refere a análises de viabilidade econômica, análise das disponibilidades financeiras, simulações de investimentos *versus* retorno (business cases) etc.

A pesquisa de mercado pode representar um subsídio fundamental para a decisão sobre a implementação do projeto e os caminhos com melhor potencial de viabilidade.

A – Informações necessárias:

1. **Análise do cenário da categoria e/ou marca**: é importante estabelecer o contexto em que o projeto está colocado; verificar todas as questões relacionadas à categoria e/ou à marca: tendências de crescimento, oportunidades e brechas.
2. **Análise da concorrência**: estabelecer uma análise do quadro geral das marcas concorrentes dentro da categoria; uma análise das categorias limítrofes, aquelas que de alguma maneira interagem com o projeto em foco (veja o quadro Pesquisa na prática a seguir).
3. **Análise das cadeias de produção e de distribuição envolvidas**: verificar e analisar todas as questões de mercado e de negócios relacionados a fornecedores de matérias-primas, equipamentos, recursos humanos etc., avaliar as questões relacionadas ao aspecto da distribuição: quais são os canais de distribuição; como funciona a estrutura do varejo; qual a força desta estrutura; quais são as oportunidades; quais as barreiras.

4. **Análise dos objetivos estratégicos da empresa e da marca**: levantar subsídios para analisar de forma crítica os riscos e oportunidades do projeto, considerando o plano estratégico da empresa e da marca.

Pesquisa na prática

Dicas importantes

- Não se deve restringir esse estudo à análise da categoria diretamente concorrente; há necessidade de se colocar sempre um olhar mais amplo.
- Considerar o conceito de "miopia de marketing", muito discutido por vários autores, que explica o fracasso de muitos produtos e serviços.
- Por exemplo, se a categoria em foco é sorvetes, é importante verificar não apenas estes propriamente ditos, mas também o que poderíamos chamar de categoria de guloseimas doces e/ou salgadas. O concorrente direto certamente é o sorvete, mas, na realidade, quando se pensa em ocasião de consumo, a concorrência pode ser mais ampla: refrigerantes, chocolates, doces etc.
- A análise deve considerar o posicionamento que será estabelecido para a marca.

B – Tipos de pesquisa mais utilizados[2]:

1. **Desk research**: verificar todos os estudos já realizados; buscar dossiês e históricos das categorias e marcas disponíveis na empresa, publicações sobre a categoria; e dados secundários sobre demografia, indicadores econômicos, cadeias de distribuição etc.

2. **Painel de especialistas**: nome genérico dado para discussões ou entrevistas feitas com os especialistas da área. Alguns casos devem envolver opiniões com especialistas em fragrâncias, aromas, sabores, tecnologia, tendências de moda etc.

3. ***Brainstorming***: tradução literal: "tempestade cerebral". É uma técnica bastante utilizada para geração de ideias, discussão de possibilidades e análise crítica de propostas. A discussão pode ser feita reunindo especialistas, ou pessoal interno da empresa representando as várias áreas (marketing, área financeira, vendas, produção, logística etc.).

4. **Grupos criativos para geração de ideias**: normalmente envolve a consulta, através de Discussões em Grupo ou Entrevistas, a pessoas que representem inovação e criatividade (sejam especialistas ou consumidores).

---

[2] Aqui e durante todo este capítulo, uma lista de tipos de pesquisa não significa uma regra nem uma receita fechada. São orientações do que pode ser feito para atender às necessidades de informações de cada fase com base na prática do mercado.

13.1.2 Análise da categoria

A – Informações necessárias:

Definida a categoria no seu sentido mais amplo e mais específico, ou seja, quais são seus concorrentes mais diretos e indiretos, alguns tipos de informações são importantes para a implementação do projeto.

1. **Hábitos e atitudes**: trata-se de um estudo básico, que fornece informações essenciais para dimensionar as oportunidades e os desafios do produto ou do serviço, tanto em relação a sua configuração técnica como também ao seu posicionamento de marketing.

   De uma forma geral, levantam-se informações sobre os *hábitos* de uso e compra da categoria e o perfil de quem usa e de quem compra. O estudo deve responder às seguintes questões de uso e compra: o que (marca), quem, quando, onde, quanto, de quanto em quanto tempo, como usa etc.

   Na parte relativa às *atitudes*, o estudo envolve o levantamento de opiniões sobre a categoria e as marcas: razões do porquê gosta e não gosta; imagem e posicionamento das marcas; percepção das vantagens e desvantagens etc.

2. ***Needs* e *believes***: é um estudo básico mais relacionado à categoria, para orientar desenvolvimento de produtos e serviços. Em linhas gerais, é importante verificar quais são as necessidades declaradas dos consumidores e as crenças associadas à categoria que podem limitar ou facilitar seu uso e crescimento. Por exemplo:
   - Crenças e necessidades de uso de absorventes higiênicos e, em especial, as questões ligadas aos absorventes internos.
   - Necessidades envolvidas na lavagem de roupas e as crenças relacionadas. As usuárias de detergente buscam limpeza, brancura, perfume? Quais são as crenças relacionadas à limpeza? Têm a ver com dona de casa e mãe cuidadosa e carinhosa com sua família? Quais são os indicadores de limpeza: satisfação da família, roupa cheirosa, elogio das amigas etc.?

3. **Segmentação dos consumidores**: é uma maneira de decompor ou fragmentar a grande massa de consumidores ou compradores (cidadãos ou eleitores, no caso de pesquisa política e social), considerando variáveis demográficas, psicográficas, de estilo de vida e padrões de consumo:
   - **Variáveis demográficas**: quando a análise de mercado é feita em termos de sexo, idade, classe, presença e idade dos filhos etc.;
   - **Variáveis psicográficas**: é a possibilidade de gerar um entendimento do mercado usando uma classificação mais emocional, psicológica e atitudinal; por exemplo, os inovadores, os românticos, os introspectivos, os sociáveis, os caçadores de promoção, etc.;
   - **Variáveis de estilo de vida**: entender os vários segmentos quanto ao seu comportamento em relação a aspectos como lazer, esportes, vida mais caseira ou fora de casa, fontes de informações etc. Entram aqui as variáveis de consumo de mídia e lazer em casa e fora dela;

- **Variáveis de padrões de consumo**: classificações segundo o volume de consumo e compra (são consumidores *light*, *medium* ou *heavy*) e outros padrões de consumo mais específicos da categoria, tais como: vegetariano; diet, light; lava roupa só na máquina; acessa internet em casa e no trabalho etc.
4. **Análise da concorrência**: análise de dados da concorrência na categoria estudada, com foco na participação de mercado, índices de preços, investimentos em mídia etc.;
5. **Análise SWOT**: Strength, Weakness, Oportunities e Threats ou Forças, Fraquezas, Oportunidades e Ameaças. É um exercício de análise para avaliar o potencial do projeto em desenvolvimento.

B – Tipos de pesquisa mais utilizados

1. **Desk research**: verificar o histórico já existente na empresa; os que já foram publicados e os dados secundários sobre demografia, indicadores econômicos, cadeias de distribuição etc.
2. **Pesquisas qualitativas e quantitativas**: são pesquisas customizadas para o entendimento da categoria que podem utilizar técnicas qualitativas ou quantitativas, dependendo dos objetivos. Pode-se ainda usar uma combinação das duas metodologias, em estudos feitos em pelo menos duas fases, nas quais se pretende uma etapa exploratória e outra de quantificação dos resultados.
3. **Pesquisas de mídia**: informações que mostram o nível de investimento da categoria, quais são os maiores investimentos, quais as mídias mais utilizadas etc. Analisando o nível de investimento da concorrência, tem-se uma excelente ideia dos desafios que o projeto deve demandar em termos de investimento. Orienta também qual seria a melhor solução para a comunicação do produto ou serviço em função do *budget* disponível.
4. **Pesquisas do comportamento do consumidor e comprador**: informações gerais de mercado sobre a penetração da categoria e a participação das marcas em relação a volume e valor. Em geral essas informações estão disponíveis por meio de estudos sindicalizados e são oferecidas por empresas que levantam informações com base em painel de domicílios e de varejo, tais como Nielsen e KantarWorld Panel.

13.2 Fase 2 – Avaliação do *mix* de produto ou serviço

13.2.1 Definição de conceito de produto

Nesta fase do processo de desenvolvimento do trabalho de marketing, a pesquisa de mercado deve dar subsídios para definir o melhor conceito de produto; ou refinar conceitos já existentes[3].

---

[3] Muitas vezes são testados conceitos já trabalhados no passado ou que são enviados pela matriz ou por outros países para serem avaliados localmente no Brasil.

O que é um conceito de produto? É uma descrição básica das características do produto ou serviço, ainda sem incorporar o valor agregado, que deverá ser complementado através da comunicação de benefícios para o consumidor.

O conceito de produto é uma descrição fria, sem os superlativos e adjetivos usados na propaganda; é bem diferente do conceito de comunicação, que será exposto no item 13.2.3, e que tem como ponto fundamental um "*consumer insight*" relevante[4]. Algumas vezes, a exposição do conceito de produto para fins de pesquisa tem sido substituída pela apresentação do produto em si.

Em geral, a avaliação dos conceitos de produtos e serviços é feita em relação à percepção de novidade, relevância, credibilidade e disposição à compra/adoção.

Exemplo fictício de conceito de produto:

> **Sabonete líquido para o rosto**
>
> É um novo sabonete líquido para o rosto, desenvolvido para tratar e hidratar peles delicadas, sem causar alergias ou irritações.
>
> O novo sabonete X contém os ingredientes XYZ, que promovem um profundo efeito hidratante.
>
> O produto foi testado dermatologicamente e não tem efeitos negativos sobre a pele do rosto.

A – Informações necessárias:

1. ***Screening* e hierarquização de conceitos**: é muito comum ter como ponto de partida vários conceitos de produto. Precisamos de uma hierarquização dos que apresentam melhor potencial, ou de uma análise exploratória e diagnóstica para verificar pontos fortes e fracos de cada um.

2. **Avaliação das oportunidades dos conceitos de produtos**: a avaliação diagnóstica do potencial de adesão ao produto com aquele conceito.

3. **Análise SWOT**: análise-resumo do potencial e desafios do conceito de produto.

4. **Potencial ante a concorrência**: o potencial do conceito de produto deve considerar o cenário da concorrência em que pretende atuar.

5. **Análise de *gaps* e oportunidades**: um tipo de análise para avaliar o potencial do conceito de uma forma abrangente.

---

[4] "*Consumer insight*" representaria algo como uma declaração do consumidor potencial sobre o problema ou dificuldade que será resolvido pela proposta do produto ou serviço – é a parte do conceito de comunicação que promove identificação.

B – Tipos de pesquisa mais utilizados:

1. **Desk research**: verificar todas as informações publicadas e as informações existentes nas empresas.

2. **Pesquisas qualitativas**: utilizadas mais como uma fase exploratória, para diagnóstico dos pontos fortes e fracos.

3. **Pesquisas quantitativas**: no caso de necessidade de uma hierarquização, quando se dispõe de várias opções e se precisa de quantificação do potencial de adoção daquele conceito de produto.

4. **Pesquisas de segmentação e mapeamento**: têm como objetivo verificar quais grupos de consumidores apresentam maior potencial para aceitação de cada um dos conceitos; como os conceitos se agrupam em relação a similaridades e diferenças de propostas e públicos-alvo; e fazer um mapeamento dos conceitos de produtos em relação às marcas já existentes na categoria ou em relação às propostas atuais.

13.2.2 Definição de produto/serviço

Nesta fase do planejamento será definido o produto ou serviço a ser oferecido. Aqui o papel da pesquisa é fundamental, para garantir a melhor opção de produto ou serviço dentre as alternativas propostas.

É importante considerar que, nesta fase, todas as avaliações devem ser feitas tendo como pano de fundo as decisões anteriormente tomadas com relação à categoria, marca, conceito de produto etc.

Também é fundamental que as avaliações considerem alternativas possíveis para o projeto em estudo. O consumidor/comprador e a pesquisa desempenham o papel de indicar qual a alternativa com maior potencial.

A – Informações necessárias:

1. **Avaliação de alternativas de formulação** (Pesquisa e desenvolvimento – R & D): refere-se à avaliação de aspectos técnicos de formulação, específicos de cada produto.

2. **Avaliação de alternativas de sabor, aroma, fragrância, tipos de ingredientes etc.**: em geral, as pesquisas feitas para avaliar estas alternativas recebem o nome genérico de *teste de produto,* que deve ser desenhado de acordo com os objetivos e as hipóteses que se vai avaliar.

3. **Avaliação de embalagens**: envolve tanto a avaliação de aspectos mais funcionais (resistência; praticidade no uso; facilidade de abrir e fechar; capacidade de armazenamento etc.), como também aqueles mais relacionados à comunicação do produto: visibilidade na gôndola; facilidade de identificação da proposta do produto; facilidade de leitura e identificação de elementos da embalagem (marca, instruções de uso, data de validade etc.); posicionamento da marca (o que a embalagem comunica: proporciona ideia de produto novo, sofisticado, seguro etc.).

4. **Avaliação do preço**: refere-se basicamente à análise de posicionamento de preços, considerando a elasticidade de preços da categoria e a proposta de posicionamento do produto.

5. **Análise de posicionamento**: qual é a imagem que se poderá trabalhar para o produto/serviço? – em função da percepção de valor agregado e diferenciais em relação à concorrência.

6. **Avaliação de *mix* de produto**: quando nosso objetivo é a avaliação do produto/serviço com todos os elementos do marketing *mix* já praticamente definidos: preço, produto/formulação, embalagem e posicionamento.

Na prática dos trabalhos de marketing existem duas possibilidades mais comuns que podem ser seguidas em função da disponibilidade de tempo e verba e das possibilidades de riscos envolvidos:

- **Avaliação item a item, ou "tijolo a tijolo"**: pesquisas específicas definem cada item do *mix*; no final há a avaliação do *mix* completo, com um produto montado com base em cada item vencedor.

- **Avaliação do *mix* completo, ou opções de *mix* completos**: a análise engloba o todo, e a decisão sobre cada elemento do *mix* é feita com base em julgamento de natureza orçamentária e financeira.

B – Tipos de pesquisa mais utilizados:

1. **Testes sensoriais para auxiliar o desenvolvimento de formulação de produtos**: o teste é chamado de sensorial quando a avaliação é feita por especialistas ou pessoas "treinadas".

   Por que é interessante o teste ser feito por especialistas ou pessoas "treinadas"? Para se ter uma efetiva contribuição no desenvolvimento de produtos, a linguagem da avaliação deve ser entendida pelos técnicos de desenvolvimento de produtos.

   No caso do consumidor, a linguagem não é consensual, e nem sempre equivale ao entendimento da nomenclatura do técnico; por exemplo, quando o consumidor diz que o produto está amargo, não quer necessariamente dizer (para o técnico) que se deve colocar mais açúcar.

2. **Teste sensorial (painel de especialistas ou pessoas "treinadas") combinado com avaliação da preferência dos consumidores**: é a forma mais adequada de pesquisa para orientar a área de desenvolvimento de produtos, fornecendo informações que os técnicos conseguem entender, e permitindo tomar decisões de alterações *vis-à-vis* as preferências dos consumidores (sem o viés de problemas de linguagem e conceituação sobre aromas, sabores, consistências etc.).

3. **Pesquisas qualitativas e quantitativas**: para avaliação de alternativas de produtos. Qualitativas, quando se pretende uma avaliação mais diagnóstica e exploratória; quantitativas, quando se quer tomar uma decisão de escolha fundamentada em validações estatísticas.

4. **Pesquisas de elasticidade de preço e avaliação da sensibilidade dos produtos a alterações de faixas de preço**: técnicas de avaliação que buscam indicar até que nível de preço o consumidor está disposto a pagar por aquele produto, e como e quando se dá a troca por outro produto de preço inferior ou superior.

5. **Pesquisas de simulação de mercado**: uma estrutura de pesquisa em que se apresenta o *mix* para ser testado e se avaliam seus pontos fortes e fracos e as oportunidades de adoção pelo mercado. A pesquisa é feita em uma dimensão de amostra bastante restrita e com informações de natureza mais diagnóstica e orientadora do lançamento do produto no mercado.

13.2.3 Definição da comunicação

Definido o produto/serviço, passamos para uma fase muito importante do desenvolvimento do trabalho de marketing, que é a comunicação: como e o que vamos falar sobre o produto de forma que represente um *diferencial* em relação à concorrência, comunique algo que seja *relevante* para o consumidor e provoque uma *motivação* de compra ou adoção?

O processo de desenvolvimento criativo da comunicação pode ser detalhado em diversas fases, e o papel da pesquisa é fundamental em cada uma delas. Como em todo processo de comunicação, é importante verificar o que o emissor está pretendendo comunicar e o que o receptor está entendendo daquela mensagem; sabemos que nem sempre este canal se processa de forma objetiva e completa. Todo o desenvolvimento do produto ou serviço pode estar comprometido pela falha na comunicação dos benefícios.

A – Informações necessárias[5]:

1. **Definição da estratégia de comunicação**: quais *plataformas* de comunicação serão utilizadas? Quais os *territórios* que se pretende apropriar com a marca/produto/serviço? Por exemplo: num carro, vamos trabalhar o território do conforto, da segurança, da dirigibilidade? (ou outros?).

2. **Definição do conceito de comunicação**: escolhido um território, qual é o conceito que apoia a comunicação deste território? No caso do conforto: "carro em que você viaja de férias por muitos quilômetros, com toda a família, e não sente a viagem".

3. **Avaliação de caminhos criativos**: avaliação das *histórias* que são montadas para transmitir o conceito de comunicação daquela marca/produto/serviço. Opções de histórias para contar o benefício do conforto daquele carro.

4. **Avaliação da execução do filme ou outro tipo de peça publicitária**: avaliação da história executada sob a forma de um filme/comercial, print, spot de rádio etc. (de preferência numa fase ainda não finalizada, para poupar os orçamentos altos envolvidos na produção final).

A seguir, um exemplo fictício de conceito de comunicação relativo a um novo sabonete líquido para uso no rosto.

Podemos observar em seu enunciado alguns dos elementos que sempre devem estar presentes nos conceitos de comunicação: linguagem mais enfática e adjetivada que a empregada no conceito de produto (ver exemplo no quadro do item 13.2.1); título/*heading*, em que se

---

[5] As informações, neste caso, coincidem com as fases de desenvolvimento criativo da comunicação.

apresenta o novo produto; termo "novo"; menção ao fabricante do produto; "consumer insight" retratando um problema que consumidor enfrenta atualmente; benefícios funcionais e emocionais propostos pelo novo produto; elementos da fórmula ou ingredientes que são a evidência de apoio para o benefício; elementos de aval por autoridades; assinatura publicitária.

X – seu novo sabonete líquido para o rosto

É difícil manter a pele do rosto ao mesmo tempo macia, limpa e saudável. Muitos sabonetes limpam bem, mas causam alergia e ressecamento da pele.

O novo sabonete X, produzido pelo fabricante Z, é a sua alternativa para o tratamento diário da pele do rosto, deixando você mais tranquila e confiante, pois sua pele ficará radiante e atraente, além de hidratada, suave ao toque e sem irritações.

Por ser líquido e conter o exclusivo e revolucionário ingrediente XPTO, o sabonete X limpa e hidrata profundamente, dando uma agradável sensação de leveza, suavidade e bem-estar.

Testes dermatológicos, garantidos pelos médicos da APP (Associação de Produtos para a Pele), provam que o sabonete X não causa alergia, mesmo se usado com frequência por pessoas de pele delicada.

Novo sabonete X: mais beleza, proteção e bem-estar para você e sua família!

B – Tipos de pesquisa mais utilizados

1. **Pesquisas qualitativas feitas com base em discussões em grupo e entrevistas em profundidade**, ou uma combinação dos dois métodos, para diagnosticar e verificar o entendimento dos consumidores, a relevância da proposta e a motivação à compra e adesão.

2. **Pesquisas quantitativas**; principalmente para a fase na qual já temos a execução do filme (mesmo não finalizada). São pesquisas nas quais os resultados são contrapostos a uma base de dados de filmes anteriomente testados e que servem de parâmetros seguros para a avaliação.

   Essas pesquisas, em geral, além da parte essencialmente quantitativa, que poderia ser vista como um termômetro "GO/NO GO", têm também uma parte bastante exploratória e diagnóstica para melhor entendimento, ou uma explicação dos resultados quantitativos, e também para mostrar caminhos de alterações no filme antes da produção final, economizando orçamento e aumentando a eficiência da comunicação.

   Pesquisas mais estruturadas para avaliação de execuções de filmes são em geral desenvolvidas por grandes empresas de pesquisa de mercado, como, por exemplo, LINK test da Millward Brown; Next TV da Ipsos ASI; AdVantage da GfK; Adeval da TNS etc.

13.3 Fase 3: Monitoramento e mensuração do desempenho

Nesta etapa, antes de partir para o lançamento em uma área mais ampla, o marketing precisa de informações sobre a provável performance do produto no mercado. Idealmente, seriam feitas avaliações em mercado teste; para isto separa-se uma área geográfica teste para isolar a veiculação da comunicação, ter um controle dos pontos de venda e fazer o monitoramento da performance.

É um procedimento bastante oneroso e demorado; difícil de ser controlado e sujeito a ações da concorrência realizadas de forma acidental ou proposital. Com o sistema de informações atual fica difícil um teste de mercado passar despercebido da concorrência, o que pode implicar ações reativas imprevisíveis.

Para evitar esses problemas foram desenvolvidas metodologias que simulam situações de lançamento. São as simulações de mercado por meio de modelos preditivos; o mais comumente utilizado é o STM BASES da Nielsen.

A – Informações necessárias:

1. **Análise dos efeitos/resultados da comunicação** e demais atividades de marketing na marca foco e nas da concorrência.

2. **Imagem e posicionamento das marcas**: qual a percepção dos atributos de posicionamento e imagem da marca diante da concorrência.

3. *Equity* **das marcas**: qual a força da marca em relação à lealdade e valor agregado que pode justificar o custo *premium* que se cobra.

4. **Satisfação do consumidor/comprador**: avaliação da qualidade da "entrega" dos produtos e serviços.

5. **Análise do comportamento do consumidor**: dados sobre o consumo e compra efetiva no lar.

6. **Análise SWOT**: diagnóstico do resultado do lançamento, verificando as forças, fraquezas, ameaças e oportunidades.

7. **Análise de ROI – Retorno sobre os investimentos**: análise com uso de modelagens estatísticas com base em regressão logística, o que possibilita verificar quais investimentos trouxeram maior ou menor retorno considerando-se os investimentos feitos.

B – Tipos de pesquisas mais utilizadas

1. **Tracking, ou monitoramento de comunicação e marcas**: é a pesquisa que mostra os resultados do trabalho de marketing feito para a marca/produto/serviço acompanhando a evolução dos Indicadores Chave de Performance (KPI – *Key Performance Indicators*), a avaliação da comunicação; imagem e posicionamento da marca em relação à concorrência; *equity* das marcas etc.

   A pesquisa de *tracking*, ou monitoramento, em geral, é customizada, ad hoc, desenhada de acordo com os pressupostos da categoria, da marca e os objetivos daquele estudo em particular.

A pesquisa pode ser realizada em ondas, ou seja, com base em leituras pontuais, ou feita através do levantamento contínuo de dados durante um período de, pelo menos, seis meses para verificar especificamente a evolução da marca no mercado e a interferência do seu lançamento ou relançamento na dinâmica da categoria: quais marcas foram afetadas; como se processou a migração de consumidores de uma marca para outra etc.

A decisão sobre a estrutura do *tracking* quanto a um levantamento contínuo ou em ondas deve se basear em algumas considerações e pontos importantes, colocados no Quadro 13.1, que devem ser discutidos:

Quadro 13.1

Tracking em ondas	*Tracking* contínuo
Mercado sazonal ou de nicho	Atividade de marketing regular e muito intensa
Contexto previsível	Concorrência muito ativa e acirrada
Mercado com mudanças mais lentas	Mercado de mudanças muito rápidas
Pressão de orçamento	Alto investimento em marketing
Difícil manter a amostra contínua	Amostra com base suficiente
Para monitorar eventos e aspectos específicos	Monitoramento de efeitos vindos de uma multiplicidade de eventos

2. **Pesquisas de hábitos, atitudes e imagem (U&A: usos e atitudes)**: tipo de pesquisa que inclui também o levantamento dos hábitos de consumo e compra além do monitoramento dos Indicadores Chave de Performance (KPI); o posicionamento, a imagem e a opinião sobre as marcas; a avaliação de comunicação; o *equity* das marcas etc.

3. **Pesquisas de *Brand Equity***: que mostram a força e a lealdade dos consumidores com as marcas.

4. **Pesquisas de satisfação**: estudo para monitorar o nível de satisfação dos consumidores ou compradores com relação aos produtos e, mais particularmente, aos serviços prestados.

5. **Painéis de consumo e varejo**: para acompanhar a performance da marca no mercado diante da concorrência em termos de penetração e participação de mercado. Informações levantadas e comercializadas por grandes empresas de pesquisa, como a Nielsen e a Kantar Worldpanel.

6. **Desk Research**: análise da performance do lançamento, buscando levantar subsídios para planejamento da fase seguinte ou para correções de rotas.

Grandes empresas de pesquisa e suas metodologias

Empresa	Tracking ou monitoramento	Pré-teste de comunicação	Equity/posiciona-mento marcas	Satisfação
Millward Brown	Dynamic Tracking	Link	BrandDynamics	
Ipsos	Brand Graph	Next TV	Brand Perceptor	
GfK	BVT - Brand Vitality Tracking	AdVantage Multimidia	BPI – Brand Potential Index	Loyalty Plus
TNS	Conversion Model	Adeval	NeedScope	TRIM (measuring, Monitoring,managing)

Pesquisa na prática

Importância do período de levantamento dos dados

Tratando-se de uma avaliação de desempenho ou performance para acompanhar os efeitos de uma determinada ação de marketing, precisamos verificar:

- Se a ação já foi completada; por exemplo: se a campanha já foi toda veiculada.

- Se já deu tempo suficiente para se efetivar uma possível compra e recompra (verificar a frequência de compra média da categoria).

- O efeito da sazonalidade. Se a leitura foi feita no final da estação (verão, por exemplo), de preferência, no ano seguinte, a leitura deve ser feita no mesmo mês (desconsideradas as alterações climáticas pontuais).

- Verificar no período do levantamento quais foram as ações da marca e da concorrência e os respectivos níveis de investimentos.

Resumo

Aplicações no desenvolvimento de produtos / serviços / temas sociais

- A pesquisa oferece soluções acompanhando cada etapa de desenvolvimento de produtos, serviços ou ideias sociais, atendendo aos correspondentes questionamentos e necessidades, com recursos metodológicos adequados a cada uma deles.
- Pode-se pesquisar desde aspectos mais estratégicos iniciais, passando pela avaliação de detalhes táticos da execução, chegando até ao acompanhamento da performance.

Planejamento estratégico e diagnóstico	Avaliação do *mix* de produto/serviço	Monitoramento do desempenho
• Análise de cenários das categorias e marcas. • Estudo da concorrência. • Análise da cadeia produtiva e distribuição. • Avaliação de objetivos estratégicos da empresa e da marca.	• Avaliação das oportunidades: novos conceitos e/ou produtos e reposicionamento. • Análise do potencial de elementos do *mix* em relação à concorrência. • Definição de conceitos, produtos, embalagem, comunicação, preço, posicionamento etc.	• Análise dos resultados das ações desenvolvidas para o lançamento ou relançamento de produtos, serviços ou ideias sociais. • Avaliação de indicadores de performance, como KPI, resultados da comunicação, imagem, satisfação, equity e ROI, entre outros.

Pesquisa no século XXI

Movimentos e mudanças são constantes na evolução do mundo dos negócios. Atualmente, mais uma vez, grandes movimentos estão acontecendo e provocando um novo olhar sobre os processos e métodos utilizados neste cenário.

A pesquisa de mercado também está vivendo este momento de revisão. É considerada por muitos como mais uma informação neste universo de informações rapidamente disponíveis. Entretanto, não podemos deixar de ter em mente que esta ferramenta de marketing nos permite conhecer corretamente a relação do consumidor com nossas marcas, com nossos produtos, com nosso mercado e, também, propicia a identificação dos fatores diferenciais eficazes e eficientes tão necessários em meio à competição.

– Tania Soffiatti
Consultora de Pesquisa de Mercado e Professora da Abep
e Universidade Positivo – Curitiba

Neste capítulo:

- Contexto social e cultural do início do século XXI: Pós-modernidade, Hipermodernidade e Mundo Digital.
- Consequências desse cenário no uso e expectativas quanto à pesquisa de mercado.
- Detalhamento de algumas das principais novas formas de conduzir a pesquisa de mercado na contemporaneidade:
  - Mídias Digitais e Mídias Sociais – internet, SMS e telefonia móvel.
  - Bricolagem/Triangulação.
  - Pesquisas de tendências e estudos de cenários contextuais.

14.1 Pós-modernidade, hipermodernidade e mundo digital

O novo milênio chegou trazendo modificações estruturais em praticamente todos os planos da atuação humana, aceleradas pela ação conjunta da globalização e da rápida popularização da internet; uma revolução nas comunicações e um impressionante desenvolvimento científico associam-se ao acesso sem precedentes das pessoas à informação e à crescente quebra de barreiras físicas e geográficas.

São enormes as mudanças apresentadas no mundo contemporâneo, que Lipovetsky (2004) chama de hipermodernidade, e Baumann (2001), de pós-modernidade.

Como reflexo, observam-se transformações também nas *relações*, seja entre os países e continentes, seja no plano organizacional ou na vida cotidiana das pessoas comuns.

Nos contextos citados aparecem sempre alguns dos conceitos que caracterizam a época atual: cooperação, interatividade, compartilhamento, comunidade e construção coletiva do conhecimento.

Pesquise na internet

- Acesse o site em português da Wikipedia – http://pt.wikipedia.org –, que é, na sua própria definição, "uma enciclopédia escrita em colaboração pelos seus leitores", e consulte os verbetes "pós-modernidade", "hipermodernidade", e "modernidade", identificando os aspectos que diferenciam esses conceitos: são apenas nomenclatura ou trata-se de coisas realmente diferentes? Se sim, em que diferem?

- E, já que estamos comentando sobre isso, defina, com suas próprias palavras, o que é a Wikipedia, e, na sua opinião, quais são suas vantagens e limitações.

- Em um mecanismo de busca, como o Google, veja o que surge quando se digita "conteúdo compartilhado" e faça uma breve descrição e análise do que encontrou e da presença deste tema: surgiu logo de início, de que forma, a que tipo de links a pesquisa conduziu, foi necessário refazer a busca com novos nomes/verbetes etc.

Tapscott (2006, p. 20), focalizando o mundo empresarial e a economia do início do século XXI – que chama de Wikinomia –, coloca que este novo mundo substitui os parâmetros antigos e "é baseado em quatro poderosas novas ideias: abertura, parceria, compartilhamento e agir globalmente".

As consequências para as pessoas dessa situação são marcantes, principalmente no plano dos papéis sociais, com novas relações familiares e uma remodelada noção do feminino e masculino.

Em resposta às exigências do mundo contemporâneo, a identidade passa a ser múltipla e fluida; é como se as pessoas tivessem várias facetas, que assumem alternadamente, caracterizando "multivídeos" e não mais "indivíduos" (Canevacci, 2000).

Siqueira e Perez (2009, p. 194) destacam a questão da alteração dos valores, mais fluidos e relativos na contemporaneidade:

> "Os valores presentes na sociedade atual, tais como flexibilidade, sensibilidade, intuição, afetividade e diversidade, formam um verdadeiro contraponto aos tradicionais valores modernos, onde a razão, a hierarquia, a verdade, a objetividade, a solidez e a previsibilidade imperavam e determinavam comportamentos, atitudes e crenças em todos os parâmetros da vida."

Observa-se também a formação de um novo tipo de pensamento contemporâneo, influenciado pela conjunção de novas preocupações, nos níveis econômico, social e cultural. Sustentabilidade social, ecologia e globalização atuam com os grandes avanços nas telecomunicações – como a interatividade, democratização crescente do acesso à internet e mobilidade da telefonia.

Em uma linguagem inspirada no mundo da informática, Oblinger (2005) postula que se passou de um pensamento moderno/"analógico" para um contemporâneo/"digital", cujos principais componentes estão sumarizados na Figura 14.1.

Figura 14.1 Pensamento analógico x digital

Fonte: Adaptado de Oblinger (2005).

A maneira peculiar como hoje as pessoas sentem, agem e percebem o mundo – e a si mesmas – é decorrente dessa nova forma de pensar, em associação aos valores da contemporaneidade.

À medida que leva a uma lógica e ótica diferenciadas, o ingresso crescente das grandes massas no mundo digital está na raiz dessa nova postura diante do mundo e da sociedade.

O relacionamento das pessoas com o computador e as redes sociais da internet foi estudado já em 1995 pela psicóloga americana Sherry Turkle, que pondera que o computador, além de ser uma ferramenta para a escrita, contas e comunicação, "nos oferece igualmente novos modelos mentais e um novo meio para projetar nossas ideias e fantasias ... estamos aprendendo a viver nos mundos virtuais" (Turkle, 1995, p. 9).

Prosseguindo, a autora ressalta a importância do computador e da internet no mundo contemporâneo, inclusive em relação à personalidade e identidade: "hoje as pessoas estão incorporando a noção de que os computadores podem estender a presença física de um indivíduo" (Turkle, 1995, p. 20).

A internet atua como uma extensão do próprio indivíduo, gerando uma nova habilidade cognitiva – a inteligência digital – e trazendo a desconstrução da linearidade e da hierarquia nas relações e nos processos. Abrem-se novas possibilidades de organizar, entender, julgar e formar opiniões, por meio de redes sociais, blogs, fóruns, assim como de outros meios de expressão e compartilhamento da informação/conhecimento (Matias e Sequeira, 2010).

O convívio diário com a internet é uma realidade para todos há muitos anos, e a telefonia móvel tem acelerado crescimento em volume e recursos, como acesso à internet, SMS, Twitter e redes sociais.

Essa realidade é um fenômeno mundial, que afeta profundamente a vida e o comportamento das pessoas. Philly Desai comenta que, "entre outras coisas, credita-se à internet mudanças na nossa percepção de geografia, nacionalidade, comunidade e organização política" (Desai, 2003, p. 99).

Paralelamente, as pressões sociais e econômicas, em conjunto com a divulgação das ameaças ao meio ambiente causadas pelo lixo e pelo hiperconsumismo, fazem que as pessoas estejam cada vez mais críticas e conscientes de sua atuação na sociedade – e essa complexidade estende-se à sua postura como consumidores.

14.2 A pesquisa de mercado no mundo de hoje

No universo de marketing e pesquisa, os reflexos desse contexto de alta complexidade dos consumidores e da onipresença dos novos meios digitais – em especial da internet – situam-se em vários planos:

- Principais temas/focos de preocupação dos pesquisadores e clientes, em que se destacam o universo on-line, a interatividade e o grande potencial das mídias sociais como fonte de informações e meio para a divulgação e esforços de marketing de produtos e serviços –; tanto no entendimento da dinâmica dessas abordagens, como na sua integração com os formatos mais tradicionais de mídia.
- Grande desenvolvimento de metodologias de pesquisa on-line, em que a internet e telefonia móvel são usados como meio para a coleta dos dados.
- Crescente interesse e esforços para coleta, monitoramento e estudo sistematizado do conteúdo espontâneo que as pessoas expressam na internet e nas mídias sociais (em blogs, comunidades e redes sociais, entre outras possibilidades).
- Pela necessidade de compreender um momento complexo, em relação ao contexto e aos consumidores, a abordagem multidisciplinar tem sido cada vez mais recomendada; há o desenvolvimento e a maior divulgação de métodos para agregar valor à análise, como a desk research, além do emprego de metodologias que usam as descobertas do Neuromarketing e os ensinamentos da Semiótica e Etnografia; é a época da Bricolagem ou Triangulação.

- Surgimento das pesquisas de tendências e estudos de cenários contextuais, que focalizam as macroconjunturas políticas, econômicas e sociais, ao mesmo tempo em que estudam em profundidade as tendências, valores e padrões comportamentais, além da movimentação cultural e suas várias manifestações.

- Os estudos de cenários contextuais permitem que se tenha uma visão holística e integrada do mundo atual, incluindo uma prospecção qualitativa de como os vários universos e cenários mercadológicos e de atuação humana poderão vir a se desenvolver no futuro.

Além dessas manifestações, destaca-se o recente desenvolvimento de novos métodos de pesquisa qualitativa, que, pela sua natureza investigativa e profunda, ajuda a entender melhor a complexidade do contexto e dos consumidores; destaca-se, também, a crescente sedimentação do conceito de inteligência de mercado e inteligência competitiva, com a consequente modificação da forma como a pesquisa está sendo encarada.

Pesquisa é notícia
Saiu na mídia

O que é tendência em pesquisa de mercado (*)
Informações de fontes diferentes, integração entre indústria
e consumidores e internet são destaques.
Sylvia de Sá, Mundo do Marketing – Revista *Exame* – 28/03/2011

As mudanças no comportamento do consumidor e os avanços da tecnologia levaram os institutos de pesquisas a buscar novas ferramentas e metodologias para se diferenciar.

Entre as principais tendências quando o assunto é pesquisa de mercado estão o aumento no número de informações agregadas à pesquisa propriamente dita e a proximidade do cliente e do consumidor junto aos pesquisadores. A internet também aparece como uma importante ferramenta em expansão para a formulação de questionários e monitoramento do que fazem e pensam os usuários no meio digital.

A evolução do mercado mostrou para as empresas especializadas em pesquisas que não é possível mais manter uma posição neutra. *"Antes tirávamos conclusões apenas daquele projeto. O que procuramos fazer agora é trabalhar além das pesquisas, alimentando com informações o tempo todo para gerar mais conhecimento ao cliente sobre o assunto"*, ressalta Paulo Carramenha, diretor-presidente da GFK CR Brasil.

Fonte: Revista *Exame* – Extraído do site: <http://exame.abril.com.br/noticia/o-que-e-tendencia-em-pesquisa-de-mercado>. Acessado em: 14 abr. 2011.
(*) Seleção de trechos da reportagem.

O processo dinâmico, mostrado na Figura 14.1, está na base dessas necessidades diferenciadas em relação às informações por parte das empresas:

- Há uma busca crescente por "insigths" – novidades e caracteristicas inovadoras, com apelo emocional – de produtos, serviços e marcas, para atender tanto ao consumidor mais exigente de hoje como à necessidade de diferenciação em mercados globalizados e competitivos que, pelo alto desenvolvimento tecnológico, apresentam cada vez menos diferenças funcionais entre as opções oferecidas aos consumidores.

- Dessa busca, originam-se novas formas de pesquisar, em crescente desenvolvimento, apoiado pelas possibilidades abertas do mundo digital.

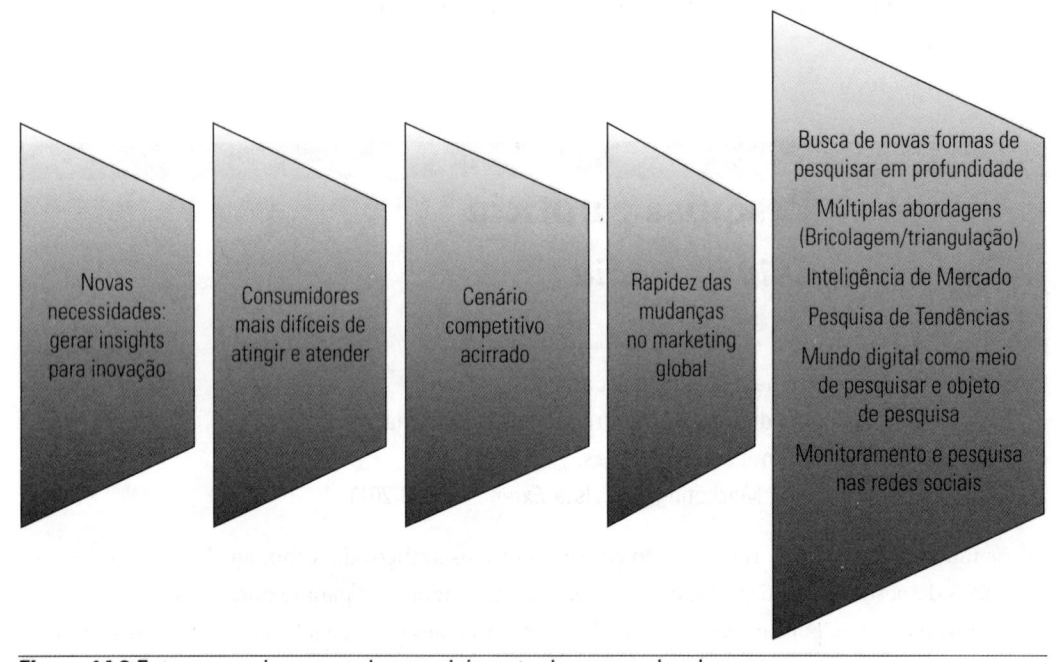

Figura 14.2 Fatores que levam ao desenvolvimento de novas abordagens

Hair, Busch e Ortinau (2002, p. 29) distinguem alguns fatores contextuais que afetam, com grande impacto, as atividades de pesquisa de mercado no novo milênio:

- Internet e e-comerce: que atuam revolucionando os métodos de coleta de dados e de informações.

- Legislação a respeito da privacidade de dados, em função do desenvolvimento de tecnologias que possibilitam invadir a privacidade das pessoas, gerando preocupações éticas e ações de defesa dos direitos dos consumidores, e, consequentemente, temor das pessoas em fornecer dados pessoais.

- Expansão do marketing global, criando problemas, oportunidades e questões relativas à interação multicultural, assim como desafios na linguagem e na adaptação dos instrumentos de pesquisa aos padrões culturais locais.

- Função estratégica da pesquisa de mercado, reposicionada como parte integrante dos esforços de inteligência competitiva.

14.3 Mídias digitais e mídias sociais – internet, SMS e telefonias móveis

Não pode ser ignorado o impacto da internet e da comunicação digital no cotidiano das pessoas, e, assim, a presença da pesquisa de mercado no mundo on-line é inevitável.

O mesmo ocorre com a expansão exponencial da comunicação móvel, por meio de celulares, rádios e outros tipos de recursos que surgem a cada dia.

Já em meados dos anos 1990, logo que a presença da internet se tornou uma realidade, ainda que distante para a grande maioria das pessoas (em especial no Brasil), seu papel como fonte de dados secundários ficou claro para profissionais de marketing e de negócios em geral, incluindo os pesquisadores de mercado; passou a ser uma das principais fontes consultadas ao se empreender uma busca de dados de mercado, artigos e referências bibliográficas, matérias, sendo mais e mais consagrada como um valioso apoio para as desk researchs de maneira geral.

E, de início, um uso mais específico deste meio pela pesquisa de mercado restringiu seu papel ao de meio de coleta de dados, mas logo a própria internet, como palco de acontecimentos ligados à vida das pessoas e de expressão de suas atitudes, sentimentos, emoções, aspirações e comportamentos, assumiu uma posição de destaque como *foco de estudos do comportamento no meio digital* e das pessoas nesse ambiente, tanto em congressos e papers especializados, como em notícias na mídia de massa.

Pesquisa é notícia
Saiu na mídia

Cresce tolerância de pais ao uso de redes sociais por crianças entre 10 e 12 anos
Sites como Facebook só aceitam usuários a partir dos 13 anos
Veja – Vida Digital – 19/05/2011 (Com agência Reuters)

Cerca de 17% dos pais não encaram como problema o fato de seus filhos com idades entre 10 e 12 anos acessarem redes sociais, como o Facebook, aponta uma pesquisa realizada com 1.000 pessoas nos Estados Unidos. O levantamento mostra que houve uma espécie de "relaxamento" por parte dos pais, uma vez que, na pesquisa do ano passado, apenas 8% declararam a mesma posição. A idade mínima exigida a usuários do Facebook é 13 anos.

Ainda segundo o levantamento, conduzido pela Liberty Mutual's Responsibility Project, 11% dos entrevistados confessaram administrar um perfil infantil na rede em nome dos filhos. Para Janet Taylor, instrutora de psiquiatria da Universidade de Columbia, os resultados da pesquisa, contudo, não são preocupantes: "Isso não é alarmante. Precisamos perceber as mudanças para saber como usar melhor as mídias sociais", diz a especialista à agência de notícias Reuters.

Apesar da posição pouco conservadora das famílias americanas, a maioria dos pais afirmou que menores de 18 anos devem ser monitorados na rede por um terceiro. Do total de entrevistados, 44% também acham importante limitar o tempo que os filhos passam conectados à web.

Quando questionados sobre o ciberbullying, a maioria dos pais reconhece que a responsabilidade sobre o comportamento dos filhos na rede é deles. Contudo, 63% dos voluntários acreditam que as escolas e professores poderiam buscar novas maneiras de combater o bullying na internet.

Extraído do site: <http://veja.abril.com.br/noticia/vida-digital/cresce-tolerancia-de-pais-ao-uso-de-redes-sociais-por-criancas-entre-10-e-12-anos>. Acessado em: 9 jul. 2011.

O artigo que acabamos de destacar é um exemplo de pesquisa feita pela internet, como um *meio* para coleta dos dados, e, ao mesmo tempo, *sobre* as manifestações humanas nela (neste caso, o acesso de crianças às redes sociais) e o significado que elas têm para as pessoas.

Para a coleta dos dados via internet (e mais recentemente via celular e SMS) são usadas adaptações das normas e instrumentos habitualmente empregados em pesquisa de mercado, com o mesmo rigor e padrões de qualidade – por exemplo, questionários, roteiros para pesquisa qualitativa, critérios para estabelecimento da amostra etc.

Por isso, as especificidades dos métodos on-line foram abordadas em vários capítulos; no caso de pesquisa qualitativa, em que as aplicações on-line são de desenvolvimento mais recente, há uma descrição mais completa no Capítulo 7.

De uma forma ainda mais contundente e abrangente, as manifestações espontâneas de opinião das pessoas sobre todo tipo de assunto, presentes em vários meios digitais, como as redes sociais, blogs e vídeos, passaram a ser alvo de interesse e preocupação no mundo dos negócios: elogios, reclamações ou difamações contra pessoas, marcas ou empresas no meio on-line têm um poder muito grande, expandindo-se de forma "viral".

Monitorar "*o que se fala na web*" (e também no mundo da comunicação móvel, através de meios como o twitter) tornou-se uma necessidade das grandes empresas – para que se possa controlar e responder/planejar ações para contornar eventuais problemas.

Mais ainda, essa é uma fonte de dados poderosa; considerando a web como um "local" de manifestação das pessoas comuns, com toda sua complexidade e riqueza, o estudo de seu comportamento, atitudes e opiniões nesse meio pode ser muito interessante e pertinente.

Foram desenvolvidas muitas ferramentas para monitorar essas manifestações, desde a simples busca até métricas mais sofisticadas para captar e analisar o que está sendo encontrado.

No momento em que este livro está sendo escrito (2012), este é ainda um ponto polêmico, em que os padrões estão sendo definidos, assim como os limites. Muitas perguntas ainda estão sendo feitas, mas o debate está aberto, e muitas empresas estão comercializando ferramentas e soluções para a análise das mídias sociais, até mesmo argumentando que a pesquisa de mercado nas mídias sociais é diferente do monitoramento das mídias sociais:

- O monitoramento das mídias sociais – ou, mais especificamente, das redes sociais – seria uma tarefa mais simples e imediata, fornecendo dados como: quantas vezes um termo buscado foi encontrado/mencionado nas mídias sociais; quando, onde e por quem o termo foi empregado.

- A pesquisa de mercado nas mídias sociais seria uma forma de pesquisa como as outras, com os cuidados de sempre: amostra planejada, validação dos dados, análise de conteúdo dos comentários, classificação dos dados de acordo com seu significado (por exemplo, não somente menções positivas ou negativas) e em consonância com os padrões habituais em pesquisa, tanto em relação a medidas quanto a normas.

Algumas das questões mais debatidas, nesse início de uso das mídias sociais como material para pesquisa de mercado, é o limite entre uma abordagem qualitativa ou quantitativa dos dados coletados pelas ferramentas desenvolvidas; trata-se de manifestações espontâneas, e, portanto, de dados qualitativos. Mas o volume dos dados sugere, e mesmo impõe, um tratamento quantitativo, para dar conta do material que se tem disponível. O que se critica é que os dados não foram coletados de forma a responder com o rigor necessário para o emprego dos métodos estatísticos que se usa em análise quantitativa.

Esse debate leva a outra questão, ainda mais abrangente e instigante: quais seriam os reais limites entre as pesquisas qualitativa e quantitativa? Essa questão é atual e representa uma verdadeira quebra de paradigmas.

Etnografia Digital, webnografia e netnografia são termos usados praticamente ainda como sinônimos. O que se pretende é observar o "mundo virtual" (blogs, comunidades etc.), como já se faz com o "mundo real", e analisar os dados segundo uma ótica qualitativa.

Muitos dos que estão estudando esse tema ainda recomendam cautela e tentam normatizar o uso desse tipo de ferramenta de acordo com os padrões da área de pesquisa de mercado.

De qualquer forma, esse campo ainda está em seu início, e o tempo vai responder o que se estabelecerá no futuro...

14.4 Bricolagem/triangulação: a multidisciplinaridade

Diante da complexidade do mundo contemporâneo – tanto em termos de cenários gerais como das pessoas e seus sentimentos, anseios e percepções – e da premência de resultados e recomendações cada vez mais abrangentes, a multidisciplinaridade na abordagem dos fenômenos sociais, culturais e mercadológicos pela pesquisa de mercado é uma necessidade patente.

Como dar conta da complexidade dos temas e projetos atuais com o uso de uma única metodologia ou abordagem?

O modelo de bricolagem ou triangulação, inicialmente restrito às metodologias qualitativas e, mais especialmente, ao mundo acadêmico, atualmente está cada vez mais em mente no planejamento das pesquisas comerciais.

As ideias de multidisciplinaridade, bricolagem e triangulação não são exatamente equivalentes, mas próximas na prática e em termos de procedimento, no universo de pesquisa de mercado, embora com conotações diferentes:

- A bricolagem associa-se ao trabalho artesanal, criativo e transformador, que é feito de forma profunda, original e cuidadosa, como uma alegoria da valorização da volta ao simples, ao genuíno e ao importante, característico do mundo contemporâneo.

- A triangulação leva à ideia de um raciocínio menos fluido e mais exigente, em que as informações se complementam, são balanceadas, checadas entre si e compõem um todo harmônico, propiciando uma visão mais completa e integral do que está sendo alvo de estudo.

- A multidisciplinaridade é a tradução prática dos dois quesitos anteriores e remete ao conceito do trabalho feito de forma coletiva, em que cada profissional, dotado da bagagem que sua formação acadêmica ou a prática lhe confere, contribui para a construção dessa visão integral, mais elaborada, profunda, abrangente e proveitosa.

É interessante observar que essa cooperação multidisciplinar foi conseguida de forma quase natural nas décadas de 1960 e 1970, quando as atividades de pesquisa de mercado no Brasil se intensificaram: os primeiros profissionais a atuar na área tinham várias origens e formações acadêmicas (sociólogos, psicólogos, estatísticos, dentre outros) e viram-se meio por acaso às voltas com tarefas ligadas ao marketing e à pesquisa aplicada, construindo de forma empírica as bases do conhecimento que temos hoje no ramo.

Essa ideia de multidisciplinaridade acabou relegada a segundo plano nos pragmáticos anos 1990, mas neste começo do século XXI impõe-se como uma necessidade premente.

Como "triangulação" é o termo mais utilizado no âmbito científico e acadêmico, será adotado neste momento para designar esse conjunto de ideias.

A triangulação, de uma forma simples e abrangente, é definida como uma abordagem que usa uma combinação de estratégias de pesquisa em uma mesma investigação ou projeto, com a finalidade de complementar as informações ou confirmá-las.

A triangulação pode ocorrer em vários planos diferentes, isoladamente ou de forma simultânea, no mesmo projeto de pesquisa:

- Triangulação de dados, em relação a fontes (de dados primários ou secundários), pessoas ou amostra a serem consultadas, tempo ou periodicidade de coleta dos dados, espaço/local em que os dados são coletados e forma de coleta (presencial, on-line ou telefônica, por exemplo).

- Triangulação metodológica, em que no planejamento da pesquisa são selecionadas várias abordagens de métodos ou técnicas a serem empregadas.

- Triangulação de profissionais/pesquisadores, com várias pessoas, de formação distinta, participando ativamente em várias fases do projeto.

- Triangulação do embasamento teórico do projeto (preocupação mais presente no universo acadêmico, mas também, às vezes, pertinente em pesquisa de mercado).

Deve ser feita aqui uma ressalva: a razão que leva os pesquisadores a usar os recursos da triangulação é ganhar profundidade e robustez na análise; considerá-la como forma de validar os dados pode ser uma armadilha, na medida em que implica assumir que os métodos empregados no projeto – ou alguns deles – não têm validade por si sós.

Alguns exemplos práticos de atividades em crescimento na área de pesquisa de mercado, e que têm na triangulação uma premissa básica, em vários níveis apontados:

- Dados coletados não somente no target do produto ou serviço, mas também com a consulta a líderes de opinião, especialistas ou pessoal interno do cliente, como forma de ter outra leitura e enriquecer a análise.

- Pesquisas feitas em conjunto com os clientes pelos profissionais de pesquisa dos institutos, com a soma efetiva de esforços para criar um conhecimento mais especializado e atualizado sobre a categoria ou sobre determinada metodologia – por exemplo, projetos experimentais com o uso de novas mídias, que algumas vezes são posteriormente divulgados para a comunidade de pesquisa como um aprendizado, como white papers.

- Planejamentos e desenhos de projetos em que a metodologia quali/quanti faz parte inerente do procedimento – por exemplo, uma pesquisa quantitativa inicial seguida por uma fase qualitativa de aprofundamento, e em que a seleção das pessoas que participarão da quali é feita a partir de requisitos levantados no questionário quanti.

- Procedimentos, como alguns tipos de abordagem etnográfica, em que equipes multidisciplinares do cliente e do instituto vão a campo para coletar os dados, trabalhados posteriormente em workshops.

- Uso de recursos como desk research e rápido monitoramento nas mídias sociais sobre o tema ou marca, como parte quase que obrigatória dos projetos de pesquisa de mercado.

Alguns trabalhos realizados pelas autoras e pesquisadores associados, como o abordado na notícia a seguir, são bons exemplos de uso conjunto de várias abordagens de pesquisa, com a utilização de metodologias diversas, assim como consulta a fontes e públicos variados.

Pesquisa é notícia
Saiu na mídia

"Sustainable Consumption: The Decline of Hyper Consumerism" (*)
QRCA Views – Summer 2011 (www.qrca.org).
Raquel Siqueira, Diva Oliveira e Cris Siqueira.

A conscientização mundial em relação ao impacto negativo do modelo atual de consumo – o hiperconsumismo – está aumentando, especialmente quanto à desigualdade social e desequilíbrio ambiental. Os consumidores, agora mais críticos e participantes, estão se tornando mais envolvidos com o consumo consciente, em que se equilibra a satisfação pessoal e a sustentabilidade do planeta, valorizando-se o ambientalmente correto, o socialmente justo e o economicamente viável.

Foi utilizada nesse trabalho a metodologia de bricolagem ou triangulação de técnicas qualitativas:

- Entrevistas em profundidade junto a líderes de opinião e especialistas.
- Bulletin Board on-line e abordagem etnográfica.

- Total de 50 entrevistados de alto nível de escolaridade e variadas especializações profissionais; homens e mulheres, de idades entre 23 a 62 anos.
- Maiorias de residentes em várias partes do Brasil e alguns no exterior – USA e Europa – para incluir uma percepção mais internacional sobre o tema.
- Extenso levantamento de dados secundários, compreendendo desk research, pesquisa bibliográfica e consultas aos meios de comunicação de massa brasileiros e estrangeiros (jornais, revistas, web).

Observa-se uma desilusão geral com as instituições, empresas e governo no que tange à questão de sustentabilidade. Os brasileiros entrevistados expressam uma descrença generalizada na "propaganda" e no "marketing" em um sentido amplo, sendo ambos percebidos como instrumentos de manipulação da opinião pública pelas empresas e corporações.

Ainda, há uma sensação de fragilidade das relações pessoais e "do que realmente importa". Essa percepção atua como um pano de fundo constante para a discussão central, e parece configurar uma autêntica crise de valores. Os entrevistados tendem a supervalorizar o conceito genérico de "sustentabilidade", a demonizar o consumo, a se culpar pelo consumo exagerado. São frequentes as generalizações e a mescla de assuntos e conceitos. Fazem parte do mesmo discurso temas como consumo, sustentabilidade, ecologia, fazer o bem, justiça social, responsabilidade, conscientização, saúde, bem-estar, aquecimento global, espiritualidade.

Sustentabilidade não deve ser tratada como um caminho possível para as marcas e empresas. Na verdade, é o único caminho. Ou seja, não é uma opção. Não é nicho. Não é tendência. É realidade. Princípios éticos e verdes devem começar a fazer parte do posicionamento base das marcas, de seu DNA. A discussão não reside na questão de ser ou não sustentável e sim como integrar isso na missão e nos processos da empresa e como comunicar isso de forma eficiente para os consumidores.

(*) Seleção de trechos do artigo. Artigo disponível no blog www.divaoliveira.com.

Uma das formas cada vez mais empregadas pelas empresas que necessitam ter informações atualizadas e contextualizadas sobre o momento atual do mercado consumidor e seu potencial de desenvolvimento são os "Estudos de cenários contextuais", que fundamentam as chamadas "Pesquisas de tendências".

Realizados por institutos de pesquisa de ponta, por se tratar de uma área bastante específica, os estudos de cenários contextuais são bastante especializados e de grande complexidade – afinal, como fazer previsões genéricas ou simplistas em um mundo mutante, em uma realidade dinâmica, em constante e acelerada transformação?

Não basta, hoje, estar ciente do que ocorre, é preciso ter meios para analisar as informações disponíveis, de modo a subsidiar as ações a curto, médio e longo prazos – e, mais que tudo, estar alinhado com esse universo de mudanças, com uma visão ampla e atualizada.

Siqueira e Perez (2009, p. 201) apontam a necessidade de mudar também os parâmetros de avaliação, e argumentam que "o caminho possível para suportar o planejamento é o estudo ... dos movimentos que expressem valores, que guardam boa independência em relação à classe social ou mesmo segmentações psicográficas".

Nesse contexto, percebe-se o crescente interesse das empresas em conhecer seu consumidor e seu mercado por meio dos estudos de cenários contextuais, adaptando os aprendizados à realidade e especificidades de seu ramo de atuação.

O universo de consumo é dinâmico e dialético; ao detectar, por intermédio dos estudos de cenários contextuais, os padrões latentes que podem influenciar o consumo, as empresas planejam suas ações táticas e estratégicas, decodificando esses padrões em forma de apelos de propaganda, novos produtos ou benefícios.

Com isso, em um movimento de retroalimentação, que envolve a potencialização do poder das tendências e sua democratização, as empresas acabam dissiminando as tendências na sociedade e impactando os consumidores, que se identificam com os objetos dessas ações e alimentam novamente o sistema, introduzindo modificações e adaptações (Siqueira e Perez, 2009).

Pesquisa é notícia
Saiu na mídia

Em busca de valores (*)
Revista *Época* – 12/09/2005.
Ivan Padilha.

As pessoas buscam o novo. Procuram estar conectadas com os lançamentos tecnológicos, acompanhar os desfiles de moda, saber os bastidores das crises políticas. Ao mesmo tempo, estão saturadas de informação, desejam levar uma vida mais simples e resgatar valores do passado. Querem estar inseridas em uma comunidade e fazer parte de um grupo. Mas também preservam a individualidade e valorizam a exclusividade. Assim estão os homens e mulheres: divididos, em busca do equilíbrio, sem referências. Apontar essas dicotomias da sociedade é o trabalho da publicitária Raquel Siqueira, diretora de pesquisa qualitativa da Ipsos Brasil.

Época: O que é uma tendência?

Raquel Siqueira: *É um contexto amplo, uma conjuntura ligada a fenômenos econômicos, políticos e sociais, que duram anos e inspiram padrões de comportamento, movimentos e valores. As modinhas, as febres, mais efêmeras e fragmentadas são chamadas erroneamente de tendências, que são mais contínuas, mais duradouras. Além disso, uma tendência pode gerar muitas manifestações diferentes.*

Época: Para que serve saber quais são as tendências?

Raquel Siqueira: *As empresas trabalharam muito tempo de forma prática, resolvendo problemas específicos, fazendo pesquisas para o lançamento de determinado produto, para mudar uma embalagem e perderam a noção do todo. Entender a tendência é uma forma de antecipar o desejo do consumidor. ... O cidadão comum quer saber o que está usando, o que está na moda. Existe uma incessante procura por estar conectado, por saber antes o que vai acontecer. A partir daí, as pessoas formam sua identidade.*

Época: Onde se percebem as tendências?

Raquel Siqueira: *Trabalhamos com entrevistas com formadores de opinião, pesquisas, bibliografia. Lemos os historiadores atuais, contemporâneos. São muitas fontes, muitos dados ... a avalanche de informações é enorme*

Época: As tendências não podem vir de cima? Até que ponto a indústria impõe sua vontade?

Raquel Siqueira: *A tendência pode vir de todos os lados. É preciso sensibilidade para entender quando ... um movimento é espontâneo. A informação precisa ser sistematizada, monitorada, checada, embasada, para se ver até que ponto é fidedigna.*

(*) seleção de trechos da entrevista. Disponível no blog www.divaoliveira.com.

Finalizando, não há como não concordar com as palavras de Miller e Walkowski (2004, p. 106) a respeito da postura que os pesquisadores devem ter quanto às novas alternativas e exigências do momento:

O que fazer frente à mudança? Adaptar-se e acomodar-se. Como se deve responder à nova mídia? Usá-la de forma criativa para incrementar a comunicação e pesquisa. Aceitar novas tecnologias, nas áreas em que elas possam atuar. Estar abertos para uma variedade de métodos, tanto on-line como off-line. Reconhecer que, a despeito das várias formas que temos para comunicar e colaborar, devemos continuar a buscar melhores maneiras de entender uns aos outros.

 # Resumo

Pesquisa no século XXI

- O mundo contemporâneo implica novos valores, ligados a conceitos como cooperação, interatividade, compartilhamento, comunidade e construção coletiva do conhecimento
- A crescente complexidade das pessoas e cenários, associada à popularização da presença da internet, leva a necessidades e expectativas diferenciadas de pesquisa de mercado: maior interesse por análises qualitativas e abrangentes, desenvolvimento de metodologias on-line e com base nas mídias sociais, abordagem multidisciplinar apoiada na triangulação metodológica e interesse pelos estudos de tendências e de cenários contextuais.
- De uma forma mais profunda, observa-se a crescente importância da pesquisa de mercado como parte integrante do conceito de inteligência competitiva e de mercado.

Mídias digitais	Bricolagem/Triangulação	Tendências e cenários contextuais
• Crescimento das pesquisas usando a internet como meio de coleta de dados e objeto de estudo. • As manifestações das pessoas no mundo digital, principalmente nas mídias sociais, têm sido alvo de monitoramento das empresas e marcas.	• Abordagem multidisciplinar, que combina várias estratégias de pesquisa em uma mesma investigação ou projeto, para aprofundar e complementar as informações. • A triangulação pode ocorrer em termos de métodos, público, tempo, locais, profissionais e teorias.	• Propiciam uma visão integrada do mundo atual, desde as macroconjunturas políticas, econômicas e sociais, até o estudo em profundidade dos valores, padrões comportamentais, e a movimentação cultural em suas várias manifestações.

15

Ética e qualidade

Hoje, as empresas de pesquisa de mercado passaram a ser reconhecidas como parceiros estratégicos de seus clientes. Esse é um grande salto. Passamos de fornecedor de dados para porta-voz do consumidor dentro das organizações, e isso nos traz uma responsabilidade enorme.

Mais do que quali e quanti, do cálculo amostral e do desenho da pesquisa, o pesquisador precisa entender o negócio do seu cliente, o seu mercado, os seus desafios e a economia do país. Só assim poderemos, de fato, entregar insights e recomendações acionáveis que façam a diferença.

– Beatriz Arbex
Managing Director – Brasil – TNS Research International – São Paulo

15.1 Importância da ética e qualidade

Com o objetivo de ter informações de qualidade, a atividade de pesquisa de mercado é regida por um código de ética que deve ser seguido por todos que a exercem, independente de ser uma empresa de pesquisa, um pesquisador independente ou um estudante realizando um projeto de pesquisa de mercado.

A Abep – Associação Brasileira das Empresas de Pesquisa de Mercado adota o Código de Ética da ICC – Câmara Internacional de Comércio/Esomar para a pesquisa de mercado e a pesquisa social. Sua publicação na íntegra pode ser encontrada no site da Abep (www.abep.org).

A Abep conta com um conselho de autorregulamentação, formado por um presidente e seis conselheiros, que foram responsáveis pela elaboração do código de autorregulamentação da atividade de pesquisa. Esse código funciona como um órgão de orientação das melhores práticas da atividade, visando cumprir as bases do código de ética da atividade. Consulte o site da Abep para mais detalhes.

Além do Código de Ética da ICC/Esomar para pesquisa de mercado, as pesquisas devem ser feitas de acordo com a legislação estabelecida para a pesquisa de mercado, válida para todo o território brasileiro, e, especialmente, observando as exigências estabelecidas para a divulgação de prévias eleitorais.

A atividade de pesquisa de mercado também deve seguir a legislação referente à proteção e privacidade de dados e à justa concorrência.

15.2 Ética e qualidade na prática da pesquisa de mercado

15.2.1 Ética do patrocinador

Os objetivos da pesquisa e o Padrão de Ação devem ser claramente expostos pelo patrocinador da pesquisa.

Existe uma regra de confidencialidade entre o patrocinador e todos os envolvidos na execução da pesquisa.

Se os propósitos não estão claros ou se informações distorcidas e viesadas foram consideradas no planejamento da pesquisa, seus resultados também estarão distorcidos e, muito provavelmente, não serão acionáveis de forma adequada.

O patrocinador da pesquisa deve se responsabilizar pelo fornecimento de todo o material necessário para a realização da pesquisa: quantidade de produtos necessária para o teste nas especificações solicitadas; filmes de propaganda e outros estímulos nas especificações solicitadas; dados secundários sobre o mercado; dados sobre investimentos publicitários etc.

15.2.2 Ética no relacionamento com fornecedores

Entende-se como "fornecedores" toda a cadeia de produção envolvida na realização do projeto de pesquisa: desde as empresas de coleta de dados, processamento, recrutamento, até os vários profissionais envolvidos – analistas, equipe de coleta de dados, codificação, processamento, recrutamento, infraestrutura de salas e gravações etc.

Toda a cadeia de produção do projeto de pesquisa deve ser treinada e orientada para a realização da pesquisa dentro dos objetivos e padrões definidos para sua realização. É importante também manter um relacionamento de conduta ética para a garantia da qualidade do trabalho final.

O brief deve ser comunicado de forma bastante transparente e verdadeira para que os cálculos de custos de produtividade sejam realistas e não causem problemas financeiros para nenhuma das partes envolvidas.

15.2.3 Ética no uso e propriedade da informação

Para evitar o uso indevido da informação é necessário considerar que os resultados da pesquisa são de propriedade do cliente patrocinador da pesquisa.

Qualquer divulgação da informação precisa da autorização do cliente e deve ser aprovada previamente.

A divulgação da informação deve se manter fiel aos propósitos da pesquisa e informar os dados básicos de metodologia da pesquisa (público-alvo, amostra, amostragem, forma de coleta de dados etc.), as áreas geográficas onde a pesquisa foi realizada e a época de realização dos trabalhos de campo.

15.2.4 Ética do fornecedor da pesquisa

Os fornecedores das várias etapas de realização da pesquisa devem manter sigilo sobre o patrocinador da pesquisa, a fim de preservar a idoneidade e a autenticidade das informações.

Um documento deve ser preparado especificando os detalhes para a execução da pesquisa: forma de coleta da informação, tamanho da amostra, composição da amostra, critérios de amostragem etc.; e o fornecedor precisa seguir rigidamente as especificações desse documento na execução da pesquisa, tomando a responsabilidade pela execução não apropriada ou não concordada com o cliente.

O cliente deve ser informado, com antecedência, quando qualquer parte do trabalho for subcontratada.

Quando o pesquisador realiza trabalhos para clientes diferentes na mesma categoria e/ou área de atuação, deve evitar conflitos de interesse e alocar equipes diferenciadas de atendimento para cada cliente.

15.2.5 Ética na relação com os pesquisados/entrevistados

As informações obtidas dos entrevistados, tanto de pesquisas qualitativas como quantitativas, não devem ser individualizadas ou identificadas. O anonimato dos entrevistados precisa ser estritamente preservado.

Nas pesquisas quantitativas, essas informações serão tratadas como dados agrupados ou conjunto de dados, sujeitos a tratamentos estatísticos. Mesmo quando analisamos as respostas a um questionário específico, a identificação do respondente deve ser resguardada.

Nas pesquisas qualitativas, a identificação de um verbatim deve ser feita apenas referindo-se a dados de perfil. Por exemplo: mulher, classe C, de 30 a 40 anos de idade.

A participação do entrevistado na pesquisa é feita de forma totalmente voluntária; portanto, deve-se considar um relacionamento bastante transparente como base para a entrevista, e ser honesto quanto ao tempo de duração da entrevista; não se deve prometer brindes ou incentivos quando eles não existem etc.

Se a pesquisa tem como objetivo identificar o agente da informação (quem respondeu o que), é necessário solicitar a autorização para a divulgação, e o entrevistado deve ser informado para quem a informação será fornecida e com quais objetivos.

O entrevistado deve ter a garantia de que sua informação não será usada para nenhum propósito ou atividade alheio à pesquisa.

15.2.6 Ética e direitos dos pesquisados/entrevistados

Deve-se dar o direito à total garantia sobre a privacidade e segurança das informações dadas pelos entrevistados. As informações serão utilizadas apenas e somente para os propósitos da pesquisa.

Observando a questão da privacidade, temos assegurado também o aspecto da segurança. É muito comum o grande receio de informar dados sobre renda, finanças e investimentos, e a quebra do compromisso de sigilo, privacidade e segurança pode comprometer totalmente a realização de pesquisas para o mercado financeiro, por exemplo.

Os respondentes não podem ser prejudicados em função da sua participação na pesquisa ou em consequência de alguma informação declarada na pesquisa.

O entrevistado tem direito de ser informado sobre os objetivos da pesquisa; portanto, os objetivos da pesquisa devem ser informados nos seus aspectos mais gerais: qual a área de atuação do patrocinador da pesquisa, como, por exemplo, fabricante de produtos alimentícios, ou os objetivos gerais, tais como avaliar os serviços, falar sobre as marcas etc.

Cabe ao pesquisado o direito de recusa das respostas; portanto, o entrevistador deve lembrar sempre que a participação dos entrevistados é totalmente voluntária e, assim, é necessário respeitar se o entrevistado se recusa a responder a determinada pergunta, ou mesmo o questionário.

Os respondentes devem ser informados se algumas técnicas de observação ou equipamentos de gravação serão usados nas entrevistas.

15.2.7 Ética para entrevistar crianças

A definição de criança deve variar de acordo com a legislação de cada país, mas, na falta desta definição, a Esomar define como crianças os indivíduos "menores de 14 anos".

Para entrevistar este target deve-se solicitar a autorização de um responsável pelo menor, e, de preferência, a entrevista deve ser realizada com a sua presença.

Não se aconselha entrevistar crianças que ainda não sejam alfabetizadas. As informações sobre este público devem ser obtidas junto aos pais ou responsáveis.

15.2.8 Ética com relação a categorias que exigem idade mínima legal

Para categorias como cigarros, bebidas alcoólicas e automóveis, deve-se respeitar a legislação local em termos da idade legal mínima para a categoria; não entrevistar, em hipótese alguma, as pessoas com menos de 18 anos completos.

15.3 Padrões de ética e qualidade para pesquisas qualitativas

As salas de espelho ou circuito integrado de TV, especialmente montadas e equipadas para a realização de Entrevistas em Profundidade e Discussões em Grupo, e a presença da equipe de observação, que inclui também os clientes da pesquisa, devem ser apresentadas e informadas aos participantes.

Tratando-se de uma pesquisa na qual há a possibilidade de o cliente identificar a pessoa participante da pesquisa (exemplo: pesquisas com público interno ou funcionários), não se deve permitir que o cliente participe da observação.

Para garantia da idoneidade dos participantes, deve-se observar que os nomes dos potenciais participantes sejam submetidos ao CRQ da Abep e, depois da pesquisa efetivada, tenham seus nomes incluídos no banco de dados. Esta base de dados identifica o respondente e os respectivos documentos de identificação, informa sobre algum tipo de inconsistência e também comunica a última data de participação do respondente em pesquisas qualitativas.

Deve-se manter no CRQ o registro dos entrevistados e a informação sobre a categoria de produto sobre o qual se refere a pesquisa em que participaram.

15.4 Legislação para pesquisas de opinião pública

As pesquisas de opinião pública seguem os mesmos padrões éticos e de qualidade utilizados em pesquisa de mercado.

Considerando-se, no entanto, que a maioria das pesquisas de opinião pública e, mais especificamente, as de prévias eleitorais são feitas para divulgação, alguns pontos mais específicos devem ser detalhados e reforçados.

A divulgação das pesquisas de opinião pública na mídia deve seguir a legislação local, garantindo uma reprodução fiel dos resultados obtidos na pesquisa.

A legislação local para a realização de pesquisas de prévias eleitorais considera que estas devem ser registradas no TRE – Tribunal Regional Eleitoral.

Para a realização e divulgação de pesquisas de prévias eleitorais, devem ser consideradas as exigências estabelecidas na Lei nº 7.773, de 8 de junho de 1989, que especifica em seu artigo 26:

"As entidades ou empresas que realizarem prévias, pesquisas ou testes pré-eleitorais ficam obrigadas a colocar à disposição de todos os Partidos Políticos, com candidatos registrados para o pleito, os resultados obtidos, bem como informações sobre métodos utilizados e fonte financiadora dos respectivos trabalhos.

1º As pesquisas, prévias ou testes pré-eleitorais, divulgados por qualquer meio de comunicação, devem conter plano amostral definido e obedecer a padrões metodológicos universalmente aceitos, asseguradas aos Partidos Políticos a que se refere o *caput* deste artigo as seguintes informações:

I – período e método para a realização de trabalho;

II – número de pessoas ouvidas em cada bairro ou localidade;

III – plano amostral e peso ponderado no que se refere a sexo, idade, grau de instrução, nível econômico e área física de realização do trabalho;

IV – nome do patrocinador do trabalho;

V – controle e verificação da coleta de dados e do trabalho de campo;

2º Fica vedada, nos 30 (trinta) dias anteriores à data da eleição em primeiro turno e nos 10 (dez) dias anteriores à do segundo turno, a divulgação de quaisquer pesquisas, prévias ou testes pré-eleitorais, relativamente à eleição presidencial de que trata esta Lei.

3º Ficam proibidos, no dia do pleito, até às 19 (dezenove) horas, quaisquer noticiários de televisão e radiodifusão referentes a candidatos e ao comportamento de eleitores.

4º Os responsáveis pela realização das pesquisas referidas neste artigo e os órgãos que as divulgarem deverão adotar providências eficazes para garantia da idoneidade, rigor metodológico, lisura e veracidade das mesmas, constituindo a omissão crime eleitoral, com as penas cominadas no art. 354 da Lei nº 4.737, de 15 de julho de 1965 – Código Eleitoral."

15.5 Ética na divulgação de pesquisas de mercado, opinião e mídia

Independente das características e dos objetivos da pesquisa, quando se trata de divulgação de resultados, as seguintes informações devem constar da divulgação de toda e qualquer pesquisa de mercado, opinião e mídia:

- Empresa responsável pela pesquisa.
- Nome do patrocinador.
- Universo que a pesquisa representa, tamanho da amostra, erro amostral e cobertura geográfica.
- Data da coleta de dados.
- Detalhamento da pergunta reproduzindo exatamente a formulação.
- Porcentagem de respostas "não sabe" ou "não respondeu" que possa afetar a interpretação dos resultados.
- Restrição da descrição dos dados, evitando adjetivos e interpretações mais subjetivas.

15.6 Atividades alheias à área de pesquisa

Este é um tópico bastante sensível, ao qual é muito importante estarmos atentos, para que sejamos os guardiões da ética e qualidade, buscando a preservação e a sustentabilidade da própria atividade.

Abaixo, a transcrição do Código de Ética ICC/Esomar para Pesquisa de Mercado e Pesquisa Social.

"Regra 15: Os tipos de "atividade alheia a pesquisa" que não devem de nenhuma forma estar associados com a realização da pesquisa de mercado incluem:

- Pedidos de informação com o objetivo de obter dados pessoais por si mesmos, para fins legais, políticos, de supervisão (por exemplo, desempenho do trabalho), particulares ou outros.
- Coleta de informações para fins de avaliação de crédito ou similares.
- Compilação, atualização ou aumento de listas, registros ou banco de dados que não se destinem exclusivamente para fins de pesquisa (por exemplo, os que serão usados para marketing direto).
- Espionagem industrial, comercial ou qualquer outra forma.
- Abordagens de vendas ou promocionais para entrevistados.
- Cobrança de dívidas.
- Arrecadação de fundos.
- Tentativas diretas ou indiretas, incluindo através do plano do questionário, de influenciar opiniões, atitudes ou comportamentos de um entrevistado em qualquer questão.

Algumas dessas atividades – em particular a coleta de informação para banco de dados com uso posterior em marketing direto ou operação similar – são atividades legítimas de marketing em seu direito próprio. Pesquisadores (principalmente os que trabalham na empresa de um cliente) podem muitas vezes estar envolvidos com tais atividades, de modo direto ou indireto. **Em tais casos é essencial que se faça uma distinção clara entre essas atividades e a pesquisa de mercado, visto que por definição as regras de anonimato da pesquisa de mercado não podem se aplicadas a elas.**

Podem surgir situações nas quais um pesquisador deseje, de modo bastante legítimo, participar do trabalho de banco de dados para fins de marketing direto (diferente da pesquisa de mercado): **tal trabalho não deve ser realizado com o nome de pesquisa de mercado ou de organização de pesquisa de mercado como tal.** A diretiva da Esomar com respeito às diferenças entre pesquisa por telefone e telemarketing está sendo revisada para tratar dessas questões."

15.7 Outros guias disponíveis no site da Abep

As Diferenças entre a Pesquisa de mercado e Marketing Direto
Pesquisa de Opinião
Entrevistas com Jovens e Crianças
Mystery Shopping
Gravação em Fita ou Vídeo para a Monitoração de Entrevistas e Discussões em Grupo

Pesquisa de Mercado na Indústria Farmacêutica
Orientações Esomar para Pesquisas em Redes Sociais

Resumo

Sugestões de pontos a serem discutidos considerando-se as questões éticas envolvidas na atividade de pesquisa de mercado

1, Uso de listagens com nomes e telefones adquiridos no momento de um contato comercial, venda, cadastro de clientes de bancos, o qual tem conta bancária, conta de telefone celular etc.

2. Pesquisa Mystery Shopping ou comprador misterioso: o entrevistador simula uma compra para avaliar como é feito o atendimento; quais são os argumentos usados; verificar se o treinamento está sendo seguido etc. O procedimento pode ser usado para avaliar o concorrente? O avaliado deve ser avisado? Como deve ser feito para continuar dentro dos padrões de ética sem afetar a qualidade dos resultados?

3. Uso de pesquisa para contatos posteriores para venda. Levantamento de perfil e potencial para posterior abordagem de vendas. Como se enquadra este tipo de prática? Como deve ser feito?

Classificação econômica

Classificação econômica e os dados derivados são variáveis-chave da segmentação de mercado, um dos fundamentos da atividade de Marketing que identifica grupos homogêneos de consumidores, dentro de um universo heterogêneo, para nortear o desenvolvimento de uma proposta de venda única e exclusiva.

A globalização e a evolução tecnológica impulsionaram a internacionalização do Marketing e também transformaram o ser humano num consumidor muito mais complexo e segmentado. Para conquistá-lo é necessário conhecê-lo não somente como comprador de bens e serviços, mas também como pessoa, de modo holístico, dirigindo o foco da análise mais para a busca de semelhanças do que diferenças entre os consumidores. Assim, as empresas conseguem desenvolver marcas globais e ao mesmo tempo atendem nichos específicos de mercado.

A atividade de pesquisa está se adaptando a este mundo novo, do mesmo modo que seus clientes transnacionais, incluindo nos seus objetos de estudo o monitoramento de tendências sociais e de mercado e influindo no desenvolvimento de inovação.

Este novo papel estratégico exige do pesquisador, além de conhecimento técnico, competências na área da criatividade e insight-foresight (antevisão, predição). É o profissional que desponta como o mais apto para assumir os desafios neste novo contexto.

Dulce Mantella Perdigão
Sócia-gerente e consultora da Test of the Future – São Paulo

16.1 Histórico do critério de classificação econômica

O Brasil foi um país pioneiro no uso de critérios padronizados de classificação econômica. Muitos países mais desenvolvidos em pesquisa ainda não tinham um critério formalizado e usado de forma padrão pelo mercado, quando o Brasil começou a estudar a necessidade de haver um critério de classificação econômica.

Até 1969, cada instituto de pesquisa desenvolvia e usava um critério diferente. Algumas empresas também desenvolviam e usavam critérios próprios, especialmente desenhados para atender à necessidade de cada um delas. Esta falta de padronização praticamente impedia as comparações entre informações originárias de fontes diferentes e em épocas distintas de coleta de dados.

Histórico: cronologia do critério

- **1970** – o critério da Associação Brasileira de Anunciantes (ABA), trazia uma divisão em quatro classes sociais, com um sistema de pontos estabelecidos de forma arbitrária baseado na posse de bens (oito itens), presença de empregada doméstica e grau de instrução do chefe de família.

- **1974** – subdivisão das quatro classes em oito.

- **1976** – criação da Associação Brasileira dos Institutos de Pesquisa de Mercado (Abipeme) e a formulação do primeiro critério ABA–Abipeme, baseado em uma revisão do anterior, adotando agora cinco classes.

- **1979** – novo critério ABA-Abipeme, com um sistema de cinco classes, construído com base em análise estatística.

- **1991** – coexistência de dois critérios Abipeme e ABA-Anep, com a fundação de uma nova entidade de pesquisa: a Associação Nacional das Empresas de Pesquisa (Anep).

- **1997** – homologado o *Critério Brasil* pelas três associações representando os anunciantes e a pesquisa de mercado: a Associação Brasileira de Anunciantes (ABA), a Associação Nacional das Empresas de Pesquisa (Anep) e a Associação Brasileira dos Institutos de Pesquisa de Mercado (Abipeme).

- **2002, 2005/2006** – uma comissão de pesquisadores representando diversas entidades fizeram revisões no critério e concluíram que a base ainda funcionava, mas pedia uma revisão mais sistemática.

- Desde então, o *Critério Brasil* passa por revisões que vão sendo incorporadas nos levantamentos de dados feitos pelas empresas de pesquisa ligadas à Associação Brasileira das Empresas de Pesquisa (Abep), a entidade guardiã do critério. A última atualização foi feita em 2008, e desde então são feitas revisões constantes para adequar às novas condições.

Consulte sempre o padrão mais atualizado no site da Abep, disponível em: <www.abep.org>.

16.2 Importância e objetivos do Critério de Classificação Econômica Brasil (CCEB)

1. Ter um sistema de pontuação padronizado que seja um eficiente estimador da capacidade de consumo.

   O sistema de pontos é o mais simples e menos sujeito a erros de avaliação do entrevistador ou viés de avaliação subjetiva do entrevistador. Aplicado de forma padronizada em todas as pesquisas e no âmbito nacional permite que os resultados de diferentes pesquisas sejam comparáveis.

   Apesar de o critério incluir alguns indicadores de natureza social como é o caso de grau de escolaridade, todos os itens do critério devem ser considerados como indicadores de capacidade de consumo.

2. Discriminar grandes grupos de acordo com sua capacidade de consumo de produtos e serviços acessíveis a uma parte significativa da população.

   O critério não pretende identificar grupos muito segmentados e raros na população. Para grupos de muito baixa incidência devem ser considerados outros tipos de abordagem para sua localização e identificação.

   O menor segmento que se pretende identificar corresponde a 1% dos domicílios em termos de capacidade de consumo.

   Para a realização de pesquisas qualitativas deve-se considerar e adicionar outras particularidades. Detalhes para a pesquisa qualitativa estão no item 16.4.

3. Classificar os domicílios, assumindo como pressuposto que a classe é uma característica familiar.

   O pressuposto é que o padrão familiar é a referência para a capacidade de consumo dos vários elementos da mesma família. "A ideia é classificar os domicílios e não os indivíduos em grandes grupos, assumindo que a classe é uma característica familiar", como dizem os autores do "Critério de Classificação Econômica do Brasil", publicado pela Abep.

4. Utilizar informações objetivas e precisas, de fácil coleta e operacionalização.

   Os itens avaliados são de fácil operacionalização, são concretos e objetivos, sem possibilidade de viés da subjetividade do entrevistador. Devem implicar respostas de conhecimento de qualquer membro da família e que possam ser fornecidas em qualquer situação de entrevista.

   São itens mais relacionados a bens de consumo de massa, com uma curva de consumo já amadurecida para se conseguir uma estabilidade do critério a médio e longo prazos. Foram excluídos, portanto, os bens em fase de crescimento acelerado que deixariam o critério instável, sujeito a revisões mais constantes, perdendo a padronização.

5. A padronização do critério implica uniformidade geográfica e estabilidade ao longo do tempo.

   O critério considerou itens que não representem um consumo sazonal ou um consumo regional ou itens relativos a padrões de natureza cultural específica de determinados segmentos. Este é o caso do ar-condicionado, que é um item com prioridades diferentes nas várias regiões do Brasil, em função do clima, e não foi considerado no critério.

Alguns itens de conforto doméstico se desatualizam muito rapidamente em função do ciclo de vida, evolução e características de consumo aspiracional. Tomou-se o cuidado de buscar itens para os critérios que tivessem certa perenidade e estabilidade.

6. Base de dados usada para a elaboração do CCEB.

A elaboração e as análises estatísticas para a atualização do CCEB usa a base de dados do Levantamento Socioeconômico (LSE) do Ibope, que é constantemente atualizado e mapeia as características sociais, demográficas e econômicas das famílias.

O Levantamento Socioeconômico (LSE) é realizado pelo Ibope em 11 mil domicílios, nas nove principais regiões metropolitanas do país: Fortaleza, Recife, Salvador, Belo Horizonte, Rio de Janeiro, São Paulo, Curitiba, Porto Alegre e Brasília.

Com base neste levantamento, vários itens já foram excluídos porque perderam sua capacidade de discriminação da capacidade de consumo, tais como as linhas telefônicas por exemplo.

7. O Critério Brasil CCEB usa o critério da posse de bens e instrução do chefe de família para definir classe econômica e *estimar* a renda familiar que geralmente é difícil de ser coletada por razões das mais diversas. Portanto, a renda média atribuída ao Critério Brasil é uma estatística conferida à classe econômica. O CCEB é um critério econômico de capacidade de consumo, e não de renda.

16.3 Padrões e referências para uso do CCEB

Perguntas padrão para classificação econômica

O quadro a seguir é o modelo básico que deve ser incluído nos questionários para se obter a classificação econômica dos entrevistados.

O(a) sr.(a) tem em casa	Não tem	Quantidade de Itens			
		1	2	3	4 +
Televisor em cores?	0	1	2	3	4
Rádio	0	1	2	3	4
Banheiros	0	4	5	6	7
Máquina de lavar roupa	0	2	2	2	2
Empregada doméstica	0	3	4	4	4
Automóveis de passeio	0	4	7	9	9
Videocassete ou DVD	0	2	2	2	2
Geladeira	0	4	4	4	4
Freezer	0	2	2	2	2

Até que ano da escola o chefe da família cursou?	Chefe da Família
Analfabeto/ Até 3ª série Fundamental/ Até 3ª série 1º Grau	0
Até 4ª série Fundamental / Até 4ª série 1º Grau	1
Fundamental completo/ 1º Grau completo	2
Médio completo/ 2º Grau completo	4
Superior completo	8
Total de pontos	

Tabela de pontos para classificação

A1	(42 a 46 pontos)
A2	(35 a 41 pontos)
B1	(29 a 34 pontos)
B2	(23 a 28 pontos)
C1	(18 a 22 pontos)
C2	(14 a 17 pontos)
D	(08 a 13 pontos)
E	(00 a 07 pontos)

Não deixe de consultar o Critério de Classificação Econômica no site da Abep, onde há todos os detalhes sobre as definições de cada uma dessas variáveis e os critérios para avaliação; por exemplo: Rádio de automóvel é considerado? E os equipamentos quebrados? E os alugados ou emprestados? O freezer do duplex é considerado freezer?

Tabela 16.1

Perfil das regiões metropolitanas brasileiras segundo a classe econômica										
Classe	Gde. Fort.	Gde. Rec.	Gde. Salv.	Gde. BH	Gde. RJ	Gde. SP	Gde. Cur.	Gde. POA	DF	Total Brasil
A1	0,2%	0,6%	0,5%	0,6%	0,2%	0,4%	0,4%	0,2%	1,9	0,5
A2	2,3%	1,6%	2,3%	5,1%	3,0%	4,6%	6,2%	4,8%	7,2	4,0
B2	6,3%	4,6%	6,1%	7,8%	7,7%	11,0%	12,9%	9,4%	14,1	9,1
B1	8,7%	10,9%	13,4%	17,5%	18,9%	23,3%	23,5%	20,7%	22,0	19,3
C1	17,1%	17,9%	19,2%	25,8%	28,9%	28,0%	24,4%	27,0%	22,3	25,6
C2	28,5%	29,5%	33,1%	23,1%	23,8%	20,1%	18,7%	23,2%	19,8	23,2
D	31,8%	30,8%	23,3%	19,7%	17,2%	12,1%	13,2%	13,3%	12,6	17,1
E	5,1%	4,1%	2,2%	0,5%	0,3%	0,5%	0,9%	1,5%	0,3	1,1

Fonte: Abep – CCEB.

Tabela 16.2

Renda média familiar por classes econômicas	
Classes econômicas	Renda média familiar 2009 Valor bruto em R$
Classe A1	11.480
Classe A2	8.295
Classe B1	4.754
Classe B2	2.656
Classe C1	1.459
Classe C2	962
Classe D	680
Classe E	415

Fonte: Abep – CCEB.

16.4 A questão da classe econômica em pesquisas qualitativas

Os critérios para classificação econômica dos participantes de pesquisa qualitativa precisam ser mais elaborados que os utilizados em outros tipos de pesquisa. O Critério Brasil é usado para classificar genericamente grandes massas de pessoas, e isoladamente não contempla todas as nuances envolvidas nesse quesito, quando se pensa em cada indivíduo separadamente.

Em pesquisa qualitativa, pelo fato de trabalharmos com amostras reduzidas e número limitado de respondentes, precisamos ter certeza de que cada um deles responde adequadamente às características planejadas para os participantes do projeto, o que é especialmente difícil quando se trata da classe econômica.

Em especial nas abordagens em grupo, é importante que as pessoas tenham pontos em comum em relação ao padrão social e cultural, além de nível financeiro semelhante, para que haja grupos homogêneos, garantindo a comunicação e empatia entre os participantes.

Por isso, além de utilizar o sistema de pontuação do Critério Brasil, nas amostras qualitativas em geral acrescentam-se exigências adicionais, para que se tenha maior sensibilidade quanto ao perfil econômico e ao nível sociocultural de cada entrevistado. Isso é particularmente importante quando se trata de classes mais altas, mas também ocorre quando se avalia o perfil de pessoas nos estratos de maior mobilidade social, como as classes populares ascendentes.

Por exemplo, duas pessoas, com a mesma pontuação, podem ser muito diferentes no seu padrão de vida, hábitos de consumo, preferências e aspirações, dependendo do local de moradia e grau de instrução.

Nesse sentido, fatores ligados ao estilo de vida do entrevistado muitas vezes têm mais peso que a pontuação propriamente dita, e pode ser interessante considerar também dados como o nível de escolaridade, frequência a clubes, viagens, hábitos culturais, de lazer e de mídia.

Assim, no contexto da pesquisa qualitativa, a questão do nível econômico se coloca de forma específica, e o importante é incluir questões no recrutamento que garantam que cada pessoa reflita seu estrato socioeconômico de uma forma global, em termos de hábitos e padrão de vida.

Pesquise na internet

- Visite o site da Abep e consulte dados atualizados a respeito do Critério Brasil. Mudou alguma coisa em relação ao que está exposto aqui? Quando houve uma atualização?
- É comum ouvirmos alguns comentários de pessoas sobre esse assunto – e esses comentários deixam claro que elas não entenderam o porquê dos itens de classificação econômica adotados no Critério Brasil, nem a relevância do seu uso. Discuta o tema com o professor e colegas, imaginando como vocês defenderiam, diante dessas pessoas, a necessidade da utilização desse critério nas pesquisas de mercado.

Referências

Bibliografia

AAKER, David; KUMMAR, V.; DAY, George S. *Pesquisa de marketing*. São Paulo: Atlas, 2001.

ALMEIDA, Pergentino. Revisão da metodologia das discussões em grupo. *European Research*, vol. 8 n. 3, maio de 1980 .Traduzido por Dilma de A. M. de Almeida e Sílvia M. de Aquino.

ARATANGY, Victor Leão Ferreira. In: HERLINGER, Max, PERDIGÃO, Dulce, WHITE, Oriana (orgs). *Teoria e prática da pesquisa aplicada*. São Paulo: Campus/Elsevier, 2012.

BAUER, Martin; GASKELL, George. *Pesquisa qualitativa com texto, imagem e som*. Petrópolis: Vozes, 2002.

BAUMAN, Zygmunt. *Modernidade íquida*. São Paulo: Zahar, 2001.

BRADLEY, Nigel. *Marketing research – tools & techniques*. Nova York: Oxford University Press, 2010.

CANEVACCI, Massimo. *A cidade polifônica*. São Paulo: Nobel, 2000.

CARMO, Alfredo. A evolução da pesquisa qualitativa. *Meio e Mensagem*, p. 8-13, 1993.

CAVALLARI, Marcia N. Pesquisa quantitativa: o império dos números. In: FIGUEIREDO, Malin (Org.). *A conquista do voto: como agem os especialistas nas campanhas eleitorais*. São Paulo: Brasiliense, 1994.

CAVALLARI, Marcia N. O papel das pesquisas. In: FIGUEIREDO (Org.). *Marketing político e persuasão eleitoral*. São Paulo: Fundação Konrad Adenauer – Centro de Estudos, 2000.

CAVALLARI, Marcia N. Pesquisa quantitativa. In: GRANDI, MARINS, FALCÃO (Org.). *Voto é marketing... o resto é política*. Coleção Comunicação e Marketing da Associação Brasileira de Consultores Políticos. São Paulo: Edições Loyola, 1992.

CHAKRAPANI, Chuck; DEAL, Ken. *Modern marketing research step-by-step*. Revised Edition, 2011. E-book – Disponível em: <www.chuckchakrapani.com> Acesso em: 15 jul. 2011.

CHANDLER, Jon; OWEN, Mike. *Developing brands with qualitative market research*. Londres: Sage Publications, 2003.

CHRZANOWSKA, Joanna. Interviewing groups and individuals. In: *Qualitative market research*. Londres: Sage Publications, 2003.

COOPER, Peter. *Search of excellence: the evolution and future of qualitative research*. Berlin: Esomar Congress, 2007.

DENZIN, Norman K.; LINCOLN, Yvonna S. *The sage handbook of qualitative research*. 3. ed. Londres: Sage Publications, 2005.

DESAI, Philly. *Methods beyond interviewing in qualitative market research*. Londres: Sage Publications, 2003.

EREAUT, Gill. Evolution and revolution in qualitative research. *Admap Magazine*. October, 2004, Issue 454.

_____. *Analysis and Interpretation in qualitative market research*. Londres: Sage Publications, 2003.

FOGAÇA, Jôse. Pesquisa de mercado. In: PEREZ, BARBOSA (Ed.). *Hiperpublicidade*. São Paulo: Cengage Learning, 2008.

FREIRE, Magali. *Curso de introdução à pesquisa de mercado. São Paulo:* Abep, 2004.

GORDON, Wendy. *Goodthinking: a guide to qualitative research*. Londres: Admap Publications, 1999.

GREENER, Sue. *Business research methods*. E-book. Dr Sue Greener & Ventus Publishing. ApS, 2008 – Disponível em: </www.bookboon.com>. Acesso em: 19 jul. 2011.

HAGUE, Paul; HAGUE, Nick; MORGAN, Carol-Ann. Market research. In: *Practice – A guide to the basis*. Londres: MRS Kogan Page, 2009.

HAIR, Joseph; BUSH, Robert; ORTINAU, David. *Marketing.Marketing research: within a changing information environment*. 2.ed. E-book – The McGraw–Hill. Companies, 2002.

HAMILTON, Jack. *What is marketing research?* Amsterdam: Esomar, 1989.

HERLINGER, Max, PERDIGÃO, Dulce, WHITE, Oriana (orgs). *Teoria e prática da pesquisa aplicada*. São Paulo: Campus/Elsevier, 2012.

IMMS, Mike; EREAUT, Gil. *An introduction to qualitative market research*.

Londres: Sage, 2003.

IMMS, Mike. The theory of qualitative market research. In MARKS, Laura. (ed.). *Qualitative research in context*, Londres: NTC Publications, 2000.

KEEGAN, Sheila. *Qualitative research: good decision making through understanding people, culture and markets*. Londres: MRS – Kogan Page, 2009.

KOTLER, Philip. *Administração de marketing*. São Paulo: Prentice Hall, 2000.

KUHAGEN, Ilka; HAF, Corette. *How global is your village?* QRCA Views, Spring, 2008.

LANGER, Judith. *The mirrored window: focus roups from a moderator's point of view*. Nova York: PMP, 2001.

LILLIS, Geraldine. *Delivering results in qualitative market research*. Londres: Sage Publications, 2003.

LIPOVETSKY, Gilles; CHARLES, Sebastien. *Os tempos hipermodernos*. São Paulo: Barcarolla, 2004.

MALHOTRA, Naresh. *Pesquisa de marketing: uma orientação aplicada*. Porto Alegre: Bookman, 2012.

MARIAMPOLSKI, Hy. *Ethnography for marketers*. Londres: Sage Publications, 2005.

_____. *Qualitative marketing research: a comprehensive guide*. Londres: Sage Publications, 2001.

MATTAR, Fauze Najib. *Pesquisa de marketing*, 3ª ed. Edição compacta. São Paulo: Editora Atlas, 2001.

MATIAS, Lilian; SEQUEIRA, Ana Patricia. *Decodificando* as necessidades digitais . *Congresso Abep*, São Paulo, 2010.

McDANIEL, Carl; GATES, Roger. *Pesquisa de marketing*. São Paulo: Pioneira Thomson, 2003.

McNEIL, Ruth. *Business to business market research : understanding and measuring business markets*. Londres: MRS Kogan Page, 2005.

MCQUARRIE, Edward. *The market research toolbox : A concise guide for beginners*. Londres: Sage, 2006.

MILLER, Thomas; WALKOWSKI, Jeff (eds.). *Qualitative research online*. Madison: Research Publishers, 2004.

OBLINGER, Diana; Oblinger, James (eds.). *Educating the net generation*. E-book – Educase, 2005.

OLIVEIRA, Diva. *Cyberquali perspectives for Latin America. Esomar, Latin American Conference*, México City, 2008.

OLIVEIRA, Diva; ALMEIDA, Ione. Geração 90 na aldeia global. *Congresso Abep*, São Paulo, 2008.

OLIVEIRA, Diva; MOYSES, Rosa. Tendências em pesquisa qualitativa. *Workshop Abep*, São Paulo, 2008.

OLIVEIRA, Diva; PUPO, Ana. Quali online, uma questão a ser discutida. *Encontro de pesquisa qualitativa*. São Paulo: Abep, 2002.

_____. *Curso de pesquisa qualitativa I*. São Paulo: Abep, 2005.

OLIVEIRA, Diva; PUPO, Ana; SCHINDLER, Regina. Reflexões – pesquisa qualitativa no Brasil. *Congresso Abep*, São Paulo, 2004.

OLIVEIRA, Diva; YASUDA, Aurora. Etnografia. Solução Inovadora ou caminho de volta? *Congresso Abep*, São Paulo, 2006.

OLIVEIRA, Diva. In: HERLINGER, Max, PERDIGÃO, Dulce, WHITE, Oriana (orgs). *Teoria e prática da pesquisa aplicada*. São Paulo: Campus/Elsevier, 2012.

OLIVETO, Guillermo. *Pesquisa de mercado explicada*. Esomar – Tradução e adaptação da Abep. São Paulo, 2011.

PEREZ, Clotilde. Semiótica. In: PEREZ, Barbosa (ed.). *Hiperpublicidade*. São Paulo: Cengage Learning, 2008.

PIERCE, C.S. *Semiótica* . São Paulo: Perspectiva, 1977.

PINHEIRO, Roberto; CASTRO, Guilherme; SILVA, Helder; NUNES, Jose Mauro. *Comportamento do consumidor e pesquisa de mercado*. Rio de Janeiro: Editora FGV, 2006.

POMPEU, Bruno, DROGUEL, Juan Gillermo, *Dicionário técnico e crítico da comunicação publicitária*. São Paulo: Cia dos Livros, 2012.

PURI, Anjali. The web of insights: the art and practice of webnography. *International Journal of Market Research*. Vol. 49, n. 3, 2007.

QRCA. Field and industry relations committee (FAIRCom), 2009. SCHMAYER, Marry; LANGER, Judy. Sweet 16' DOs and DON'Ts to building better relationships with facilities. Disponível em: <www.qrca.org>. Acesso em: 10 fev.2011.

REICHMANN, W. J. *Uso e abuso das estatísticas*. São Paulo: Artenova, 1975.

SIQUEIRA, Raquel. Pesquisa de Mercado. In: PEREZ, Barbosa (ed.). *Hiperpublicidade*. São Paulo: Cengage Learning, 2008.

SIQUEIRA, Raquel; PEREZ, Clotilde. In: E-book: *Casos do II Encontro Brasileiro de Pesquisa e Análise de Dados Quantitativos e Qualitativos*. Observatório de Tendências: o uso da metodologia bricolage no estudo de tendências comportamentais e de consumo. São Paulo: 2009.

SIQUEIRA, Raquel; OLIVEIRA, Diva; SIQUEIRA, Cris. *Sustainable consumption: The Decline of Hyper Consumerism*. QRCA Views, 2011 Summer.

SIQUEIRA, Raquel, OLIVEIRA, Diva. *Researching 50+. A bricolage Approach*. AQR/QRCA Conference. Praga, 2010.

SOLOMON, M. R. *O comportamento do consumidor: Comprando, possuindo e sendo*. Porto Alegre: Bookman, 2002.

TAPSCOT, Don; WILLIAMS, Anthony. *Wikinomics*. Nova York: Penguin Group, 2006.

TEIZEN, Francisco. In: HERLINGER, Max, PERDIGÃO, Dulce, WHITE, Oriana (orgs). *Teoria e prática da pesquisa aplicada*. São Paulo: Campus/Elsevier, 2012.

TURKLE, Sherry. *Life on the screen*. Nova York: Simon & Schuster Paperbacks, 1995.

VAN PATTEN, Liz. *Stand and deliver mastering debriefs*. QRCA Views, 2011, Summer.

YASUDA, Aurora; CASTELNAU, Laure. *Guia prático de pesquisa de Branding*. 2011. (Parte do Guia de Melhores Práticas publicado pelo Comitê de Branding da ABA).

YASUDA, Aurora; GARRÉ, Valkiria. Desafio da pesquisa no novo e complexo cenário de comunicação multimídia. *Congresso Abep*, São Paulo, 2008.

YASUDA, Aurora; SPENCE, Scott. *Putting market research at the heart of the media planning process. How to make the most of your advertising budget*. ESOMAR, Latin American Conference, Santiago, Chile, 1999.

YASUDA, Aurora; ALVAREZ, Cristina Francisco; SPENCE, Scott. *Creativity and its implications for Advertising Development and research Techniques*. ESomar, Latin American Conference, Rio de Janeiro, 1997.

YASUDA, Aurora. In: Wikibook Millward Brown *The business of brands – collective inteligence for marketing today, 2009*.

ZALTZMAN, Jay; LEICHLITER, Betsy. In: E-book. *New qualitative research methods & tools*. Coosing among qualitative options. Disponível em: <www.greeenbook.org>. Acesso em: 20 jun. 2005.

ZIKMUND, William. *Princípios da pesquisa de marketing*. Tradução da segunda edição americana. São Paulo: Pioneira Thomson Learning, 2006.

Principais associações e fontes da área de Pesquisa de Mercado

Nacionais

www.abep.org

> Associação Brasileira das Empresas de Pesquisa.
> Diretório de empresas de pesquisa do Brasil.
> CRQ – Controle de Qualidade de Recrutamento de pesquisas qualitativas – http://crq.abep.org/.
> Abep News.
> Cursos.

Códigos e Guias

- Critério Brasil.
- Guia Abep: Pesquisa – o que é e para que serve.
- Código de Conduta da ICC/Esomar.
- Guia Abep: Como selecionar uma Empresa de Pesquisa.
- Normas e Padrões de Qualidade Abep 2009.
- Diretrizes Esomar.
- GUIA Abep – Publicação de Pesquisas Eleitorais.
- Regras de Recrutamento (em CRQ).
- Revista Brasileira de Pesquisas de Marketing (disponível em PDF).

www.sbpm.org.br

ASBPM – Associação Brasileira de Pesquisadores de Mercado, Opinião e Mídia.

Artigos, em especial arquivo da Revista SBPM.

Notícias do meio.

Regulamentação da Profissão.

Cursos.

www.aba.com.br

Associação Brasileira de Assinantes.

Revista da ABA – versão on-line.

Cursos e eventos.

Artigos.

Internacionais

www.esomar.org

Diretório internacional de empresas e profissionais.

Códigos e Guidelines internacionais.

Glossário.

Artigos sobre pesquisa apresentados nos Congressos e Conferências da Esomar – disponíveis on-line.

www.qrca.org

Qualitative Research Consultants Association.

Artigos sobre a área qualitativa e profissão.

Qcasts.

Referências profissionais.

Revista QRCA Views disponível on-line.

www.mra-net.org

Marketing Research Association.

www.mrs.org.uk

Market Research Society.

www.aqr.org.uk

The Association for Qualitative Research.

Artigos sobre pesquisa qualitativa.

Referências bibliográficas.

Glossário sobre pesquisa.

www.thearf.org

The Advertising Research Foundation.

www.casro.com

Casro's Journal.

Casro News.

Diretório de serviços.

Publicações on-line

www.marketingpower.com

Ligado à AMA (American Marketing Association).

Newsletter, web conferences gratuitas, eventos.

AMA's Journal of Marketing.

www.quirks.com

Artigos sobre pesquisa de mercado em geral, disponíveis gratuitamente.

Glossário.

www.warc.com

Artigos sobre pesquisa de mercado em geral.

www.greenbook.org

Artigos sobre pesquisa e links.

Blog sobre pesquisa, pesquisa qualitativa e livros on-line.

Diretórios de empresas, profissionais, salas e fornecedores.

Blogs

www.aurorayasuda.com

Blog especializado em pesquisa de mercado, com notícias da área e acesso aos trabalhos da autora e associados.

www.divaoliveira.com

Blog de pesquisa qualitativa, com notícias e resumos de assuntos.relativos à área e acesso aos trabalhos da autoria e associados.

http://paper.li/E_de_Pesquisas/1329929643

Cenário Brasileiro de Pesquisas, jornal da Rede de Empresas de pesquisas – dirigentes, operadores e interessados do Brasil e da América Latina - liderado por Mario Rodrigues Filho, da Grupom, de Goiânia.

http://www.abep.org/pmktblog

PMKT Blog, da Abep, com notícias da área e assuntos de interesse dos pesquisadores de mercado.